ER WIDERSTAND –
BERNHARD LICHTENBERG

ERICH KOCK

ER WIDERSTAND

BERNHARD LICHTENBERG
DOMPROPST BEI ST. HEDWIG, BERLIN

Morus

Die Deutsche Bibliothek – CIP-Einheitsaufnahme

Kock, Erich:
Er widerstand: Bernhard Lichtenberg, Dompropst bei
St. Hedwig, Berlin / Erich Kock. – Berlin: Morus, 1996
ISBN 3-87554-302-5

Umschlaggestaltung: Jörg Wesner, Hannover
Herstellung: Druckhaus Benatzky, Hannover
ISBN 3-87554-302-5

DEN PRIESTERN DES ERZBISTUMS BERLIN

INHALT

VORWORT

Noch eine Biographie über Bernhard Lichtenberg? Was läßt sich noch Neues, etwas, das nicht längst bekannt wäre, über diesen furchtlosen Zeugen des Evangeliums sagen, der auf dem Weg ins KZ Dachau 1943 gestorben ist? Und steht ein Buch anläßlich der Seligsprechung des Berliner Dompropstes nicht in der Gefahr, auf Kosten historischer Nüchternheit in einen verherrlichenden Ton zu geraten? Diese Fragen sind durchaus naheliegend.

Als vor etwa zwei Jahren der Gedanke an eine neue Lichtenberg-Biographie auftauchte, stand der von meinem Vorgänger, Erzbischof Dr. Alfred Bengsch, 1965 eingeleitete Seligsprechungsprozeß unmittelbar vor dem positiven Abschluß. Die dreibändige „Positio über das Martyrium des Dompropstes Bernhard Lichtenberg" war inzwischen der Kongregation für die Heiligsprechungsverfahren in Rom übergeben worden. Diese nach strengen historischen Kriterien verfaßte „Positio" enthält u. a. zahlreiche Aussagen Berliner Priester und Laien, die Lichtenberg als Kaplan, Pfarrer und Dompropst gekannt und erlebt haben. Diese Zeitzeugen berichten von seinem hingebenden und entschlossenen Einsatz als Seelsorger in der Weltstadt Berlin bis hinein in den politischen Raum, wie es für ein Zentrumsmitglied bis 1933 möglich war. Außerdem sind in der „Positio" umfangreiche Zeitdokumente zusammengestellt, die für eine gerechte Beurteilung der Persönlichkeit Lichtenbergs in den Jahren des Kaiserreiches, der Weimarer Republik und des „Dritten Reiches" unverzichtbar sind. Gerade auf dem Hintergrund authentischer Zeugnisse der Zeitgeschichte ist eine Biographie verstehbar und glaubwürdig.

Der Publizist Erich Kock hat sich für sein Lichtenberg-Buch erstmalig und immer wieder – neben anderen Quellen – auf diese „Positio" des Seligsprechungsprozesses gestützt. Er versucht aufzuzeigen, aus welchen Quellen der Berliner Dompropst gelebt und Kraft für sein Lebenszeugnis geschöpft hat. Es geht ihm nicht darum, Lichtenberg rühmend von allen in seinem Lebensumfeld abzuheben. Aber er will die Zeichenhaftigkeit seines Lebenszeugnisses deutlich machen. Sie ist letztlich unabhängig von den geschichtlichen Umständen, weil sie in Glaube, Hoffnung und Liebe wurzelt, verbunden mit der Bereitschaft, alle Konsequenzen seiner am Evangelium orientierten Gewissensentscheidung auf sich zu nehmen. So zeitbedingt Lichtenbergs Lebensweg war, so zeitlos ist sein Zeugnis.

So wünsche ich dieser neuen Biographie über den Märtyrer Lichtenberg einen weiten Leserkreis. Die Kirche wird nur dann ihren Auftrag erfüllen, wenn getaufte und gefirmte Christen heute und auch im dritten Jahrtausend ihr ganz persönliches Glaubenszeugnis in die Gesellschaft einzubringen bereit sind.

Berlin, den 15. März 1996

Georg Kardinal Sterzinsky

I „Ich werde meinem Gewissen folgen“

„Ich möchte gern ein Buch schreiben, bloß eins, und das soll heißen: ‚Deus meus, ad Te de luce vigilo – zu Dir, mein Gott, erwache ich in der Frühe!' Und wer es liest, soll immer seine Freude daran haben, daß er täglich zum lieben Gott erwachen darf."

Diese Zeilen stammen von Bernhard Lichtenberg. Auf den heutigen Leser wirken sie wie sein Name. Sie scheinen eine Vorbedeutung zu besitzen. Lichtenberg – ein Mann, deutlich und durchsichtig. Einer, der Licht auf Gewalt und Täuschung wirft. Einer, der den Usurpatoren auf die Finger sieht. Ein Liebhaber des Lichts, den keine Macht der Welt daran hindern kann, das Richtige zu tun. Lichtenberg liebt Psalmen, die vom Licht handeln. Licht bedeutet ihm Klarheit und Deutlichkeit. Licht ist für ihn ein Wort für Gottes- und Nächstenliebe. Licht redet zu ihm von der Chance, jeden Morgen neu anzufangen. Über dem Wesen Lichtenbergs liegt ein deutlicher Ernst. Sein Blick auf den bekannten Fotos ist klar, prüfend und erwartungsvoll. Der Betrachter kann auf seinen Charakter schließen, der gefestigt und aufrichtig ist.

Lichtenbergs Reden und Handeln hat die meisten Menschen, die mit ihm in Berührung kamen, nicht kalt gelassen. Man könnte seinen Glauben Folgsamkeit nennen; denn er tritt weder mit eigenen Ansprüchen auf noch mit der Gebärde des religiösen Besserwissers. Seine Verkündigung ist nicht vorlaut oder vollmundig, sondern unmißverständlich, weder gesucht noch eitel. Sie will verläßlich sein und wirkt verläßlich. Deshalb kann ein Augen- und Ohrenzeuge über seine Jahre als Pfarrer der Gemeinde Herz Jesu in Berlin-Charlottenburg sagen: „Lichtenberg ist für mich derjenige, der meine Kindheit und Jugend geprägt hat. Ohne seine eindringliche und unverblümte Art hätte ich jetzt Schwierigkeiten mit meiner Kirche. Aber da hat man Halt." Der Priester und Seelsorger hat begriffen, daß er zum Seelenführer berufen ist: Weihe und Amt gestatten kein Ausweichen ins Unverbindliche. Gesammelt und energisch geht er auf das Wesentliche zu. Seine Theologie orientiert sich an der geoffenbarten Wahrheit, der er sich, ohne müde zu werden, ausdauernd zu nähern sucht. Das Stundengebet und die Feier der heiligen Messe verwurzeln ihn in seiner Kirche. Vom Evangelium durchdrungen, liebt er feurig. Deshalb kann er nicht begreifen, wie ein Christ lau sein kann, halbherzig und gelangweilt, mutlos und unentschieden. Wenn er predigt, kann er in ein Pathos verfallen, das Zuhörende ärgert oder komisch wirkt. Lichtenberg will der Botschaft Nachdruck verleihen und den Ernst betonen, der mit dem Anspruch Gottes verbunden ist. Er tut es mitunter mit einer Stimme, die zu überraschenden Hervorhebungen einzelner Wörter am Ende eines Satzes neigt. Solche Wortgebärde kann befremden, abstoßen oder ein Lächeln hervorrufen. Sie kann aber auch das

Gedächtnis stützen helfen und den Zuhörer ins Herz treffen. An beide Wirkungen erinnern sich Hörer seiner Predigten noch Jahrzehnte nach Lichtenbergs Tod. Manch einer wehrt sich freilich gegen seine Strenge, wittert Übermächtigung und Entmündigung. Anderen wird er zur Stütze in einer schwankenden Lebenskulisse. Nicht wenige Christen spüren hinter seinem Eifer eine Seele, die sich um das Beste im Menschen sorgt: um sein Heil, seine Ewigkeit.

Der Kaplan, Kuratus und Pfarrer, der Dompropst Lichtenberg ist mit Leib und Seele Priester, Verkündiger und Seelsorger. Das Credo hat sein Wesen ergriffen. Bei ihm gibt es nichts, was er vor seiner Berufung verschlossen hielte. Die Verkündigung des göttlichen Wortes, die ungeschmälerte Weitergabe der kirchlichen Lehre an die ihm anvertrauten Menschen und das Spenden der Sakramente begreift er als Lebensaufgabe. Die bisweilen verhaltene, häufiger aber hervorbrechende Glut seiner Frömmigkeit überzeugt oft auch solche, die der katholischen Kirche fernstehen. Einige unter ihnen wünschen, bei ihm zu konvertieren. Auf der „Bank der Spötter" hat Lichtenberg nie gesessen. Alles Flache, Zweideutige, Gleisnerische fehlt. Kein Ausweichen auf Nebensächlichkeiten, kein Nachlassen inniger Zuwendung zu Gott und Menschen. Diese Tugenden begleiten ihn auch in die Haft. „Tu viriliter age et respice finem!" – „Du aber verfahre mannhaft und bedenke das Ziel." Eine solche Maxime beleuchtet die Person des Bernhard Lichtenberg.

Sein Tod als Opfertod liegt in der Logik dieses Lebens. Zu seinen täglichen Gebeten gehört der Satz: „Ich muß sterben, ich weiß nicht wann, ich weiß nicht wo, ich weiß nicht wie." Ihm ist sein Tod gegenwärtig, und er verdrängt nicht, daß sein Dasein unter diesem Menschengesetz steht. So stark auch sein Vertrauen ist, geführt und gehalten zu werden, so klar versteht er den Anteil der eigenen Verantwortung an Leben und Handeln. Das deutsche Wort Gewissen verkommt ihm nicht zur Phrase.

Zukurzgekommene, Leidende und Sterbende sind seiner Aufmerksamkeit sicher. Politische Auseinandersetzungen, die sich in den Wirren der Jahre nach dem Ersten Weltkrieg zu Straßenkämpfen steigern und auch Unbeteiligte gefährden, hindern ihn nie daran, die Sakramente des Beistands zu Kranken und Sterbenden zu tragen. Seine Person umgibt ein Fluidum der Glaubwürdigkeit. Grundsatzfestigkeit und exemplarisches Leben des Pfarrers und Dompropstes Lichtenberg überzeugen. Auch Kinder und Heranwachsende begreifen, daß „hinter dem, was er tut, ein frommer Mensch steht, der aus Überzeugung handelt". Mit diesen Worten beschreibt ihn ein früherer Meßdiener.

Der Schlüssel zu Lichtenbergs Leben und Sterben ist bewegend einfach; er heißt Liebe, Liebe zu Gott und seiner Kirche, Menschenliebe, Wahrheitsliebe. Dieser Mann stellt sich vor die von der staatlichen Propaganda Geächteten. Er besitzt die Stirn und das Herz, der Menschenverachtung, der ständigen Rechtsbeugung und dem tobenden Kirchenhaß des Dritten Reiches zu widerstehen: stündlich, täglich, Jahr für Jahr. Der Priester stellt sich, Jesu Gebot der Nächstenliebe aufs Wort folgend, betend und handelnd vor die „nichtarischen“ Katholiken und vor die Juden. Fast drei Jahre lang betet er beim jedermann zugänglichen Abendgebet in der – mitten im Regierungsviertel gelegenen – Kathedrale St. Hedwig für die katholisch getauften „Nichtarier“, die Angehörigen des jüdischen Volkes, die Häftlinge in den Konzentrationslagern, die Opfer der Bombenangriffe „hüben und drüben“ und für alle am Krieg wie an seinen Folgen leidenden Menschen.

Auf der schwarzen Liste der Gestapo

Einschlägigen Dienststellen zuständiger Ministerien und der Geheimen Staatspolizei ist der Name Lichtenberg seit langem bekannt. Nicht erst der Berliner Dompropst wird in den Listen der politischen Polizei geführt. Wenn man von ihm spricht, fällt der Name eines Feindes, den es zu überwachen und zu bekämpfen gilt. Er hat beim Preußischen Staatsministerium gegen Menschenrechtsverletzungen protestiert. Er protestiert beim Reichsminister des Innern, Dr. Wilhelm Frick, gegen die Verbreitung des „Devisenschieberliedes“, das daraufhin zurückgezogen wird. Am 10. Dezember 1935 richtet er ein Protestschreiben an Hitler gegen die Verbreitung des „Pfaffenspiegels“.

Lichtenberg setzt sich gegen eine antisemitische Broschüre zur Wehr, die das Goebbels-Ministerium für „Volksaufklärung und Propaganda“ ohne Angabe von Urheber und Absender verbreiten läßt. Er richtet ein Protestschreiben an Himmler gegen die Beschlagnahme kircheneigener Grundstücke. Am 26. August 1941 fordert er von Reichsärzteführer Dr. Leonardo Conti „als Mensch, Christ, Priester und Deutscher Rechenschaft für Euthanasieverbrechen, die, Herr Reichsärzteführer, auf Ihr Geheiß oder mit Ihrer Billigung geschehen und die des Herrn über Leben und Tod Rache über das deutsche Volk herausfordern.“

Lichtenberg kann kompromißlos kämpfen, wenn es um die Sache der Kirche und um die Menschenrechte geht. Auf der Kanzel der Hedwigskirche predigt er gegen die fortwährenden Vertragsverletzungen der nationalsozialistischen Vertragspartner des Reichskonkordats. Er verliest an gleicher Stelle die unmißverständliche Generalabrechnung des Papstes Pius XI. „Mit brennender Sorge“: zum

Rassismus vom 21. März 1937. Schon als Mitglied des „Friedensbundes der deutschen Katholiken" traf ihn der organisierte Haß der Goebbels-Clique.

Der Theologe Lichtenberg setzt sich auch theoretisch mit der verordneten Ideologie auseinander. Halb Selbstbiographie, halb Programmschrift, enthält Hitlers „Mein Kampf" alle Elemente einer Pseudo- und Staatsreligion. Auch als die zur Macht Gekommenen die ersten Proben ihres Staatsverständnisses und ihrer Menschenverachtung erbracht haben, kennen die meisten Deutschen den Inhalt und die Sprache dieses Buches nicht. Der Dompropst von Berlin, Bernhard Lichtenberg, Pfarrer der St. Hedwigs-Kathedrale, die rund tausend Meter von der Reichskanzlei entfernt liegt, hat das Buch gelesen. Mehr noch: er hat es studiert.

Als eine Art Religionsstifter nationalen Heils entwirft Hitler auch deshalb seine eigene „Liturgie", seine Massenfeste und führt seinen Kirchenkampf. Die nationalsozialistische Weltanschauung soll das Credo christlichen Bekenntnisses ersetzen; denn auch das Konkordat, wo seine rechtlichen Abmachungen nicht ignoriert, umgangen oder paralysiert werden können, gilt nur als Not- und Übergangslösung. Was bedeuten einem Menschen wie Hitler Verträge?

Trotzdem gibt das Reichskonkordat der katholischen Kirche und den deutschen Bischöfen eine gesellschaftspolitische Existenzgrundlage. Denn in diesem rechtskräftigen Papier sind unter anderem die Verpflichtungen des Staates zu gesicherten finanziellen Leistungen, bei der Besetzung wichtiger Kirchenämter, seine Garantien gegenüber der Priesterausbildung und den katholischen Schulen festgeschrieben. Das Reichskonkordat soll auch die ungehinderte Tätigkeit katholischer Vereinigungen und Organisationen garantieren. Am 20. Juli 1933 ist das Konkordat zwischen „dem Heiligen Stuhl und dem Deutschen Reich" paraphiert worden. Am 24. September des gleichen Jahres berichtet das „Katholische Kirchenblatt für das Bistum Berlin" über den Dankgottesdienst in der St. Hedwigs-Kathedrale anläßlich der Ratifikation des Vertrags:

„An hohen Masten wehen vor der St. Hedwigs-Kathedrale die Fahnen des Papstes und des Reiches. Vom Lustgarten her über die Straße Unter den Linden ziehen mit ihren Wimpeln und Bannern die katholischen Jugendorganisationen auf den Kaiser-Franz-Joseph-Platz. Von der Niederwallstraße her kommen die Fahnenabordnungen der katholischen Männer- und Frauenvereine. Mit einer Musikkapelle rückt ein starker Zug SA mit Nationalfahnen an und eine starke Abordnung der BVG. Das katholische Berlin feiert in Dankbarkeit die Ratifikation des Konkordates, des Staatsvertrages zwischen Kirche und Deutschem Reich. Der Geist dieses Vertragswerkes ist, wie Pater Marianus Vetter in seiner Rede ausführte, getragen von einem ausgesprochenen Friedens- und Freundschaftswillen. Wir Katholiken finden deshalb keinen schöneren Ausdruck des Dankes als die gemeinsame Teilnahme am Friedensopfer Jesu Christi in der Heiligen Messe. In der gefüllten und festlich geschmückten Kathedrale bringt Kapitelsvikar Dr. Steinmann das heilige Opfer dar. Auf dem Bischofsthron sitzt der Vertreter des Heiligen Vaters, der Apostolische Nuntius Orsenigo und verleiht dem Gottesdienst durch seine Pontifikalassistenz einen bedeutungsreichen Charakter. Um den Altar stehen die Fahnen des Reiches, der katholischen Studentenkorporationen, die Bundesbanner der katholischen Jugend und die Fahnen der Vereine von St. Hedwig. In den vorderen Reihen sitzen die Ehrengäste ... Man bemerkt ferner eine Reihe Herren von der SS, der SA, der NSDAP und der katholischen Vereinigung für nationale Politik ... Vor der Kathedrale formieren sich die Fahnen auf den Stufen von St. Hedwig und geben so dem Altar vor dem Portal einen breiten, würdigen Rahmen. In seiner allernächsten Nähe stehen die Abordnungen der Nationalsozialisten mit den NS-Fahnen. Klar und weittragend lassen die Lautsprecher das ‚Kyrie' und ‚Gloria' des Hochamtes für die Tausende außerhalb des Gotteshauses ertönen. Nach dem Evangelium besteigt Domprediger Pater Vetter die Kanzel, um den Sinn und die hohe Bedeutung der Stunde zu erklären: Vom Geiste des Konkordates ... Nach den Worten des Dompredigers singen die Tausende vor der Kathedrale ‚Fest soll mein Taufbund immer stehen' ... Nach dem Gottesdienst spricht Herr Kapitelsvikar Dr. Steinmann zum ersten Mal das Gebet für das deutsche Reich und seine Führer.“

Der Kirchenzeitungsbericht spiegelt etwas von jenem Optimismus wider, der inzwischen auch Katholiken in der Reichshauptstadt erfaßt hat. Der nicht ohne starke vatikanische Vorbehalte zustande gekommene Vertrag verschafft dem Reichskanzler Vertrauen und Ansehen, obgleich die Umstände der nationalsozialistischen „Machtergreifung“ als Warnzeichen gelten können. Hellsichtigere Laienvertreter katholischer Verbände, wie zum Beispiel der katholische Abgeordnete des Preußischen Landtags, Bernhard Letterhaus, und einige Mitglieder Bischöflicher Ordinariate sehen, welcher Winkelzüge und Vernichtungsgedanken Hitler fähig ist. Doch in Deutschland hat eine Welle nationaler Begeisterung den Eindruck verstärkt, daß ein Einklang kirchlicher und staatlicher Interessen möglich sei. Endlich scheint auch eine politische Autorität den Parteienzwist, „die Klassenkämpfe“, die wirtschaftliche Unsicherheit und die nationalen Demütigungen durch einen verlorenen Krieg überwunden zu haben. Kaum ein Jahr nach der Berliner Feier aber ist der Vorsitzende der Katholischen Aktion im Bistum Berlin, Ministerialdirektor Dr. Erich Klausener, ermordet.

Wie Lichtenberg damals über das Reichskonkordat und seine Konsequenzen gedacht hat, ist nicht bekannt. Der scharfblickende Mann wird es kaum vorbehaltlos bejaht haben, selbst wenn er Entscheidungen des Papstes und seiner Kirche stets als verpflichtend versteht. Immerhin hat er Erfahrungen mit politischen Vertretern der nationalen „Rechten" und mit dem demagogischen Meinungsführer der nationalsozialistischen Presse, Dr. Joseph Goebbels, hinter sich.

Mit welchen Augen betrachten die politischen Repräsentanten des Dritten Reiches Lichtenberg? Priester wie er besitzen in Kirchenkreisen Autorität. Sie verfügen über Einfluß und Macht. „Pfaffen" wie er müssen also als gefährlich gelten. Vertreter einer Kirche seien sie, die in Vergangenheit und Gegenwart der Feind des Menschen, des Volkes und des Staates sei; denn die Kirche maße sich Rechte und Aufgaben an, die ihr nicht zukämen. Die Kirche besäße also einen unausrottbaren Machttrieb, den sie in unzähligen Formen geltend mache. In den Augen der Vertreter von Partei und Staat sind Menschen wie Lichtenberg unbelehrbar und verbohrt. Sie hätten, wenn sie öffentlich für „nicht-arische" Katholiken und Juden beten, die Zeichen der Zeit nicht erfaßt. Schon bei seiner Einweisung in das Gefängnis hat ein Beamter Lichtenberg mit folgenden Notizen beurteilt: „Gibt zu, öffentlich für die Juden gebetet zu haben. Traurig. Er hat den Zug der Zeit nicht erfaßt und vorbeigelebt. Hat bewußt gehandelt." Ein Vermerk des Strafgefängnisses Tegel vom 3. Juni 1942 über „Tat und Vorleben" des Eingelieferten aber lautet: „Steht im 67. Lebensjahr. Verbrauchter Mensch. Schwächlich. Nicht vorbestraft. Sitzt ein wegen Heimtücke. Motiv: Religiöser Fanatismus. Eigenwilliger, unbelehrbarer Mann."

Am 23. Oktober 1941 durchsuchen Kriminalbeamte auf Anordnung der Geheimen Staatspolizei im Beisein Lichtenbergs die „Geschäftsräume des Dompropstes" Berlin W8, Hinter der katholischen Kirche Nr. 4. Im Nachweis der „sichergestellten Gegenstände" erscheinen u.a. auch zwei „Bücher Hitler's Mein Kampf". Um 15.50 Uhr wird der Dompropst „im Bereich des Polizeipräsidiums Alexanderplatz" festgenommen. Grund: „Staatsfeindliche Betätigung". Man hat auch eine für den folgenden Sonntag vorbereitete Kanzelvermeldung gefunden, die Lichtenberg verfaßt hat. Sie lautet: „In Berliner Häusern wird ein anonymes Hetzblatt gegen die Juden verbreitet. Darin wird behauptet, daß jeder Deutsche, der aus angeblicher falscher Sentimentalität die Juden irgendwie unterstützt, und sei es auch nur durch ein freundliches Entgegenkommen, Verrat an seinem Volke übt. Laßt euch durch diese unchristliche Gesinnung nicht beirren, sondern handelt nach dem strengen Gebote Jesu Christi: ‚Du sollst deinen Nächsten lieben wie dich selbst'."

Mutiger Bekenner vor Gericht

Bei der Vernehmung in der Staatspolizeileitstelle Berlin am 25. Oktober 1941, die zwei Tage später weitergeführt wird, bekräftigt Lichtenberg sein Vorgehen. Das Vernehmungsprotokoll hält seine Aussagen fest. Dort heißt es unter anderem:

„Meine Einstellung zu dem heute bestehenden nationalsozialistischen Staat richtet sich nach der Einstellung des Apostels Paulus, wie sie im Römerbrief, Kapitel 13, zum Ausdruck kommt. Da mir eine katholische Ausgabe des Neuen Testaments in diesem Raum zurzeit nicht zur Verfügung steht, zitiere ich dem Gedächtnis nach: Es gibt keine Gewalt außer von Gott und die besteht ... die ist angeordnet von Gott ... die Obrigkeit ist Dienerin Gottes zum Guten ... Damit will ich gesagt haben, daß ich den Staat als solchen anerkenne. Ich kann aber als katholischer Priester nicht von vorneherein zu jeder Verfügung und Maßnahme, die von der Regierung getroffen wird, ja und Amen sagen. Ich bitte dazu meinen Brief an den Reichsärzteführer Dr. Conti zu vergleichen, den ich in Abschrift der Staatspolizei übersandt habe. Wenn sich die Tendenz derartiger Regierungsverfügungen und Maßnahmen gegen die geoffenbarte Lehre des Christentums und damit gegen mein priesterliches Gewissen richtet, werde ich meinem Gewissen folgen und alle Konsequenzen mit in Kauf nehmen, die sich daraus für mich persönlich ergeben.

Das ergibt sich auch daraus, daß ich die Evakuierung mit all ihren Begleiterscheinungen innerlich ablehne, weil sie gegen das Hauptgebot des Christentums gerichtet sind, ‚Du sollst Deinen Nächsten lieben wie Dich selbst'. Und ich erkenne auch im Juden meinen Nächsten, der eine unsterbliche, nach dem Bild und Gleichnis Gottes geschaffene Seele besitzt. Da ich aber diese Regierungsverfügung nicht hindern kann, war ich entschlossen, deportierte Juden und Judenchristen in die Verbannung zu begleiten, um ihnen dort als Seelsorger zu dienen. Ich benutze diese Gelegenheit, um die Geheime Staatspolizei zu bitten, mir diese Gelegenheit zu geben.

Im Zusammenhang mit vorstehender Einstellung steht auch die von mir verfaßte ‚Vermeldung' zu dem Flugblatt: ‚Wenn Du dieses Zeichen siehst ... Jude'. Ich hatte die Absicht, diese Vermeldung am kommenden Sonntag in allen Gottesdiensten der Hedwigskirche vermelden zu lassen. Wenn das nun nicht geschehen kann, ist nur meine inzwischen erfolgte Inhaftierung der Hintergrund dafür.

Zu der dritten Frage, wie ich zu den führenden Männern des Staates stehe, muß ich mir eine Unterteilung erlauben: Ich erkenne Adolf Hitler als Reichsoberhaupt an. Wenn ich in dem mir gehörigen Exemplar des Buches ‚Mein Kampf' wiederholt Randbemerkungen mit Rotstift gemacht habe, so soll das keine Kritik an der Person Adolf Hitler sein, sondern lediglich an den Gedankengängen, die mir nicht eingingen. Die Persönlichkeit des Adolf Hitler ist für mich als Geistlichem genau so heilig wie jedes andere Wesen. Deshalb schließe ich Adolf Hitler auch in mein Morgengebet namentlich mit ein.

Wenn mir vorgehalten wird, daß die Randbemerkungen in dem Buch ‚Mein Kampf', die ich gemacht habe, nicht nur eine Kritik an den Gedankengängen Adolf Hitlers sind, sondern darin stellenweise eine offene Kritik an seiner Person und den durch seine Person im Deutschen Vaterlande geschaffenen Zustand zutagetritt, so habe ich dazu folgendes zu sagen:

Die Taten eines Menschen sind die Konsequenzen seiner Grundsätze. Sind die Grundsätze falsch, werden die Taten nicht richtig sein. Das trifft selbst für Adolf Hitler zu. Im Vorstehenden meiner Vernehmung habe ich mir bereits erlaubt, auf einige falsche Grundsätze Adolf Hitlers hinzuweisen. Deshalb werden auch die daraus entspringenden Taten nicht richtig sein.

Ich bekämpfe falsche Grundsätze, aus welchen falsche Taten entstehen müssen, man denke an die Beseitigung des Religionsunterrichtes aus den Schulen, Kampf gegen das Kreuz."

Frage: Vertreten Sie diesen Standpunkt auch von der Kanzel herab?

Antwort: Ja.

Frage: Danach geben Sie zu, daß Sie staatliche Maßnahmen nicht billigen?

Antwort: Die aus den ebengenannten Grundsätzen fließenden Maßnahmen billige ich nicht.

Frage: Es dürfte auch Ihnen klar sein, daß durch die soeben geschilderten Ansichten, die von Ihnen auch öffentlich vertreten werden, eine Beunruhigung der Volksgemeinschaft eintreten kann?

Antwort: Diese Beunruhigung kann nur verhindert werden, indem man falsche Maßnahmen unterläßt.

Frage: Damit stellen Sie die Rechte der Kirche vor die des Staates.

Antwort: Christus der Herr hat das Recht zu lehren, Sakramente zu spenden und sittliche Gebote zu geben, nicht dem Staat übertragen, sondern der Kirche.

Frage: Das heißt also, daß die vom Staat durchgeführten Maßnahmen, wie zum Beispiel die Evakuierung der Juden, nicht zum staatlichen Aufgabensektum gehören.

Antwort: Es war im Vorstehenden nicht nur von der Judenverfolgung die Rede, sondern von vielen anderen dem christlichen Sittengesetz widersprechenden Maßnahmen.

Frage: Sie sollen in der Gebetsstunde am Freitag dem 29. 8. 1941 folgende Äußerung getan haben: Wir beten für die Juden, wir beten für die Gefangenen in den Konzentrationslagern und besonders für die armen Brüder. Das Wort Bolschewisten soll ebenfalls in diesem Zusammenhang gebracht worden sein.

Antwort: Ich bete jeden Abend mit meiner Gemeinde u. a. für die schwerbedrängten nichtarischen Christen, für die Juden, für die Gefangenen in den Konzentrationslagern, zumal für die gefangenen Priester und Ordensleute, besonders für die Priester unseres Bistums, für die zum Unglauben, zur Verzweiflung und zum Selbstmord versuchten Menschen, für die Millionen namen- und staatenloser Flüchtlinge, für die kämpfenden, verwundeten und sterbenden Soldaten hüben und drüben, für die bombardierten Städte in Freundes- und Feindesland usw. und den Passus aus dem allgemeinen Kirchengebet, für das Vaterland und die Führer des Volkes.

Es trifft zu, daß ich am 29. August 1941, an einem Freitag, abends um 19.30 Uhr nach dem Kreuzweg auch die eben erwähnten Fürbitten verrichtet habe. Der Berichterstatter über die Vorgänge an diesem Abend muß sich wohl verhört haben, wenn er auch die Bolschewisten aus diesen Fürbitten herausgehört haben will. Ich würde aber keine Bedenken tragen, in die täglichen Bitten auch eine für die Bolschewisten einzuschließen, damit sie von ihrem Wahnsinn geheilt werden. Auch in der Lesung kann der Ausdruck Bolschewismus nicht vorgekommen sein, weil wir zur Zeit die Schrift des heiligen Augustinus über den Gottesstaat lesen und im vierten christlichen Jahrhundert dieser Ausdruck noch nicht üblich war.

Nach der Verhaftung und der Einlieferung Lichtenbergs in das Polizeipräsidium (Haftbuch-Nr. 83 8941) Berlin Alexanderplatz und einem Verhör in der Staatspolizeistelle Berlin C 2 folgen am 27. und 30. Oktober 1941 weitergehende Vernehmungen. Am 1. und 3. November wird Lichtenberg abschließenden Gestapo-Verhören unterzogen. Alle Verhöre ziehen sich über Stunden hin. Teilweise finden sie im Untersuchungsgefängnis Berlin-Plötzensee statt. Nach seiner Einweisung in die Untersuchungshaftanstalt Berlin-Moabit durch das Amtsgericht vernimmt ihn der Generalstaatsanwalt beim Berliner Landgericht in der Turmstraße. Am 26. November 1941 verfügt er die Einleitung eines Ermittlungsverfahrens, dessen Ergebnis dem Reichsminister für Justiz am 2. Dezember mitgeteilt wird. Eine Haftbeschwerde Lichtenbergs ist unterdessen zurückgewiesen worden.

Man darf es wohl eine Fügung nennen, daß die Originale der Personalakte des „Häftlings Lichtenberg, Bernhard" nach dem Zweiten Weltkrieg wiedergefunden und dem Berliner Ordinariat ausgehändigt wurden. Lichtenbergs geistesgegenwärtige Antworten bleiben sachlich und bewahren eine selbstbewußte Ruhe. Er redet logisch, unerschrocken und unmißverständlich. Auch dabei fällt Licht auf den durchsichtigen und vergeblichen Versuch, dem Berliner Dompropst die Denk- und Sprechweise der Machtvollstrecker aufzunötigen. Stellenweise, der Eindruck verstärkt sich noch in den zeitlich folgenden Vernehmungsprotokollen, wirken seine Aussagen wie ein nachgeholter Katechismus-Unterricht in Sachen Menschennatur und Moral, christlicher Offenbarung und politischer Ethik. Dazu gehört auch die Widerlegung Hitler'scher Phraseologie, die sein Buch „Mein Kampf" kennzeichnet.

Lichtenbergs klare und unverblümte Antworten verraten seine genaue Kenntnis und einen durchdringenden Blick für die politischen Konsequenzen der Denkweise des Reichskanzlers. Beinahe vermag sich der Leser der Protokolle die Mienen der Gestapo-Vernehmer vorzustellen – gespannt, betreten und wütend. Sie stehen einem Mann mit Grundsätzen von Granit gegenüber. Er kennt nicht jene „verfluchte Vorsicht, die sich durch jeden schiefen Blick und jeden drohenden Nachteil von jedem guten Werk abbringen läßt", wie es Helmut Gollwitzer am 18. November 1938, am Buß- und Bettag, auf der Kanzel der evangelischen Kirche in Berlin-Dahlem formuliert. Der Häftling sucht sich nicht selber: Andere sucht er zu schützen. Er verrät sie auch unter den Bedingungen quälender Verhöre nicht: „Wer ist der Herr, der Ihnen dieses Schreiben überreichte, wollen Sie bitte diesen Namen nennen?" – „Der Herr ist mir namentlich bekannt, ich verweigere aber die Angaben darüber, wer er der Persönlichkeit nach ist."

Auch wer in der Geschichte des Christentums nicht zu Hause ist, könnte die Nähe dieser Verhörprotokolle zu den Martyrer-Akten des zweiten Jahrhunderts spüren. Denn die Akten des Martyriums der Karpos, Papylos, Agathonike, Justinus und seiner Gefährten und des Apollonius ähneln auffällig dem, was sich zwischen Oktober und November 1941 am Berliner Alexanderplatz, in Plötzensee und Moabit abgespielt hat. „Denn wir reden, was wir wissen, und wir geben Zeugnis von dem, was wir gehört haben" (Joh 3, 11). Lichtenberg hat in einem Notizkalender festgehalten, was sich während der Fahrt in der „grünen Minna" der Gestapo vor und nach den Verhören abgespielt hat: Ein Polizeibeamter schimpft: „Jetzt kannst du für die Juden beten ... Nimm'n Hut ab, wer gefangen ist, hat keine Würde mehr ... Setz dich hierher nich wie 'ne Katze in die Ecke ... wenn du wie ein altes Schwein für die Juden betest ...." Doch selbst der als „Pfaffe" behandelte, verhöhnte und als „Schwein" titulierte Lichtenberg lächelt mitunter „still vor sich hin".

Zeitlebens hat der Dompropst eine Passion für Knittelverse. Es sind keine Meisterwerke, doch sie begleiten nicht nur seine Zeit als Seelsorger, sie bilden auch ein „Vademecum" seiner Haftzeit, in der Humor und Galgenhumor manchmal über Angst, Hunger und Verzweiflung hinweghelfen müssen. Schon vorher hat er gedichtet: „Seelsorger bist du auch für dich, laß deine Seele nicht im Stich." Und: „Immer heiter, Gott hilft weiter." Kein Zweifel, daß ihn die zuletzt genannte Maxime in Verhöre und Haft begleitet. Mag sie noch so banal klingen: Der Dompropst hat sie durch sein Leben und Sterben geadelt. Wie die Stichwörter seines Notizbuchs verraten, singt Lichtenberg in der Zelle der Untersuchungshaftanstalt das Salve Regina, das Christkönigslied und das Kolpingslied. Und wenn er, aus welchen Gründen immer, nicht singen kann, dann pfeift er sie wenigstens.

Bereits zwei Tage nach der Verhaftung Lichtenbergs, am 25. Oktober 1941, unterrichtet Bischof Konrad Graf von Preysing Pius XII. davon: „Ich bin überzeugt, daß die tiefe Frömmigkeit und der Bekennermut des Herrn Prälaten ihn mit Gottes Gnade im Gefängnis seelisch aufrechterhalten werden, fürchte aber einen ungünstigen Einfluß auf seine schon schwer erschütterte Gesundheit." Am Gedenktag Allerseelen predigt der Berliner Bischof in der St.Hedwigs-Kathedrale gegen das „Verbrechen der strafbaren Tötung von Unschuldigen" in Deutschland und die Euthanasie-Propaganda. Die Predigt schließt mit einer Gebetsbitte. Zu ihr gehört der Satz: „Wir wollen auch für den beten, der hier so oft das Wort Gottes verkündet hat und nunmehr verhaftet ist." Noch im Dezember 1941 wird ihn Preysing zum ersten Mal im Gefängnis besuchen.

Als der evangelische Helmuth James Graf von Moltke, der führende Kopf des Kreisauer Kreises, einmal Preysing besucht, schildert ihm der Bischof, was ihm über Lichtenbergs mutige Äußerungen während der Verhöre zu Ohren gekommen ist. Am 12. November 1941 berichtet Nuntius Cesare Orsenigo Kardinalstaatssekretär Maglione über Lichtenbergs Verhaftung „wegen eines Gesetzes, das noch von Zeiten des (Preußischen) Kulturkampfes" herrühre. Bald ist auch Staatssekretär Ernst Freiherr von Weizsäcker mit Lichtenbergs Verhaftung befaßt. Sein Vatikanreferent rechnet damit, daß der Nuntius Weizsäcker auf die Angelegenheit ansprechen wird. Cesare Orsenigo tut es fast vier Monate nach Lichtenbergs Verhaftung am 10. März 1942.

Auch das Reichsministerium für „Volksaufklärung und Propaganda" stellt inzwischen grundsätzliche Überlegungen zu Lichtenbergs Wirksamkeit und zu den Predigten des Bischofs von Münster, Clemens August Graf von Galen, an, „um auf die immer frecher werdenden Unverschämtheiten der Geistlichen zu antworten". Der Reichskirchenminister hat sich bereits vorher nach den Gründen für die Verhaftung Lichtenbergs erkundigt. Die Auslandspresse beginnt von der Tatsache Notiz zu nehmen. Die amerikanische Agentur Associated Press gibt bereits am 8. November eine längere und genau recherchierte Verhaftungsmeldung heraus. Sie wird am nächsten Tag von der Zeitung „Chicago Sunday Tribune" veröffentlicht.

Die vergleichsweise schnellen Reaktionen der Regierungsämter und ihre teilweise erregten Überlegungen zeigen: Lichtenbergs Verhaftung wird keineswegs als eine ärgerliche Nebensache betrachtet. Die Ermittlungen des Generalstaatsanwaltes in dieser Sache befassen sich auch mit den Urhebern der antisemitischen Broschüre „Wenn Du dieses Zeichen siehst ...", die Lichtenberg als anonyme Hetzschrift bezeichnet hat. Sie führen zu teilweise peinlichen Rückfragen beim Gaupropagandaamt Berlin der NSDAP. Dort wird erklärt, daß die Druckschrift „nach Auskunft des stellvertretenden Gaupropagandaleiters Krause ... auf Anordnung des Herrn Reichsminister Dr. Goebbels durch die Reichspropagandaleitung, Reichsamtsleiter Dr. Fröhlich, zur Herstellung in Auftrag gegeben und die Verteilung im Reichsmaßstab für die Ortsgruppen der NSDAP angeordnet worden" ist.

Die am 21. März 1937 erfolgte Kanzelverlesung der Enzyklika Pius' XI. „Mit brennender Sorge" gegen die mehr oder minder öffentliche Vertragsverletzung durch den nationalsozialistischen Konkordatspartner haben Regierung und politische Polizei nicht verhindern können. Sie rächen sich durch Hausdurchsuchungen, Beschlagnahmen und propagandistisch ausgeschlachtete Sittlichkeitsprozesse. Drei Monate nach der Veröffentlichung der Enzyklika, die sich auch gegen den Rassismus wendet, hält Goebbels in der Berliner Deutschlandhalle eine Rede, in der er behauptet, daß Tausende von justiziabel gewordenen Fällen „nur einen Bruchteil" der Sittenverderbnis des katholischen Klerus darstellten. Eine von Lichtenberg unterzeichnete Kanzelvermeldung des Berliner Ordinariats, deren Verlesung allen „Seelsorgstellen im Bistum Berlin" zur Pflicht gemacht wird, unterstreicht, daß „an der zur Zeit abrollenden Prozeßwelle gegen Priester und Ordensleute 49 beteiligt" sind. „Von diesen sind 21 wegen Sittlichkeitsvergehen verurteilt, 28 Verfahren schweben noch." Auf die Gesamtzahl von 25.635 Welt- und Ordenspriestern kämen also 58 Fälle, d.h. auf „500 Priester ein einziger". Diese Tatsachenfeststellung bleibt unbeantwortet.

Was sich jedoch während und nach der Rede des geübten Demagogen Goebbels in der Deutschlandhalle abspielt, reicht aus, um bei dem mutigen, aber sensiblen

Bischof Preysing und bei etlichen Mitgliedern des Ordinariats eine tiefe Betroffenheit auszulösen. Domvikar Walter Adolph schreibt darüber: „In unserem Berliner Ordinariat herrschte am Sonnabendmorgen nach der Deutschlandhallen-Rede eine seelische Depression. Lichtenberg bat den Bischof um eine Aussprache, die auf 12 Uhr festgesetzt wurde. Es kam natürlich nicht viel dabei heraus. Dagegen beabsichtigte der Bischof, bald mit Adolf Kardinal Bertram in Breslau Fühlung aufzunehmen."

„Wozu die Auseinandersetzung hart auf hart verschieben – sie kommt ja doch", hat Lichtenberg schon 1934 geäußert. Längst zeigt sich, daß der diktatorisch geführte Staat auch die seelsorgliche Tätigkeit der katholischen Kirche einschränken und sie trotz der juristischen Grundlage des Reichskonkordats entscheidend behindern kann. Und obgleich die Voraussetzungen der evangelischen Kirchen andere sind, ergeht es ihnen ähnlich.

Dompropst Lichtenberg kennt die Bedenken einiger Mitbrüder seiner Person und seinem Handeln gegenüber: Ist er nicht zu fanatisch? Kann er nicht etwas vorsichtiger agieren? Hat er nicht bereits als Gemeindepfarrer mit seinem demonstrativen Auftreten unnötiges Aufsehen erregt? Ist ein solcher Kleriker der richtige Mann in der Stellung eines Dompropstes? Sucht er vielleicht das Leiden und mit ihm eine Art von himmlischem Lohn? Steht ihm sein felsiger Charakter nicht mitunter im Wege?

Manche, die ihn länger kennen und schätzen, wissen, daß der prinzipienstarke und unerschrockene Priester brüsk und bisweilen unerbittlich sein kann. Das gilt für seine fraglose Romtreue genauso wie für sein moraltheologisches Verständnis von seelsorglicher Praxis. Seine Gewissenhaftigkeit läßt die laxe Handhabung solider theologischer Kenntnisse nicht zu, selbst wenn er dabei übers Ziel hinausschießen sollte. Zugleich ist er bereit, die Konsequenzen zu tragen.

Diese Konsequenz beschert ihm Haft und Tod. Mit ihm wird ein Priester des Berliner Bistums verhaftet, dessen Stellung und Rang den politischen Behörden wie der Geheimen Staatspolizei bewußt ist. Seine Verhaftung zielt auf das Bistum Berlin und die katholische Kirche. Indem man ihn trifft, will man sie treffen. Daß der Dompropst stellvertretend leidet und für mehr als nur für sich selber einstehen muß, scheint aus den Worten des Generalvikars, Dr. Maximilian Prange, hervorzugehen. Als ihn ein Mitbruder und Mitarbeiter Lichtenbergs, Kaplan Dr. Wolfgang Haendly, noch während der Verhaftung verständigt, sagt er zu ihm: „Einer von uns mußte sich opfern."

„Bernhard Lichtenberg bekannte, er habe sein ganzes Leben hindurch wöchentlich gebeichtet. Er habe sich niemals anklagen müssen, etwas gegen die staatliche

Autorität oder den Bestand des Staates unternommen zu haben." Diese Sätze aus dem Schlußwort des Angeklagten vor der Urteilsverkündung durch das Sondergericht I beim Prozeß vor dem Landgericht in Berlin am 22. Mai 1942 hat Dr. Haendly im Gedächtnis behalten.

Die Verhandlungsführung ist sachlich, die Atmosphäre eisig. Lichtenberg, in Priesterkleidung, antwortet furchtlos, geistesgegenwärtig und schlagfertig. Er wird zu zwei Jahren Gefängnis wegen „Kanzelmißbrauchs" und sogenannter „Heimtücke" verurteilt; die Polizei- und Untersuchungshaft werden ihm dabei angerechnet. Obgleich seine Richter eine gewisse Bereitschaft zeigen, nach den damaligen Gesetzen objektiv zu urteilen, zeigt sich der Verurteilte über das Urteil tief enttäuscht. Denn der Untersuchungshäftling Bernhard Lichtenberg hat in der Erwartung gelebt, daß seine Unschuld gerichtlich erwiesen werde. Nach seiner Meinung kann nichts vorliegen, was zu seiner Bestrafung ausreicht. Er habe auch nicht aus „unedlen Motiven" gehandelt.

Das Gericht, wenn es auch auf einige Auslassungen des mutigen Verteidigers, Rechtsanwalt Dr. Paul Stenig, einzugehen sucht, befindet anders. „Trotz der zu Gunsten des Angeklagten sprechenden Umstände" – bisherige Straffreiheit, „segensreiches Wirken" als Pfarrer, „allseitige Verehrung innerhalb seiner Gemeinde", offenes Eintreten für sein Handeln, vergleichsweise hohes Alter – rechtfertige sich die erhebliche Freiheitsstrafe. Man habe damit zu rechnen, daß Lichtenberg sich auch künftig von der Kanzel aus gegen Maßnahmen des Staates wenden werde, wenn es ihm nach seiner Überzeugung geboten erschiene. Daß er „eines Besseren belehrt" werden könne, sei darum unwahrscheinlich. In einem letzten Wort anläßlich der Urteilsverkündung greift der Dompropst diesen Gedanken auf. Dr. Haendly erinnert sich an den Satz: „Daß Sie sagten, mildernde Umstände könnten nicht geltend gemacht werden, weil mit einer Gesinnungsänderung des Angeklagten nicht zu rechnen sei, dafür danke ich Ihnen!" Befragt, ob er selber noch etwas zur Verteidigung auszuführen habe, äußert Lichtenberg laut Urteilsprotokoll: „Ich gebe der Überzeugung Ausdruck, daß der Staat durch einen für die Juden betenden Bürger keinen Schaden erleide."

Bleich, gefaßt, ohne Anzeichen von Nervosität und Angst, wenn auch bewegt hat Lichtenberg den Verhandlungssaal betreten. Als sich eine Reihe der Anwesenden nach dem Urteil von ihm verabschieden kann, spüren sie seine Ergriffenheit. Seine Pfarrschwester Maria Stephana Ostendorf gibt ihm die Hand, und er sagt zu ihr: „Wie Gott will, ich halte still."

Zwischen Verzweiflung und Hoffnung

Noch ein anderes Wort von Bernhard Lichtenberg während der Verhandlung im Landgericht ist überliefert: „Er sagte, er danke Gott, daß er in den vergangenen Monaten seiner Haftzeit nicht der Verzweiflung erlegen sei, denn es gäbe Stunden, in denen auch ein Priester nahe der Verzweiflung sei." Als Lichtenberg diese Sätze spricht, ist ihm jene Zeit der Haft keineswegs bewußt, die noch auf ihn zukommt: Er rechnet, dem Antrag seines Verteidigers entsprechend, mit einem Freispruch. Denkt er dabei auch an die Schreckensstunden seiner Herzängste? Zeitweise muß Lichtenberg die Anfälle einer Angina pectoris ertragen, die zu seinem Krankheitsbild gehören und sich in der Zelle verstärken. Schon zu seinen Lebzeiten, so Dr. Erhard Lux, damals 2. Oberarzt der Inneren Abteilung des St. Hedwigs-Krankenhauses, „war bekannt, daß er an einer schweren chronischen Nierenbeckenentzündung litt ... Diese hat zur Folge, daß harnpflichtige Substanzen nicht aus dem Körper ausgeschieden werden und zu einer Erhöhung des Blutdrucks führen. Die Erhöhung des Blutdrucks bewirkt ihrerseits eine starke Belastung des Herzens ... Dieser Zustand führt zu Schmerzen in der Herzgegend, Angina pectoris, und zu einer Entartung des Herzmuskels ... Der an Nierenbeckenentzündung leidende Prälat hätte unbedingt ständig in fachärztlich-urologische und internistische Behandlung gehen müssen, bis eine Besserung eingetreten wäre."

Seine Krankheit, die mangelnde Pflege und völlig unzureichende Behandlung sowie der starke seelische Druck des Zellen- und Gefängnislebens prüfen Lichtenbergs Charakter auf eine ungleich härtere Weise als seine kaum unbeschwerten Berufsjahre. Doch Lebenswille und Leidensfähigkeit, Charakterstärke und liebende Hingabe in den Willen Gottes lassen ihn auch bitterste Situationen überstehen. Denn „Tapferkeit ist ihm zur zweiten Natur geworden", sagte Schwester Stephana. „Ich will noch lange leben, denn ich lebe gern", äußert Lichtenberg einmal. Und in einem Gedicht, das man mit „Galgenhumor" überschreiben möchte, an den Arzt der Haftanstalt Tegel vom 7. März 1943 heißt es: „Ich bin noch zu jung fürs alte Eisen – Ich möchte noch gern in die Freiheit reisen – Und noch im Berliner Steinbruch schuften – Und nicht sang- und klanglos plötzlich verduften. – Doch dazu gehört auch physische Kraft – Vielleicht, daß Kartoffelbrei es schafft. – Drum, liebes Gefängnis, laß dich erweichen, – Meines Vaters Alter möcht' ich erreichen, – Ich bin kein Riese, wenn auch kein Zwerg, – Herzlich bittet der Dompropst Lichtenberg". Sechs Tage später wendet sich ein Gefängnisbeamter an den Anstaltsarzt:

„Lichtenberg ist sehr heruntergekommen. In der Zelle ist er heute ohnmächtig umgefallen. Ist Zusatznahrung notwendig?"

Bei einem nächtlichen Herzanfall hämmert Lichtenberg gegen die Zellentür und „bringt dadurch Unruhe in die ganze Gefängnisführung". Lebenswille und Todesangst, Selbstbeherrschung und Grauen kämpfen bisweilen miteinander. Die Anfechtung der Verzweiflung rückt dem Gefangenen auf den Leib.

Bei einem Menschen wie Lichtenberg sind Leben und Glauben nicht voneinander zu trennen. Darum bringen physische Krisen – „Laßt mich 'raus, ich sterbe!" – Glaubensanfechtungen mit sich. Zweifelsohne durchleidet er Augenblicke der Gottesverlassenheit, die an Sterbemomente auf Golgatha erinnern. Niedergeschlagenheit und Verdüsterung erfassen ihn, die er freilich immer wieder betend niederzuringen weiß. Und was ihn der Verzicht auf den ihm lebensnotwendigen Vollzug der heiligen Messe kostet, ist nur zu ahnen. Sein Kaplan Dr. Haendly erinnert sich an einen Besuch im Häftlingskrankenzimmer: „Er hatte sich und seine Gefühle nicht mehr in der Gewalt. Seine früher so wohltönende Stimme war infolge des langen Schweigens heiser. Er weinte."

Lebenslang und ausdauernd geht es Lichtenberg darum, den „heiligsten und gerechtesten Willen Gottes, unerforschlich in seinen Höhen und Tiefen, jetzt und in alle Ewigkeit" zu erfüllen. Und gegen Ende seiner Tegeler Haftzeit bekennt der Dompropst den Zusammenhang auferlegten Leidens mit dem göttlichen Willen mit diesen Worten: „Wenn ich die letzten zwei Jahrzehnte überblicke, will und muß ich Gott aus ganzer Seele danken, auch allen, die Seinen heiligen Willen an mir zur Ausführung brachten."

Selbst die Vollzugsorgane der Diktatur, die Richter und Kriminalbeamten, die Gefängnisärzte und Justizinspektoren, die Gefängniswärter und Gestapo-Mitarbeiter vollstrecken also auf verborgene Weise auch an Bernhard Lichtenberg Gottes Willen.

Verzweiflung ist ein Stichwort unseres Jahrhunderts. Das Nachdenken über die menschliche Existenz unter großen Philosophen dieses Jahrhunderts kreist um die Anfechtung zur Verzweiflung. Ein religiöser Denker unter den geistigen Ahnen der Moderne wie Sören Kierkegaard schlägt genau hundert Jahre vor dem Jahr 1943 das Thema an. Antigone, Nero, Isaak, Sara und Hiob verkörpern ihm „Stadien auf dem Weg des Lebens von der Verzweiflung zum Glauben". Elemente der Verzweiflung durchziehen das Werk des katholischen Dichters Reinhold Schneider. Der Dichter Jochen Klepper, der von Lichtenbergs Verhaftung und ihrem Anlaß erfahren hat und davon in seinem Tagebuch schreibt, weiß, wovon er spricht, wenn er unter dem Eindruck der bevorstehenden Deportation von Frau und Tochter vom „Hinwerfen des Vertrauens“ und der „Verzweiflung an Gott“ redet. Freilich kommt Klepper doch „vom Glauben nicht los“. Als die Deportation von Frau und Tochter unausweichlich ist, gehen alle drei in den Tod. „Über uns steht in den letzten Stunden das Bild des segnenden Christus, der mit uns ringt. In dessen Anblick endet unser Leben.“

Wenn also Lichtenberg der Verzweiflung nicht zum Opfer gefallen ist, so spricht er zugleich von einer Kraft, die ihm zu Hilfe kam und die er Gnade nennt. Je näher schließlich seine Haftentlassung aus der Strafanstalt Tegel rückt, desto stärker muß die Spannung zwischen Freiheitserwartung und schlimmer Ahnung wachsen. Der gefangene Dompropst von St. Hedwig wartet darauf, bald wieder an den früheren Ort seiner Wirksamkeit zurückkehren zu können. Schließlich hat er sich ständig über das Leben in der Gemeinde berichten lassen, schickt Grüße und Festtagswünsche, soweit das in rationierten und zensierten Nachrichten möglich ist, an Pfarrangehörige, sucht den Eltern Gefallener Trost zukommen zu lassen und veranlaßt Überweisungen an Bedürftige von seinem gesparten Geld. Und sofort nach seiner Entlassung will er mehrere Predigten übernehmen und Gottesdienste halten, so hofft er.

Zugleich aber scheint ihm deutlicher zu werden, daß ihn seine Verfolger nicht aus ihren Fängen lassen werden. Am 12. September 1943 beginnt Lichtenberg in der Zelle 428 der Station XI des Hauses II im Strafgefängnis Berlin-Tegel „30-tägige Exerzitien. Diese Exerzitien sollen der Beginn eines neuen Lebens in Gott werden. Zum Schluß dieser Exerzitien hoffe ich, bei St. Hedwig noch einmal Primiz feiern zu können nach zweijährigem Noviziat in meiner Kartäuser-Zelle. Es geziemt sich für den Berliner Dompropst, daß er endlich die Aufgabe richtig erfaßt, die ihm der liebe Gott in dieser furchtbar ernsten Zeit gestellt hat. Ich will jeden Tag vier Betrachtungen halten und beginne heute mit der Betrachtung der Eigenschaften des göttlichen Willens.“ Er will alles, was ihm widerfährt, nur noch „im Lichte der Ewigkeit“ ansehen: „Freudiges und Schmerzliches, Erhebendes und Niederdrückendes“. Vierzehn Tage später endet ein Schreiben an Schwester Stephana mit einem gelübdeähnlichen Gebet, das seine unter dem Druck der Haft gesammelten Erfahrungen zusammenzufassen scheint. Es besitzt einen Ton, der dem vierten Kapitel aus den Exerzitien des heiligen Ignatius von Loyola entlehnt sein könnte und der dem berühmten Gebet des Heiligen entspricht. Es beginnt mit den Worten: „Nimm an, Herr, meine ganze Freiheit, mein Gedächtnis, meinen Verstand, meinen ganzen Willen ...

Was immer ich besitze, das hast Du mir geschenkt. Ich gebe es ganz und gar wieder an Dich zurück ...“

Ist Lichtenberg, der Seelsorger aus Passion und Gehorsam, lebenswillig und leidensfähig, gefühlsstark und scharfsinnig, erwartungsvoll und todesbereit, tatsächlich imstande, sich den unausweichlichen, endgültigen Verlust seiner Freiheit vor Augen zu stellen und auch die Hoffnung auf Rückkehr zum geliebten Beruf des Seelsorgers aufzugeben? Noch vor dem Tor des Tegeler Gefängnisses wird der Strafentlassene Bernhard Lichtenberg „festgenommen, rücksistiert und in Schutzhaft genommen". Grund: „Staatsfeindliches Verhalten". Am 23. Oktober 1943 teilt das Reichssicherheitshauptamt dem Generalstaatsanwalt beim Landgericht Berlin mit, daß es seine Einweisung in das Konzentrationslager Dachau verfügt habe.

Doch der nach zwei Jahren Haft völlig entkräftete Bernhard Lichtenberg kommt nicht mehr an dieses Ziel: Beim Zwischenaufenthalt des Gefangenentransports in der bayerischen Stadt Hof muß der Gefängnisarzt den stark fiebernden Herz- und Nierenkranken in das Stadtkrankenhaus überweisen. Ärzte und Schwestern treffen auf einen Schwerkranken. Sie sehen in ein „zartes, wachsbleiches Gesicht mit geschlossenen Augen, im Kontrast dazu ein dunkler Bart". Da er „über und über mit Schmutz besudelt" ist, entkleidet und wäscht man ihn. Jede Handreichung quittiert er „nach Möglichkeit mit einer dankbaren Geste oder einem entsprechenden Wort". Mitunter verliert Lichtenberg sein Bewußtsein. Kommt er wieder zu sich, hört man seine flüsternden Worte und Sätze.

Die evangelischen Krankenschwestern können das Kirchenlatein der Psalmen, Hymnen und Orationen, die sein Gedächtnis gespeichert hat, nur teilweise verstehen. Doch sein unablässiges Beten entgeht ihnen nicht. Als Lichtenberg am 5. November 1943 stirbt, entdecken die Anwesenden kein Zeichen von Bitterkeit oder Angst. Der ihn behandelnden Assistenzärztin bleiben folgende Worte in Erinnerung: „Barmherzigkeit" und „Verzeihen".

Bernhard Lichtenberg – ein Liebhaber des Lichts, den keine Macht der Welt daran hindern kann, das Richtige zu tun. Wie Johannes der Täufer war er selbst nicht das Licht, aber er sollte Zeugnis geben von dem Licht (Joh 1, 8).

II Kindheit und Jugend in Schlesien

Beim Verhör der Gestapo am 25. Oktober 1941 erklärt der „Nachbenannte Lichtenberg, Bernhard“: „Ich bin in Ohlau als Sohn des Kaufmanns August Lichtenberg geboren und habe dortselbst das Gymnasium mit Vorschule besucht. Meine drei Brüder besuchten dieselbe Schule. Einer von ihnen übt heute noch den Beruf als Rechtsanwalt und Notar aus, während der zweite Lehrer im Ruhestand ist und der dritte Bruder bereits verstorben ist. Das Abiturium absolvierte ich am Gymnasium in Ohlau. Vom Jahre 1895 bis zum Jahre 1898 studierte ich Theologie, und zwar ein Semester an der Universität in Innsbruck und sechs weitere an der Universität in Breslau. Nach Abschluß des Studiums trat ich in das Priesterseminar in Breslau ein und wurde im Jahre 1899 zum Priester geweiht. Meine erste Anstellung erhielt ich an der Jakobus-Kirche in Neiße.“

In diesem knappen Abriß seines ersten Lebensabschnitts fallen Worte, über die man hinweglesen könnte. Eines heißt Ohlau. Immerhin verbringt er hier, abgesehen von gelegentlichen Reisen mit den Eltern, zwanzig Lebensjahre. Ohlau, zwischen Breslau und Brieg an einer alten Handelsstraße gelegen, ist eine Kreisstadt von damals etwas mehr als fünfzehntausend Einwohnern. Als der elfjährige Bernhard Lichtenberg in der katholischen Pfarrkirche St. Peter und Paul zur Erstkommunion geht, wohnen in dem zwischen der Oder und dem kleinen Fluß Ohle gelegenen Ort 10.391 Protestanten, 4.913 Katholiken, 340 Altlutheraner, 123 Juden und 20 Personen, die als „Andersgläubige“, später „Dissidenten“, ausgewiesen sind.

Ohlau oder Olawa, wie es im heutigen Polen heißt, liegt mitten in einer großen, teilweise waldreichen Ebene. Sie reicht von Liegnitz östlich bis an die Glatzer Neiße; im Süden wird sie vom Zobten-Gebirge und von den Strehlener Bergen begrenzt und reicht nach Nordosten über die Oder hinweg bis an das Trebnitzer Hügelland. Die Stadt führt ihren Namen auf eine slawische Siedlung zurück, die sich an dem Flüßchen Ohle orientierte. Polnische Piastenfürsten holen deutsche Mönche, Ritter und Bauern ins Land und schaffen mit ihrer Hilfe Kultur und Wohlstand. Ohlaus Stadtgründung fällt in die erste Hälfte des 13. Jahrhunderts.

Wie zahlreiche Kleinstädte Schlesiens lagert sich Ohlau um einen großen, viereckigen Marktplatz. Am Stadtbild hat sich bis heute kaum etwas geändert. Die kupfergrünen Hauben des achteckigen Rathausturms aus dem Jahre 1668 und die neugotische Spitze der früheren evangelischen Stadtpfarrkirche bilden die beherrschenden Vertikalen. Um den klassizistischen Neubau des Rathauses nach Entwürfen Friedrich Schinkels legt sich das einem Trapez zuneigende Viereck des „Rings“. Von dort gehen fast rechtwinklig sieben Straßen aus.

An einer von ihnen – der Mälzerstraße unweit des Brauhauses – liegt das Wohn-

und Geschäftshaus der Eltern Lichtenbergs. Sein hohes rotgedecktes Walmdach umfängt eine vielfenstrige Breitseite zur Mälzerstraße und eine Schmalseite zum Ring hin. Im Parterre dieser Seite befindet sich wie früher das einzige Ladenfenster. Aus der Ladentür geht der Blick wie je über die Längsseite des Marktplatzes zum im 19. Jahrhundert errichteten Wasserturm. Hier betrieb August Lichtenberg eine Kolonialwaren- und Delikatessenhandlung mit Weinstube. Wer den Laden an der Ecke Mälzerstraße und Jawiersch betritt, kann dort auch heute Obstsäfte, Wein und „kocie jeezyczki - czekolada mleczna", Katzenzungen aus polnischer Milchschokolade, kaufen.

Am 3. Dezember 1875 wird Bernhard Lichtenberg im Eckhaus an der Mälzerstraße/Ring geboren. Am 27. Dezember des gleichen Jahres wird er in die Taufmatrikel von St. Peter und Paul eingetragen: „Ohlau, den 27. Dez. (1875) wurde dem Kaufmann August Lichtenberg und seiner Ehefrau Emilie geb. Habrig (vom damaligen Pfarrer verbessert in: „der Name der Mutter lautet Hubrich") den 3ten i. e. dritten g. m. geborene Sohn getauft und Bernhard Richard Leopold genannt; Pathen (sic): Herr Caplan Kramer aus Wansen (und) Herr Kaufmann Schlippan-Neiße."

Bernhard Lichtenbergs 1872 geborene einzige Schwester Gertrud Maria Eva wird nur zehn Tage alt. Sein 1873 geborener älterer Bruder stirbt 1940 in Frankfurt/Main. Den mehr als drei Jahre jüngeren Bruder Johannes Wenzeslaus nimmt Bernhard Lichtenberg in seinen Berliner Haushalt auf. Er stirbt 1951 in Berlin. Der wie alle Geschwister in Ohlau geborene Bruder Franz August Walther stirbt 1959 in Borken/Westfalen. Die innige Liebe zu den Eltern und der ständige Umgang mit den Geschwistern fördern Bernhard Lichtenbergs starken Familiensinn. Später erzählt er gern von seiner schlesischen Kindheit und Jugend. Nicht selten hat er jüngere Geschwister zu hüten. Es heißt, er habe sie auch temperamentvoll zur Arbeit angehalten, was ihm manchen Ärger einbrachte.

Der Vater stammt aus dem niederschlesischen Bernstadt an der Weide zwischen Oels und Namslau. Im Jahr der Reichsgründung 1871 hat er die acht Jahre jüngere Emilie Hubrich aus dem oberschlesischen Roßdorf geheiratet. Beide sind Menschen mit unkomplizierter Frömmigkeit, die sie ihren Kindern zu vermitteln bemüht sind.

Ein Foto der Eltern aus späteren Jahren hat Lichtenberg nach beider Tod mit der gedruckten Unterschrift „Gott sei Dank für unser kostbares Elternpaar" versehen lassen.

Aus dem Leben eines „Fridolin"

Alltag und Festtag leben aus der Quelle katholischen Glaubens. Der Weg über den Ring zur Pfarrkirche ist nicht weit: Jeden Morgen geht der junge Bernhard mit der Mutter zur Kirche. Das Jahr ist in den Kreis der katholischen Hochfeste verwoben. Viele Jahre später noch ist die Erinnerung daran lebendig. Auch in der Haftzeit schreibt Lichtenberg auf, was ihm noch vor Augen steht. Ist es der schlesische Landsmann Joseph von Eichendorff, von dem ihm der Einfall kommt, seine Notizen unter dem Pseudonym „Fridolin" zu verfassen? Fridolin, das könnte ein Wahlverwandter des Eichendorffschen „Taugenichts" sein. Denn auch die weltfromme Munterkeit dieser Figur siedelt in der Nähe jenes schlesisch gefärbten Katholizismus, dem sich der Dichter bis zu seinem Tod verbunden weiß.

Lichtenbergs Erinnerungen verraten poetische Töne: „... wenn er am Sonntagmorgen durch die menschenleeren Straßen der kleinen Vaterstadt ging, um sein unruhiges und in viel Schuld verstricktes Herz im Bußbade zu reinigen und in der heiligen Kommunion zu stärken – oder vor Sonnenaufgang mit einem gleichgesinnten Freunde wiederum am Sonntagmorgen ins freie Land oder in den schweigenden Wald ging und wenn beide im Duett sagen ‚Dann gehet leise nach seiner Weise der liebe Herrgott durch den Wald', indessen die Morgenglocke im fernen katholischen Dorf zur Frühmesse lud."

Auch der religiösen Aufgeschlossenheit seines 1894 in Roßdorf bei Falkenberg in Oberschlesien verstorbenen Großvaters Franz Hubrich verdankt Bernhard Lichtenberg Anstöße, die sein frommes Fühlen und Nachdenken begleiten. Fridolin alias Lichtenberg erinnert sich: „Da Fridolin noch nicht zur Schule ging, durfte er das heilige Osterfest beim Großpapa erwarten. An jedem Abend der heiligen Fastenzeit kamen die Knechte und Mägde nach dem Abendbrot in die Wohnstube. Alle knieten hin; Großpapa betete mit frommer Stimme die Litanei vom bitteren Leiden und Sterben Jesu Christi vor, und ein melodischer Chor von tiefen Männer- und hellen Frauenstimmen antwortete: ‚Herr, erbarme dich unser', ‚Wir bitten Dich, erhöre uns'. Die stille dunkle Stube war wie eine Kirche, und Großpapa war der Priester. – Am Karfreitag kniete Fridolin in der alten Pfarrkirche der nahen Stadt am heiligen Grabe. Die regungslosen Wächter am Eingang des Grabes bewachten den heiligen Leichnam; durch rote und violette Glaskugeln schimmerte mattes Licht, und ein zarter, langer weißer Schleier verhüllte das kostbare Himmelbrot in der Monstranz. Die wehmütige Trauer aber schlug am Ostertag früh um vier Uhr in helles Entzücken um, wenn Vater fünf Minuten vorher im Kinderzimmer des Vaterhauses die Fenster öffnete und der Bläserchor vom alten

Rathausturm über die schweigende Stadt den Osterchoral schickte: ‚Erstanden ist der Heil'ge Christ!'. Da erwachten wir alle in der Osterfrühe zum lieben Gott und wurden dessen inne, daß im lieben Gott überhaupt lauter Freude ist und daß Er uns Seinen lieben Sohn geschickt hat, damit wir Freude haben.

Oder ist das keine Freude, wenn jung und alt singen: ‚Alle Jahre wieder kommt das Christuskind auf die Erde nieder, wo wir Menschen sind!' Wie wurde Fridolin zu Mute, wenn der Vater am Heiligen Abend den Laden schloß – viel früher als sonst – und seine Gehilfen im Sonntagsstaat zum gemeinsamen Abendtisch kamen und Mutter vorher das Evangelium des heiligen Lukas las und nach dem Weihnachtskarpfen mit polnischer Sauce aus der guten Stube eine silberhelle Glocke alle unter den Christbaum rief, unter dessen Zweigen die Krippe mit dem lieben Kinde stand, vor dem die liebe Mutter kniete, während St. Josef sich sinnend auf seinen langen Stab stützte und immerfort auf das Kind blickte. Das taten auch ganz still Ochs und Esel. Und die Hirten kamen eilig und hielten den großen Schlapphut ehrfürchtig in der Hand. Und über der Krippe leuchtete der Stern, und Engel sangen Gloria ganz so wie in der Kirche. Und Fridolin durfte, als es so weit war, am Piano ‚Stille Nacht, heilige Nacht' spielen; und alle sangen fromm, während Tannenduft die gute Stube füllte und ab und zu ein Tannenzweig knisterte, da gerade eine leise Kerzenflamme ihn küßte.

Und die Freude hatte kein Ende; sie fing am nächsten Morgen wieder an, wenn die ganze Familie im knirschenden Schnee zur Christnacht ging. Da strahlten die beiden übergroßen Christbäume, die den Altar überragten, im Lichte von hundert Kerzen, und der Herr Pfarrer trug das beste Meßgewand, und zahlreiche Meßdiener in Weiß und Rot dienten und beim Offertorium sang der Chor ‚Transeamus usque ad Bethlehem'. Das Gloria der Engel, das dazwischen klang, wollte kein Ende nehmen. Und nachher beim Festkaffee und Streußelkuchen fehlte nicht die ehrwürdige Witwe aus dem Nachbardorfe, die täglich wie die heilige Frau zum Tempel kam und Gott diente mit Fasten und Beten. Und wenn Mutter sie um ihr Gebet für Fridolin bat, damit aus ihm ein guter Priester werde, sagte sie jedesmal: ‚Was ich versprochen habe, halte ich'.“

Erinnerungen an die Freude schlesischer Kindheit und katholischen Lebens. Ihre Niederschrift, fortgesetzt hinter Gefängnismauern, Rückschau, in der „Ahnung und Gegenwart“ zusammenfließen. Auch dies ist Bernhard Lichtenberg: Sein Glaube läßt ihn Kind sein, nicht bloß in der fernen Vergangenheit. Katholisches Leben versteht sich für ihn auch als ein ästhetischer Kosmos, aus dem sich nichts herausbrechen läßt: herzliches Frommsein, Andacht und Feier, liturgischer Vollzug, Kirchenfeste, Meßgewand und Monstranz, Krippe und Kreuz, Singen und

Beten, Baldachin, Weihrauch, Chormantel. Und: Gewänder, Stola und Birett lassen auch einen weniger ansehnlichen Kleriker respektabel werden.

Ohlau ist preußisch regiert. Das zeigt sich in Amtsgericht, Stadt- und Kreisbehörden, Finanzamt, Hauptzollamt, Standortkommando, Husarenkasernen, auch in Gymnasium und Volksschule. Zweimal die Woche bringen Kleinbauern und Gärtner die Ernten des Landes auf den Markt. Eine Fülle von Ohlauer Handwerksinnungen, wirtschaftlichen Vereinigungen und gemeinnützigen Organisationen beweist die dichte Verflechtung gesellschaftlichen Lebens. Trotzdem ist der Riß zwischen beiden Konfessionen unübersehbar. Preußischen Angestellten und Beamten ist es untersagt, im Ladengeschäft des Katholiken August Lichtenberg zu kaufen, noch in der Weinstube – Weinhandlungen und Weinstuben haben in Ohlau Tradition – eine gute Flasche Roten oder Weißen kredenzt zu bekommen. Doch da auch Katholiken besonders in der Diaspora zusammenhalten, wird der Mangel durch Kunden aus benachbarten katholischen Dörfern ausgeglichen, und in der bedrückenden Zeit des Kulturkampfes wird selbst die Weinstube für gleichgesinnte katholische Bürger ein Rückzugsort, an dem eine ständige Tischrunde „zu Schutz und Trutz zusammenhält" (Alfons Erb).

Die Kreisstadt mit den ihr zugehörigen Dörfern Bergel, Deutsch-Steine, Baumgarten, Giesdorf, Goy, Jätzdorf, Ottag, Rosenhain, Polnisch-Steine, Dannowitz und Thiergarten bietet dem Heranwachsenden einen eher bescheidenen Lebensradius. Die Landschaft zwischen Oder und Ohle mit Wäldern und Seen, mit Dämmen und Parks, Beeren und Pilzen aber beschert Jungenabenteuer und Ausflüge. Im Winter kann ein gelenkiger Schuljunge auf der eistreibenden Ohle von Scholle zu Scholle „staken". Nur in den Schulferien geht es auf die Reise nach Roßdorf zwischen Schwarzengrund und Falkenberg unweit der Glatzer Neiße, wo der Onkel mütterlicherseits, Alfred Hubrich, ein Gut besitzt. Bis zu seinem Lebensende wird Bernhard Lichtenberg von solchen Ferien erzählen, dem Wandern und Reiten: „Da nun Reiten eine Jugendpassion Fridolins war – die Ackergäule seines Onkels wußten etwas davon zu erzählen."

Nach dem obligatorischen Besuch der simultanen städtischen Volksschule wechselt Bernhard Lichtenberg 1885 auf das Königliche Gymnasium in Ohlau. Auf dem Reifezeugnis vom 12. März 1895 heißt es: „Lichtenberg, Bernhard Franz Leopold – geboren den 3ten Dezember 1875 zu Ohlau – katholisch – Sohn des Kaufmanns Herrn Lichtenberg zu Ohlau, war zehn Jahre auf dem Gymnasium, und zwar zwei Jahre in Prima, davon ein Jahr in Ohlau".

Im Abschlußzeugnis Lichtenbergs heißt es unter anderem:

„I. Betragen und Fleiß. Sein Betragen war gesetzt und bescheiden, sein Fleiß ließ ernstliches Bestreben und Teilnahme an dem Behandelten erkennen und befriedigte um so mehr, je mehr er sich vor Übereilung hüten lernte. Lobenswert waren seine Leistungen als Vorturner.

II. Kenntnisse und Fertigkeiten.

Religionslehre. Durch ausdauernden Fleiß und die stets rege Anteilnahme, mit welcher er dem Unterrichte folgte, hat er sich in der Dogmatik, in der Kirchengeschichte und Sittenlehre gute Kenntnisse erworben. Gut.

Deutsch. Infolge seines lobenswerten Fleißes ist es ihm gelungen, in der schriftlichen Bearbeitung eines Themas Gutes zu leisten; seine Aufsätze bewiesen in der Regel liebevolle Erfassung des behandelten Stoffes, selbständiges Urteil, Klarheit in der Entwickelung der Gedanken und gute stilistische Gewandtheit. Auch seine Probearbeit konnte gut genannt werden. Ebenso leistete er im freien Vortrage Lobenswertes. Der Erklärung der klassischen Meisterwerke folgte er mit eifriger Anteilnahme und gutem Verständnis; von der Entwickelung der vaterländischen Litteratur besitzt er gute Kenntnisse. Demnach sind seine Gesamtleistungen als gut zu bezeichnen. Gut.

Lateinisch. Er hat sich eifrig und mit ausdauernder Teilnahme und sichtlich zunehmendem Verständnis den gelesenen Schriftstellern gewidmet und gelernt, sie nicht ohne Gewandtheit zu übertragen. Auch mit der Form der Horazischen Gedichte ist er vertraut. Seine schriftlichen Leistungen bezeugen wachsende Sicherheit in der Beherrschung grammatischer und stilistischer Regeln und erwarben öfter ein anerkennendes Zeugnis. Auch die Prüfungsarbeit entsprach im allgemeinen den Anforderungen. Genügend.

Die unterzeichnete Prüfungskommission hat ihm demnach, da er jetzt das Gymnasium verläßt, um Theologie zu studieren, das Zeugnis der Reife zuerkannt und entläßt ihn mit den besten Hoffnungen für sein Weiterstreben.

Ohlau, d. 12. März 1895 – Königliche Prüfungskommission (Unterschriften des Lehrerkollegiums). Gez. Tschackert, Königlicher Kommissarius."

Die Bedrängnisse des Kulturkampfes in Schlesien

Preußisch sind die Töne, die Ohlau und Niederschlesien beherrschen. Und wenn auch die Ohlauer Katholiken gute Patrioten zu sein versuchen, sie bilden nur das eine und nicht allzugern gesehene Drittel der überwiegend preußisch-protestantischen Bevölkerung. Die Ohlauer gehen in verschiedene Kirchen, und selbst die Fronleichnamsprozession muß im Innern der katholischen Pfarrkirche am Schloßplatz gehalten werden. Erst am 22. Juni 1899 wird es bei der Primiz des einen Tag vorher in Breslau geweihten Priesters Bernhard Lichtenberg eine öffentliche Prozession geben. Mehr als fünfundzwanzig Jahre tragen vor allem die Herrschafts- und Einflußgebiete von Bismarcks deutschem Reich und seinen Gliedstaaten die Überschrift: „Kulturkampf".

Noch der – wahrscheinlich von Lichtenberg verfaßte – Totenzettel des am 16. Dezember 1931 in Berlin verstorbenen Vaters hebt hervor: „Ohne jede Rücksicht auf geschäftliche Interessen verteidigte er im ‚Kulturkampf' als zeitweiliger Vorsitzender des Kirchenvorstandes die Interessen der Kirche. Noch in seiner Todesschwäche zitierte er einen von dem Kirchenvorstand an Kaiser Wilhelm I. geschriebenen Brief, in dem gegen die Entfernung der Kreuze aus den Schulen protestiert wurde. Seine Liebe zur Kirche machte ihn zum treuen Anhänger der Zentrumspartei, deren Geschäfte er als langjähriger Vorsitzender des Wahlkreises führte und die ihn als Kandidaten für den Reichstag aufstellte."

Lichtenbergs Onkel Alfred Hubrich, der fünfundzwanzig Jahre lang als Abgeordneter der Zentrumspartei die Interessen der katholischen Volksminorität im Deutschen Reichstag vertritt, hat nicht anders gedacht. Auch ihm ist klar, daß die seit 1871 eingeschlagene Kirchenpolitik in zahlreichen Punkten im Widerspruch zur Verfassung steht. Die von ihrem Stichwortgeber Ludwig Windthorst mitbegründete Zentrumspartei stellt bereits im ersten Reichstag mit 58 Abgeordneten die zweitstärkste Fraktion, und auch ihr Einfluß im Abgeordnetenhaus ist kaum zu überschätzen.

Reichskanzler Otto von Bismarck und sein Minister der „geistlichen und Unterrichtsangelegenheiten", Adalbert Falk, haben mit der katholischen Kirche vor allem das „Zentrum" und den Verbandskatholizismus im Visier. Die Auflösung der katholischen Abteilung im Preußischen Kultusministerium steht am Anfang der Kampagne. Das 1872 erlassene „Schulgesetz" will den kirchlichen Einfluß auf die Schulen unterbinden; mit der Trennung von Kirche und Schule will sich der Staat die absolute Schulaufsicht sichern. Etwa tausend Angehörige von Orden und Kongregationen werden aus dem Schuldienst entlassen. Dem folgt der Abbruch der diplomatischen Beziehungen zum Heiligen Stuhl und ein Verbot von Niederlassungen des Jesuitenordens und „ähnlicher Orden" im Deutschen Reich.

Höhepunkt des Kulturkampfes bilden die vier sogenannten „Mai-Gesetze" von 1873. Sie heben die Unabhängigkeit der Kirche vom Staat auf, gestatten starke staatliche Eingriffe in die Ausbildung der Geistlichen, umfassen ein Verbot der päpstlichen Jurisdiktionsgewalt, regeln den Kirchenaustritt und führen die obligatorische Zivilehe ein. Mehrere Bischöfe werden wegen „Zuwiderhandelns gegen die erlassenen Gesetze" verhaftet, in Haft gehalten und für abgesetzt erklärt. Eine Reihe von ihnen flieht ins Ausland oder geht nach einer Haftverbüßung nach Rom. Rund 1400 Pfarrstellen bleiben unbesetzt.

Ein eigenes Gesetz sieht die Einstellung aller finanziellen Leistungen des Staates an die Kirche vor. 1876 kommt es zu einer Verschärfung des am 10. Dezember 1871 erlassenen, von Bismarck und Kaiser Wilhelm I. unterschriebenen „Kanzelparagraphen" (Strafgesetzbuch § 130): „Ein geistlicher oder anderer Religionsdiener, welcher in Ausübung oder in Veranlassung der Ausübung seines Berufes öffentlich vor einer Menschenmenge oder welcher in einer Kirche oder an einem anderen zu religiösen Versammlungen bestimmten Ort vor Mehreren Angelegenheiten des Staates in einer den öffentlichen Frieden gefährdenden Weise zum Gegenstande einer Verkündigung oder Erörterung macht, wird mit Gefängnis oder Festungshaft bestraft. Urkundlich unter Unserer Höchsteigenhändigen Unterschrift und beigedrucktem Kaiserlichen Siegel. Gegeben Berlin, den 10. Dezember 1871".

Rund siebzig Jahre später wird das Sondergericht I beim Landgericht Berlin auch dieses Gesetz vom „Kanzelmißbrauch" zur Verurteilung des Dompropstes Bernhard Lichtenberg heranziehen. Zweifelsohne hat der Kulturkampf und seine schlesische Erscheinungsform den noch jungen Bernhard Lichtenberg auf seine Weise beschäftigt.

Erst als der Heranwachsende das Gymnasium besucht, wird der fünfzehn Jahre währende Kampf für beendet erklärt. Bismarcks Fernziel, eine deutsche, „romunabhängige" Nationalkirche zu schaffen, ist nicht erreicht worden, und der erwünschte Zerfall des Zentrums tritt nicht ein. Von Rom kommt den Katholiken tatkräftige Unterstützung zu, und die Kirche geht fast überall aus dem Kulturkampf gestärkt hervor.

Im passiven Widerstand der katholischen Bevölkerung im preußischen Schlesien werden jedenfalls Bismarcks Absichten zunichte. Auch Falk und seine Mitstreiter haben Willen und Kraft der Kirche zum Widerstand falsch eingeschätzt. Unter staatlichem Druck sammeln sich zahllose Katholiken aus allen sozialen Schichten um ihre Bischöfe, und die Zentrumspartei, die im Grunde gegen ihren Willen zu einer Art Weltanschauungspartei wird, kann die Zahl ihrer Mandate erheblich vermehren. Unter Windthorsts Führung wird sie zum stärksten parlamentarischen Widerpart des Reichskanzlers; ja, sie liefert ihm einen auf konstitutionelle und rechtsstaatliche Argumente gestützten Kampf, der den Kanzler täglich darauf stößt, daß es Rechte „gibt, die älter sind als der Staat; daß der Staat nicht allein der das Recht erzeugende ist, daß er vielmehr da ist, um die gegebenen Rechte zu schützen, nicht aber, um sie nach Willkür und nach Zweckmäßigkeitsdenken zu modeln", so Windthorst am 24. Mai 1878 im Reichstag. Vor allem Preußen hat damals den Ruf eines toleranten Staates eingebüßt.

Doch wahrscheinlich hätte der Kulturkampf nicht diese Härte gewonnen, wenn nicht auch auf der Gegenseite Kräfte am Werk gewesen wären, die diese Auseinandersetzung verschärfen mußten. Die „Verurteilung der 80 hauptsächlichsten Irrtümer der Zeit" (Syllabus vom 8. Dezember 1864) und die Dogmatisierung der päpstlichen Unfehlbarkeit auf dem Ersten Vatikanischen Konzil durch Pius IX. erhöhen Haß und Verbitterung auf der Gegenseite. Erst unter dessen Nachfolger Leo XIII. kommt es im Lauf der Zeit zum „Friedensschluß" und zum objektiven Ende der Kämpfe.

An der Beilegung des „Krieges" zwischen Staat und Kirche hat der 1887 zum Fürsterzbischof von Breslau ernannte Georg Kardinal Kopp entscheidend mitgewirkt. Kopp ist ein respektabler Nachfolger des verstorbenen Erzbischofs Robert Herzog geworden. Kopp, Mitglied des Preußischen Staatsrats und des Herrenhauses des Schlesischen Landtags, Träger hoher Orden und beliebter Gastgeber von Kaiser und Kronprinz, ebnet die Wege zu tragbaren diplomatischen Kompromissen. Freilich fühlen sich Teile der Zentrumspartei, allen voran der schlesische Franz Graf von Ballestrem, Reichstagsabgeordneter und zeitweiliger Präsident der deutschen Katholikentage, düpiert und übergangen. Immerhin kommt die Entspannung auf diplomatischem Wege durch direkte Verhandlungen Bismarcks und der römischen Kurie zustande. Tatsächlich wird der kluge und versöhnliche, taktisch geschickte Breslauer Erzbischof zu einer der wichtigsten Vertrauenspersonen in allen Fragen, die das Verhältnis von Kirche und Staat betreffen.

Drei Provinzen umfaßt das Erzbistum Breslau: Schlesien, Brandenburg und Pommern. Im Jahr 1883 beläuft sich die Zahl der Katholiken auf 2.318.000. Das sind rund 25 Prozent der Gesamtbevölkerung. Im preußisch-schlesischen Teil des Bistums leben 1.882.000 Katholiken in 698 Pfarreien und Kuratien. Als drittes Gebiet untersteht dem Breslauer Ordinarius die erzbischöfliche Delegatur für die Mark Brandenburg und Pommern. Ungeachtet eines erzbischöflichen Entscheidungsvorbehalts nimmt der Berliner Propst von St. Hedwig in der Regel die Verwaltungsaufgaben dieser Gebiete wahr. Im übrigen gilt das Amt des Berliner Propstes von St. Hedwig als eine Art Sprungbrett zu höheren kirchlichen Würden. So verhält es sich zum Beispiel bei Wilhelm Immanuel von Ketteler, dem späteren Bischof von Mainz.

Trotz des starken Widerstands einer breiten katholischen Bevölkerung gegen so manche Willkürmaßnahmen der Verfechter des Kulturkampfes und seiner ideologischen Befürworter – gerade auch auf kommunaler Ebene – und trotz der deutlichen Solidarisierung aller Betroffenen ist die Zahl der Priesterberufe in diesen Jahren stark zurückgegangen. Deshalb gilt die besondere Aufmerksamkeit des Breslauer Erzbischofs der Ausbildung des Priesternachwuchses. Er gründet an verschiedenen Orten eine Reihe von Knabenkonvikten oder erweitert die vorhandenen.

Vielleicht hat an der Berufung Lichtenbergs zum Priester auch der zeitweise in Groß-Nossen / Kreis Münsterberg tätige Pfarrer Franz Lichtenberg Anteil, ein „geistlicher Onkel" väterlicherseits. Jedenfalls geht Lichtenbergs Berufung auf seine Jugendjahre zurück. Seine Mutter bezeugt, daß er schon in seiner Jugend die Berufung zum Priestertum klar gespürt habe. Das könnte auch erklären, daß es in seinem ganzen Priesterleben nicht das gegeben hat, was man einen Bruch, eine zweite Bekehrung, eine conversio nennen könnte. Es gibt offensichtlich nur eines – Kontinuität.

Tüchtige Seelsorger haben das Klima der katholischen Pfarrei St. Petrus und Paulus in Ohlau und auf den Dörfern ringsum bestimmt. Deshalb trifft das Klagewort eines Vorgängers von Kardinal Kopp, des Fürstbischofs Heinrich Förster, über die Ohlauer zumindest auf etliche, meist kämpferische Jahre nicht zu: „Ohlau – o wie lau!". Auch ein starkes Vereinsleben spricht dagegen.

Theologische Lehr- und Wanderjahre

Im April 1895 beginnt Lichtenberg sein Studium an der Theologischen Fakultät der Leopold-Franzens-Universität Innsbruck. Aus dem Jesuitenkolleg hervorgegangen, hat sich die 1857 eröffnete und nach harten Existenzkämpfen bewährte theologische Fakultät zu einer der besuchtesten Fakultäten des deutschen Sprachraums entwickelt. Das gilt sowohl für Philosophie wie für Dogmatik. Lichtenberg hört die Vorlesungen des Dozenten für philosophische Propädeutik P. Josef Kern, als scharfsinniger Denker und vielseitig begabter Professor geschätzt. Der mündliche Vortrag scheint ihm mehr zu liegen als die schriftliche Formulierung. Fridolin alias Lichtenberg charakterisiert ihn einmal folgendermaßen: „Wenn Pater Kern seine Zuhörer in die philosophische Propädeutik einführte – in lateinischer Vorlesung, die in freier Rede besonders bei erläuternden Nebenbemerkungen so hurtig aus seinem deutschen Munde hervorsprudelte, als hätte er von Kindheit an nur lateinisch gesprochen, da merkte Fridolin, daß die Sammlung am Morgen, wenn die Seele zu ihrem Gott erwacht, beredt macht in der heiligen Wissenschaft."

Bei P. Michael und bei Ludwig von Pastor hört Lichtenberg Kirchengeschichte, ein Fach, für das sich auch der Häftling in Tegel noch immer lebhaft interessiert. Denn damals liest er in Stunden der Abgeschiedenheit in seiner Zelle das in mehreren verbesserten Auflagen vorliegende „Lehrbuch der Kirchengeschichte" von Marx.

Im Vorlesungsverzeichnis des Wintersemesters 1893/94 findet sich unter den Lehrveranstaltungen der theologischen Fakultät Innsbruck zum ersten Mal folgende Ankündigung: „Prof. Dr. Biederlack: Einleitung in die soziale Frage, eine Stunde wöchentlich, Donnerstag von 6 bis 7 Uhr, im Hörsaal Nr. I.; unentgeltlich". Damit beginnen kaum zwei Jahre nach dem Erscheinen der Enzyklika Leos XIII. „Rerum novarum" an der theologischen Fakultät Innsbruck Lehre und Forschung zur sozialen Frage. Ein Teilnehmer dieser Vorlesungen berichtet später: „Wir sind Zeugen der Begeisterung gewesen, mit welcher die Theologiestudenten die Vorlesungen des jungen Professors besuchten und Zeugen der Begeisterung, mit der wenige Jahre nachher seine ersten Vorlesungen über soziale Fragen aufgenommen wurden."

Die soziale Frage wird bei Biederlack als wirtschaftliche, politische und religiös-sittliche Frage behandelt. Der Forscher und Schriftsteller hat dabei den in der Enzyklika manifestierten sozialen Ordnungswillen „aufgegriffen, vertieft, weitergetragen und vor Verfälschung bewahrt". Auch Vorlesungen wie die Biederlacks tragen wohl zu einer Revision der Begriffe bei, die sich Lichtenberg als Kind von einem Arbeiter gemacht hat: „Aus seiner Kindheit brachte Fridolin die Vorstellung mit, ein ‚Arbeiter' sei ein Mann, der rauchend und untätig auf der Straße steht, die Hände in den Hosentaschen und erst zur Aushilfe bereit ist, wenn ihn jemand ruft. Nur die Landarbeiter schienen ihm eine Ausnahme zu machen, deren Tag im Sommer früh um 3 Uhr begann und an deren Stirn er oft – besonders in der Erntezeit – den Schweiß perlen sah".

Als der noch nicht Zwanzigjährige seine Geburtsstadt verläßt, macht er Station bei seinem Onkel in Groß-Nossen bei Münsterberg, „wo der alte geistliche Onkel ihn mit einem Zehrgeld ausrüstete, so daß er nunmehr wohlgemut noch an dem selben Abend nach Prag, von dort nach München und Innsbruck weiterfuhr in der Stimmung des Wanderburschen ‚Wem Gott will rechte Gunst erweisen, den schickt er in die weite Welt'. Am nächsten Morgen wunderte er sich baß, im Gepäcknetz über seinem Platz eine leere Rotweinflasche aus Vaters Weinkeller zu finden, konnte sich aber allmählich dunkel daran erinnern, daß er am Abend vorher in dem instinktiven Gefühl, einen beginnenden Zahnschmerz ersäufen zu müssen, die Flasche entkorkt und auf den zahlreichen Stationen bis Prag öfters in die Nähe des schmerzenden Zahnes gebracht hatte. So war sie eben allmählich leer geworden, und der Schmerz war weg."

Zwischen Innsbruck und Ohlau gehen zahlreiche Briefe hin und her. Denn die Mutter fragt nach allem und jedem und weiß nicht Ratschläge genug zu geben für Zimmer und Bett, für Frühstück und Abendbrot, da er im Jesuitenkonvikt aus Raumgründen keine Unterkunft findet. Leider befindet sich der ausgiebige Briefwechsel zwischen Mutter und Sohn weder im Berliner Diözesanarchiv noch in den Dokumenten des Seligsprechungsprozesses, so daß nur nach den Aussagen Alfons Erbs zitiert werden kann. Ihm hat der Briefwechsel noch vorgelegen. Die Mutter fragt nach seinem Ergehen und mahnt den jungen Theologen: „Arbeite nicht wieder die Nächte hindurch!" Er solle sich nicht der Zugluft aussetzen. Bernhard beschreibt, daß er den Zimmerpreis von elf auf neun Gulden hat herunterhandeln können. Zehn Kreuzer für die Tasse Kaffee sind ihm zuviel, und er fragt, wie sie es haben möchte und ob er sich einen Koffer kaufen soll. In schlichter Weise beschreibt die Mutter, wie sie ihn im Geist von Station zu Station begleitet hat. Er teilt Vater und Mutter mit, welche Kollegs er belegen will. Er schickt der Mutter eine „Aufstellung der Ausgaben". Seine Mutter antwortet, Sparsamkeit, besonders bei einem jungen Mann, sei lobenswert; doch bei einer derart pedantischen Aufstellung und Berechnung seiner Ausgaben – die nur gerade zur Not reichten, um sich satt zu essen und womöglich nur erlaubten, seinen Durst mit Wasser zu stillen – seien ja alle Annehmlichkeiten geradezu ausgeschlossen. Seine Eltern hätten ihn doch gerade wegen der herrlichen Umgebung nach Innsbruck geschickt. Aber wenn er nun auf seinen Wanderungen in der Umgebung sich immer erst mit der Frage herumquäle, ob er auch etwas essen oder trinken solle, dann sei doch alles Vergnügen dahin. Er sei doch auch schon früher mit der Mutter gereist und habe feststellen können, daß sie keine kostspieligen Ausgaben zu machen pflege, doch daß sie genauso wenig „durch übertriebene Sparsamkeit uns solchen Aufenthalt zum Gefängnis gemacht". Bei seiner Abrechnung ist der Student der Theologie Bernhard Lichtenberg bei seiner Sparsamkeit auf eine Summe von 60 Mark im Monat gekommen. Diese Summe, so die Mutter, könne und brauche nicht zu reichen: „Du bist ja immer unser geliebter Junge und sollst fühlen, daß du gute Eltern hast." Einmal schreibt sie ihm: „Ich schreibe auf dem neuen Schreibtisch, darauf steht im Stehrahmen Deine Photographie, die ich betrachte und dabei ‚Mein lieber Junge' sage." Ein anderes Mal führt die Mutter mit vernünftig-ruhigen Worten gewisse Einseitigkeiten eines seiner Professoren auf das richtige Maß zurück.

Während der Pfingstferien unternimmt Lichtenberg in Begleitung zweier Mitstudenten eine Reise durch Südtirol und Oberitalien. Die anziehenden Landschaften liegen gewissermaßen vor der Tür, und so führt der Weg auch nach Trient, Venedig und bis an die Adria. Von Innsbruck bleibt ihm vor allem die große Stadtprozession in Erinnerung, „wo Fridolin zum ersten Mal in seinem noch kurzen Leben eine ganze Stadt mit militärischem Gepränge im Gefolge des eucharistischen Gottes sah". Über Salzburg kehrt Lichtenberg gemeinsam mit seinen Eltern, die ihm entgegengefahren sind, in die Heimat zurück. Vom Wiedersehen mit den Eltern heißt es: „Die Freude des Wiedersehens kam sichtbar zum Durchbruch, als Fridolin im Galopp eines Jagdhundes in der Nähe des Salzburger Hauptbahnhofes über einen grünen Rasenteppich sprang, als er auf der entgegengesetzten Seite das liebe Elternpaar sah. Die gemeinsame Fahrt auf der Donau war übervoll von Freude – besonders der Anblick der grünen Ufer, an denen sich Maria Taferl, die Benediktinerabtei Melk, Kremsmünster und zahlreiche Burgen, Dörfer und Städte in den blauen Fluten spiegelten. Das geheimnisvolle Dunkel St. Stephans in der Kaiserstadt stand in einem eigenartigen Gegensatz zu der heiteren Lebensfreude des Wieners."

Die folgenden Semester verbringt Lichtenberg an der Königlichen Universität Breslau, von den Schlesiern nach ihrem Stifter Kaiser Leopold I. liebevoll „die Leopoldina" genannt. Eine ihrer prächtigen Schauseiten liegt direkt an der Oder. Ihre barocke Aula mit dem Bildnis Kaiser Leopolds I., der Athene, der Silesia als Verkörperung Schlesiens und dem „Gott des Oderstroms" hat auch Edith Stein während ihres Breslauer Studiums zu sehen bekommen. In Breslau wohnt Lichtenberg im Theologenkonvikt und unterwirft sich dessen strenger Hausordnung. Es sind „mehr als 300 Studenten, die sich zum ersten Mal abends um sechs Uhr im langen Speisesaal trafen. Der Direktor des Theologenkonvikts verlas die Namen und gab die Tagesordnung bekannt. Senior Matzelt betete das Tischgebet. Der Direktor proklamierte Colloquium: es gab Appetit und Stimmung, die sich schon in jugendlichen Scherzen über die Suppenterrinen Luft machte, die auf kleinen Transportwagen befördert wurden; sie liefen in Eisenbahnschienen auf langen Tischen. Glockenzeichen, Dankgebet, cum silentio unter Vorantritt der Oberin hinauf in die im dritten Stockwerk liegende Kapelle zur kurzen Anbetung; dann erste Rekreation im Garten. Am nächsten Morgen begann die Tagesordnung mit Morgengebet, Betrachtung durch den Direktor, Heilige Messe, Frühstück, Gang zur Universität, 1 Uhr 20 Mittagsbrot, Rekreation, Studium und so fort sechs Semester lang: Freuden ohne Zahl. Wenigstens am Sonntag heilige Kommunion – des Heiligen Vaters Pius X. Kommunionsdekrete waren noch nicht erlassen – und Anhörung einer Predigt in der Stadt; viele zog Kuratus Dr. Fink bei St. Adalbert an. An den Nachmittagen Ausflüge in Breslaus nähere Umgebung", so beschreibt Lichtenberg diese Zeit.

Die theologische Fakultät steht damals im Zeichen der Wiederentdeckung scholastischen Denkens. Der Kulturkampf ist vorüber, und eine neue Generation von jungen Gelehrten ist herangewachsen. Kirchliche Lehrentscheidungen werden für die theologische Reflexion grundlegend. Eine erneuerte und verjüngte Theologie, die auf einer gründlichen und so rational wie real orientierten Philosophie gründet, wird von Erzbischof Kopp ermuntert und ermächtigt, so daß sie ihre Erkenntnisse an eine ganze Generation von Theologen und Philosophen weitergeben kann.

Kopp wünscht „keine Verschlesierung" der Fakultät. Ohne Rücksicht auf die jeweilige landsmannschaftliche Herkunft soll der jeweils Beste ausgewählt werden. So wird das neue Ordinariat für Philosophie dem – nicht habilitierten – Clemens Baeumcker aus Münster anvertraut, dessen Beiträge zur Geschichte der mittelalterlichen Philosophie eine große Wirkung in der wissenschaftlichen Öffentlichkeit ausüben. Den Lehrstuhl für neutestamentliche Exegese erhält der Münsteraner Alois Schäfer. Max Sladreck liest, teilweise in Vertretung des zeitweise auch Kirchenrecht dozierenden Hugo Laemmer, Kirchengeschichte.

Lichtenberg hat diese und andere theologische Lehrer in guter Erinnerung behalten: „Wenn Fridolin in späteren Priesterjahren seiner theologischen Lehrer gedachte – in den Studentenjahren war ihm jeder eine Autorität, so brachte es die langjährige Gewöhnung von der Schulbank her mit sich – konnte er aus der Tiefe der Eindrücke einen Rückschluß ziehen auf die damalige Aufnahmebereitschaft oder -fähigkeit seiner jungen Seele: Daß die herrliche Dogmatik, wenn sie schwungvoll vorgetragen wird, die Seelen mehr erfreut, als wenn sie im ‚ermüdenden Gleichmaß der Tage' zur Schreibübung herabsinkt, wurde ihm im Kolleg Pohle offenbar." Der Neuscholastiker Joseph Pohle pflegte – was sein erfolgreiches, gern gelesenes und vielfach neu aufgelegtes „Lehrbuch der Dogmatik" beweist – seine Vorlesungen mit präzisen Begriffen und umfassender Durchdringung des Stoffs lebendig vorzutragen.

Wie stark scholastische und apologetische Auffassungen im Bereich der Theologie auf den künftigen Seelsorger Lichtenberg wirken, das könnte auch eine Berliner Tagebuchaufzeichnung aus dem Jahr 1909, also rund fünfzehn Jahre später, belegen, in der es heißt: „Kardinal Erzbischof Antonius Fischer warnte eindringlich davor, eine neue Terminologie einzuführen. Man fing in einigen Kreisen an, lieber von katholischer Weltanschauung zu sprechen als vom katholischen Glauben. Das sei eine Gefahr. Das Credo sei objektiv, die Anschauung subjektiv. Diese schlichte Bemerkung blieb in Fridolins Kopf und Herzen haften; er stimmte ihr gedanklich und herzlich sofort zu, und er hat sich seitdem immer davon überzeugt, daß neue Terminologien zumal in der Theologie Unheil bringen, wenn sie nicht ex cathedra festgelegt werden." Einunddreißig Jahre später werden solche Gesichtspunkte bei seiner Auseinandersetzung mit den Thesen des Tübinger Theologen Karl Adam erneut eine Rolle spielen.

Zum Konviktsalltag heißt es: „Die liebevolle und kluge Seelenführung des Subregens Oppermann verriet den künftigen Autor einer praktischen Moral, und eine einzige Anregung Herbigs, einen lateinischen Evangelisten auswendig zu lernen, hat Fridolin in den langen akademischen Ferien unbeschreiblich schöne Stunden bereitet. Wenn er in den Vormittagsstunden auf einsamen Feld-, Wald- und Wiesenwegen marschierte, war es nie einsam. St. Lukas ging immer mit ihm; und wenn er seine 15 Kapitel repetierte – weiter hat er's nicht gebracht – war ihm der Turm der katholischen Kirche von Hennersdorf meistens richtunggebend."

Zu Dir, mein Gott, erwache ich in der Frühe

Bevor Lichtenberg nach „glücklich überstandenem theologischem Schlußexamen" am 5. Oktober 1898 in das Alumnat, das Breslauer Priesterseminar, eintritt, verhelfen ihm die Eltern zu einer längeren Reise. Sie führt über Eichenzell bei Fulda und Helgoland nach Krefeld zum dortigen Katholikentag, dann „über den Rhein – im Schiff von Köln bis Koblenz – und Dresden nach Breslau zurück. Die beiden Reisegefährten, die in Innsbruck Freundschaft geschlossen hatten, machten zuerst Halt im ‚Hüttchen' des Pfarrers von Eichenzell, den Fridolin nach seinem ersten Innsbrucker Semester am Bodensee in Lindau getroffen hatte. Der alte ehrwürdige Priester nahm sich damals väterlich des jungen Semesters an und lud den Jüngling ein, mit ihm die 45. Generalversammlung der Katholiken Deutschlands in München zu besuchen. Er machte mit ihm die Wallfahrt des Katholikentages nach Altötting, wo vor dem Einzug in den Wallfahrtsort auf die Bitte des alten Fürsten Löwenstein ein Kapuzinerpater auf offener Landstraße den zahlreichen Wallfahrern eine Einführungspredigt hielt, und wollte den beiden Kandidaten vor dem Eintritt ins Alumnat die Gelegenheit geben, in Fulda am Grabe des heiligen Apostels der Deutschen ihr Priesterseminar zu empfehlen. Nach einem Besuch des Franziskanerklosters auf dem Frauenberg bei Fulda ... brachte sie der Eilzug nach Hamburg und das Schiff nach Helgoland. Wie konnten die beiden Priesterkandidaten auf dem winzigen Eiland im unabsehbaren Meer den einsamen Morgen, als ihre Seele zu Gott erwachte, besser ausnutzen, als daß in Ermangelung einer katholischen Kapelle der Ältere von beiden in ihrem Zimmer eine Heilige Messe las, wie es eben Priesterkandidaten zur Vorbereitung und Übung tun, und Fridolin ihm ministrierte: da wurde wieder das ‚Deus meus ad Te de luce vigilo' wach: Gott ist ja nicht fern von einem jeden von uns, denn in Ihm leben wir, bewegen wir uns und sind wir."

Lichtenberg spielt an dieser Stelle seiner Reiseerinnerungen noch einmal auf seine Erfahrung als Student an. Er kommt als „junger Student, als gerade Matutin und Laudes gebetet wurden, in den Breslauer Dom. Da stimmte eben ein Domvikar den 62. Psalm an: Deus, Deus meus, ad Te de luce vigilo. Zu Dir, mein Gott, erwache ich in der Frühe. Ich wußte damals wenig von Psalmenübersetzung und -erklärung, wie ich auch jetzt noch nicht viel weiß; aber ich hörte die Freude heraus, daß eine Menschenseele in der Morgenfrühe zu Gott erwacht und daß dieser Gott mein Gott ist – und sehr oft war ich später plötzlich beim ‚Deus, Deus meus' im dunklen Dom und sah die hellen frommen Töne zum Gewölbe emporsteigen und fühlte sie."

„Als sie dann wenige Tage später" fährt Lichtenberg in seinem Reisebericht fort, „beim Katholikentage in Krefeld den feierlichen Pontifikalämtern in den herrlichen Gotteshäusern beiwohnten und wieder einen Tag später im Dreikönigsdom in Köln stumm zu den luftigen Gewölben und den ragenden Türmen aufblickten, hörten sie geheimnisvoll dasselbe Sursum corda, das zwei kleine Menschlein in Helgoland im engen Zimmer angestimmt hatten, und als sie auf der Rheinfahrt von Bonn nach Koblenz die herrliche Gottesnatur genossen und in Dresdens Grünem Gewölbe die Pracht der Edelsteine anstaunten, erschien ihnen alles klein im Vergleich mit dem, was sich vor dem Auge ihrer Seele auftat beim Eintritt ins Alumnat."

Lichtenbergs Schilderungen bezeugen den augenfreudigen und zum Erzählen aufgelegten Menschen. Er ist lebensdankbar und eindrucksfähig, und ihm stellt sich die Welt in theologischer Sichtweise dar – als Schöpfung und Glaubensspiegel. Doch obgleich ihm die gründliche theologische Ausbildung zeitlebens genützt und er sich gern seiner Lehrer erinnert hat, kommt es ihm doch nicht in den Sinn, die Laufbahn eines gelehrten Theologen einzuschlagen. Er will Seelsorger werden, und das mit Enthusiasmus und Zielstrebigkeit.

Lichtenberg schreibt über seine Eindrücke im Priesterseminar: „Als Laie tritt der Priesterkandidat ins Priesterseminar ein, aber schon der Talar, das Cingulum und das Birett wandeln ihn nicht bloß äußerlich um. Als die Schar der 90 zum ersten Mal in der neuen Tracht zusammentrat, fühlte jeder die geistliche Kleidung als verpflichtendes Symbol. Es war ein ganz neues Erwachen zu Gott, als Pater Rektor mit tiefer Ergriffenheit den Alumnen zehntägige Exerzitien hielt, die mit einer Lebensbeicht abschlossen. Eine Lebensbeicht muß ein wirklicher Abschluß sein, nach dem der Neubau kommt. Wenn das Alumnatsjahr eine dauernde tröstliche Erinnerung bis ins Alter bleiben soll, muß die Seele ruhig sein; dann ist die Übung des gemeinsamen Breviergebetes eine beglückende Offenbarung: Fridolins Seele bewahrt noch heute die Erinnerung an das Gebet der ersten Prim: ‚Regi saeculorum immortali et invisibili, soli Deo honor et gloria in saeculorum saecula...'. Die Liebe zum göttlichen Gesetze, die aus dem Vers des 118. Psalmes spricht, den wir nach der früheren Ordnung des Breviers ständig beteten; die objektive Frömmigkeit, die jede Oration erfüllt, der Schwung der Hymnen ‚Coelestis urbs Jerusalem, beata pacis visio'; der tiefe Inhalt der Stoßgebete vor der Lesung der Heiligen Schrift, der Lebensgeschichten der zweiten, der Homilien der dritten Nokturn; das majestätische Te Deum, das beim feierlichen Gebet im Hohen Dom brausende Orgelklänge begleiten; das geheimnisvolle Benedictus, während dem der Hohepriester mit allen Klerikern processionaliter durch den dunklen Dom in die Sakramentskapelle ging, um den Altar zu incensieren; die alten Bischofsgräber mit ihren Inschriften ‚Franz Ludwig peccator'; der dumpfe Ton, den der Bischofsstab aus den alten Gräbern rief; das jubelnde Salve Regina, das von engelreinen Knabenstimmen emporgetragen wurde, Wahrheit, Frömmigkeit und Schönheit ließen die Seele in harmonischem Dreiklang klingen und ausklingen, wenn nachher im einsamen Alumnatszimmer die Erlebnisse im Dom noch einmal lebendig wurden. ‚Nie bin ich weniger allein, als wenn ich allein bin, denn wenn ich nicht allein bin, bin ich bei den Menschen, und wenn ich allein bin, bin ich bei Gott'."

Noch dreiundvierzig Jahre später „in einer zweijährigen unfreiwilligen Muße", wie Lichtenberg in der Haftanstalt Tegel notiert, findet sich die Freude an den Hymnen des römischen Brevier wieder, von denen der Gefangene 155 ins Deutsche übersetzt – mit dem Schwung und der Hingebung eines Seminaristen und der Erfahrung eines altgewordenen Seelsorgers.

Der Zellenbewohner Lichtenberg versteht sich in der Haft, wie er selber schreibt, als eine Art „Karthäusermönch". Als er in das Breslauer Priesterseminar eintritt, fühlt er ähnlich. Er schreibt: „Jedem Alumnus wie jeder Ordensschwester ist ein Einzelzimmer zu wünschen. Wenigstens in der Zeit der Vorbereitung aufs Priestertum sollte jeder Alumne einmal Karthäuser sein. So ein stilles, schmales, hohes Zimmer, das man mit langen Schritten durchmessen kann, mit Rücksicht auf den ein Stockwerk tiefer Wohnenden barfuß nach Kneipp'scher Art, eignet sich zum

Meditieren; vorn neben dem Fenster steht der Stehschreibtisch, dort holt man sich die Gedanken; der Blick durchs Fenster lenkt nicht ab, denn er führt auf den von allen Seiten eingeschlossenen Hof mit einem einsamen Baum, bei dessen Anblick einem nur die Melodie einfällt ‚Es steht ein Baum im Odenwald'; ein Schrank, ein Tisch, ein Bett, ein Stuhl, und nun ist dieses Zimmer meine Residenz, in der ich die Vorbereitung auf Tonsur und niedere Weihen, auf Subdiakonat und Diakonat und endlich auf die Priesterweihe erleben werde. Besuch wird mich nicht stören; nur Pater Regens wird einmal nachsehen, was der Alumnus treibt, und nur wenn die Glocke ruft, werde ich meine stille Klause verlassen und immer wieder gern zurückkommen, sei es aus dem Garten oder Kolleg und Speisesaal oder vom Ausgang in die Stadt."

Am 17. Dezember 1898 hat Lichtenberg die Tonsur und die vier niederen Weihen empfangen. Künftig wird er dem „Fürstbistum Breslau" angehören. Am 18. März 1899 weiht man ihn zum Subdiakon. Am 25. März empfängt er die Diakonatsweihe. Nach den Gepflogenheiten der Konvikte und Seminare hat er auch eine Probepredigt zu halten. Das Thema: „Tene, quod habes, ut nemo accipiat coronam tuam – Bewahre, was du hast, damit kein anderer deine Krone erlange" (Offb 3, 11). Es ist eine Predigt über die Standhaftigkeit und „ungeheuchelte Frömmigkeit", den Starkmut und die Ausdauer.

Sie nimmt Lichtenbergs Berliner Praxis vorweg, die Eucharistie deutlich erkennbar durch die Straßen zu den Kranken zu tragen: „dankbaren Herzens, daß er uns Gelegenheit gegeben, vor aller Welt ein Bekenntnis unseres Glaubens anzulegen". „Folgen wir dem Beispiel eines glaubenstreuen deutschen Ländchens, wo noch Bauer, Student und Offizier vor dem in Brotsgestalt verborgenen Heiland auf offener, belebter Straße in die Knie sinken, in dem vor dem heiligsten Sakrament, das der Priester zum Kranken trägt, die Soldaten in Waffen traten, um samt ihrem Offizier den Segen des göttlichen Heilands zu empfangen." Der junge Prediger betont, kein katholischer Christ dürfe sich scheuen, seiner „Überzeugung gegen das heiligste Sakrament Ausdruck zu geben".

NEUPRIESTER IM „SCHLESISCHEN ROM“

Am 21. Juni 1899 empfängt Bernhard Lichtenberg im Breslauer Dom von der Hand des Fürstbischofs Georg Kardinal Kopp die Priesterweihe. Viele Jahre später schreibt Lichtenberg in sein Tagebuch: „Heute bin ich ein Diakon. Morgen früh um 6 Uhr werde ich mit 89 Brüdern – wo mag der 90. sein? Er verschwand ohne Abschied –

in der Albe, das Meßgewand im Arm, zum Dom hinübergehen, am Fest des heiligen Aloysius; der ehrwürdige Cornelius (eine der Domglocken) wird zu tiefem Schlage ausholen; der Bischof mit den Priestern, sie werden mir die Hände auflegen, und ich werde ein Nachfolger der Apostel werden. Herr, wo ich dies als alter Priester schreibe, zuckt meine Lippe, und meine Augen füllen sich mit Freudentränen, denn jetzt kann ich absolvieren und konsekrieren. Benedicamus Domino. Deo gratias."

Am nächsten Tag kann der Neupriester in seiner Heimatpfarrkirche St. Peter und Paul in Ohlau seine Primiz feiern. Mit Lichtenbergs Ohlauer Primiz verbindet sich eine öffentliche Prozession, die erste seit dem Kulturkampf. Die Primizpredigt hält ein „priesterlicher Freund der Familie", Pfarrer Dr. Robert Eymmer, der in der Zeit des Kulturkampfes strafrechtlich belangt worden ist, weil er gegen den „Kanzelparagraphen" verstoßen haben soll. Auf Grund dieses Paragraphen sind elf Breslauer Diözesangeistliche mit „zwei Jahren, vier Monaten und 101 Tagen Gefängnis und 410 Mark Geldstrafe belegt" worden.

Rückblickend schreibt Lichtenberg: „Und morgen werde ich in meine Vaterstadt fahren, und Vater und Mutter – sie ruhen schon lange nebeneinander auf dem Herz Jesu-Friedhof im märkischen Sande – werden den priesterlichen Sohn in ihre Arme schließen, und er wird, mit den heiligen Gewändern bekleidet, vor ihnen niederknien und ihren Segen erbitten, und dann wird ihn der Priester, der ihn zur ersten heiligen Kommunion bereitete, an den Altar führen, und ein priesterlicher Freund der Eltern wird auf derselben Kanzel, auf der er im Kulturkampf sprach: ‚Der Priester bleibt Priester, und wäre er in Ketten und Banden' – und das Wort kostet ihn Bande und Gefängnis und die Flucht nach Rom – die Primizpredigt halten. Und dann wird während der F-Moll-Messe von Brosig ein ganz stiller Augenblick kommen, in dem sich zum ersten Mal in Fridolins Händen durch Gottes Kraft das Wunder vollziehen wird, das sich einst im Schoß der Jungfrau vollzog; und dann wird die goldene Patene in seiner Linken zittern, wenn er mit seiner Rechten an seine schuldbeladene Brust schlägt und mit bebender Lippe spricht: Domine, non sum dignus. Und am nächsten Sonnabend wird ein Bauernwagen vor der Tür des Vaterhauses halten und ihn nach Thomaskirch bringen; dort wird er zum ersten Mal am Beichtgitter den ersten Pönitenten absolvieren und der Dorfgemeinde Gottes Wort verkünden und das Hochamt singen, und wieder eine Woche später wird er den geistlichen Taufpaten in seiner Pfarrei vertreten: Deus, Deus meus, ad Te de luce vigilo."

Den Rest des Junimonats und fast den ganzen Juli verbringt der Neupriester als Vertreter des Pfarrers August Kramer in Schönwalde bei Silberberg unweit der

Glatzer Neiße. Am 28. Juli erhält er das amtliche Dekret seiner Ernennung zum „dritten Kaplan an der St. Jakobus-Kirche in Neiße“, unterzeichnet von Georg Kardinal Kopp. Der Pfarrer Augustin Pischel, damals bereits dreizehn Jahre in seinem Amt, empfängt ihn freundlich.

Das „Archiprespytherat Neiße“ mit der Stadtpfarrkirche, der Kreuz- und Dominikanerkirche, der Altstadt-Neiße, mit den Orten Neunz, Oppersdorf, Reinschdorf, Riemertsheide und Waltdorf (Kreis Neiße) gilt als „traditionell katholisch“ und trägt seiner imposanten Kirchen wegen den Beinamen „schlesisches Rom“. „So fand sich Fridolin eines Donnerstages in der Oktav des Jakobusfestes im schlesischen Rom in den hohen Hallen der Kirche, die in alten schlesischen Urkunden den Titel der ‚pulcherima‘, der ‚allerschönsten‘, trägt, deren neungeschossiges Dach schon seit einem halben Jahrhundert neben dem Torso des wuchtigen Glockenturmes das Wahrzeichen der mittelalterlichen zweiten Residenz der Breslauer Bischöfe war. Der leise Duft des Weihrauchs erinnerte daran, daß um 7 Uhr das ‚Hochwürden-Amt‘ mit sakramentaler Prozession gehalten worden war.“

Neiße, rund 60 Kilometer von Ohlau entfernt, ist eine bürgerstolze Stadt mit einem gemächlichen Lebensrhythmus. Polnische Fürsten, fränkische Handwerker und Bauern, Sachsen und Niederländer haben ihre Gestalt mitbestimmt. Als Lichtenberg nach Neiße versetzt wird, besitzt die Stadt etwa 25.000 Einwohner. Schon unter Friedrich II., der Neiße zu erweitern auf mancherlei Weise zu fördern sucht, werden die konservativ gesonnenen Bürger keine Freunde Preußens. Und noch bei der letzten Reichstagswahl am 5. März 1933 wird die Mehrheit das katholische Zentrum wählen. Fronleichnamsprozessionen mit jungen und alten Teilnehmern wie den Vertretern „aller Stände“ zählen nach Tausenden von Teilnehmern. Mit der protestantischen Minderheit gibt es bisweilen freundschaftliche Kontakte. Die Neißener sind, wie es heißt, keine Fanatiker. Eingebettet in eine fruchtbare Landschaft, ist Neiße das, was man gern eine schöne Stadt nennt. Es gibt die Altstadt mit dem spitzhelmigen, schlanken Rathausturm und dem Renaissancebau des Rathauses, dem Meisterwerk der Schmiedekunst des Brunnens an der Breslauer Straße, die barocken „Geschwister der Jesuiten- und Kreuzkirche; mit ihren Turmpaaren sehen sie über die Stadt hinaus; die Stadt mit ihren engen Gassen und Straßen der Mitte und den breiter gewordenen der neueren Teile, mit den vielen Gärten, Anlagen und Parks“, wie Erwin Rosner die Stadt beschreibt. „Neiße, das war aber auch und vor allem eine Stadt der Jugend.“ Etwa 1910 gründete Bernhard Strehler hier den „Quickborn“; Clemens Neumann, „der Herausgeber des ‚Spielmanns‘ kam hinzu“.

Lichtenberg besitzt nicht nur die Kraft der Einfühlung in Menschenseelen. Er ist auch imstande, Vergangenes zu vergegenwärtigen und die Welt um ihn herum „im Licht der Ewigkeit" zu sehen. So wird er es bis in den Augenblick seines Sterbens hinein halten, in dem er nach zeitweiliger Bewußtlosigkeit und bei rasselndem Atem „überwiegend lateinische Worte murmelt", wie Bernhard Schwerdtfeger berichtet. Die Welt ist ihm „überall gleich alt" und gleich jung. „So ging es Fridolin, wenn er um Mitternacht aus dem kaufmännischen Verein kam und über den stillen Kirchplatz ging. Die Wetterfahnen auf dem Dachreiter der Jakobuskirche kreischten wie uralte Raben, die in den zahlreichen Nischen des alten Gemäuers oder des riesigen Glockenturmes Schlupfwinkel fanden, und wenn er am nächsten Morgen nach St. Rochus vor der Stadt pilgerte, den heiligen Segen zu halten oder am Feste des heiligen Rochus die Predigt ..., die der Magistrat und die Bürgerschaft zur Zeit der Pest gestiftet hatten – dann atmete er mittelalterlich fromme Luft wie in der Bürgerkirche der Stadt, wenn am ersten Monats-Sonntag nachmittags das Totenoffizium gebetet wurde ... Und wenn in der Adventszeit früh der Schlitten vor der Pfarrkirche hielt und in Heidersdorf das ganze Dorf zum Rorate-Amt ‚Tauet Himmel den Gerechten' und ‚Es ist ein Ros entsprungen' sang – dann reichten sich Gegenwart und Vergangenheit die Hand und freuten sich insgeheim, daß sie immer wieder zu Gott erwachten: Deus, Deus meus, ad Te de luce vigilo".

Ende August 1899 findet in Neiße die 46. Generalversammlung der Katholiken Deutschlands statt. Lichtenberg nimmt mit zehntausend Katholiken an der Neißer Generalversammlung teil. Stadtpfarrer Pischel hat einen entsprechenden Rahmen und ausreichende Räume versprochen. Es gibt damals eine Reihe von Vorbehalten gegen die Einberufung des Katholikentags nach Neiße. Deshalb werden die vorangehenden Generalversammlungen der Katholiken in Schlesien während der Jahre 1849, 1872 und 1876 im Rahmen der beginnenden Versammlung ausdrücklich erwähnt.

Die erste öffentliche Versammlung zählt rund viertausend Teilnehmer. Das Festgeläut von St. Jakobus steht am Anfang. Eine Arbeiterversammlung vor allem von Teilnehmern Oberschlesiens mit Mitgliedern aus fünfzig Arbeitervereinen geht der Hauptversammlung voraus. Geistliche bilden mit 35,6 Prozent die stärkste Teilnehmergruppe. Handel und Staatsverwaltung sind mit 13,8 Prozent vertreten. Das Handwerk mit 9,8 Prozent stellt „eine beachtliche Vertretung". Selbständige Landwirte vertreten 5,8 Prozent, unselbständige nur 0,1 Prozent. Die Mehrzahl der „einfachen Bevölkerung" wird von den

Mitgliederlisten nicht erfaßt. Der Volksverein für das katholische Deutschland veranstaltet im Rahmen der Neißer Generalversammlung eigene Treffen.

Am Morgen nach der Eröffnung zelebriert Kardinal Kopp ein Pontifikalamt, an dem auch Regens Dr. Flassig und der Gründer des deutschen Caritasverbandes, Dr. Lorenz Werthmann aus Freiburg i. Br., assistieren. Im Schlußwort drückt Kopp seinen Stolz darüber aus, daß „Neiße die Generalversammlung so strahlend ausgerichtet" habe. Zugleich weist er den Vorwurf der „gegnerischen Presse" zurück, es habe sich in Neiße um eine „Versammlung von Agitationsvereinen und Agitatoren" gehandelt.

Kaplan Lichtenberg hat von Neiße starke Eindrücke empfangen. Seine Erinnerungen halten es fest: „Ein frohes Erwachen der Pfarrei gab es besonders, als die 46. Generalversammlung der Katholiken Deutschlands in Neiße tagte. Die Reden sind verklungen, die Dekoration verdorrt – aber die Seele erwacht immer wieder zu Gott, wenn sie im Geist den Gruß des Präsidenten, Reichsgerichtsrat Dr. Spahn, an die Generalversammlung hört: ‚Gelobt sei Jesus Christus' und die vieltausendstimmige Antwort der ehrfurchtsvoll stehenden Bekenner: ‚In Ewigkeit. Amen'." Tatsächlich ist Neiße ein wichtiger Schritt auf dem Weg zu den deutschen Katholikentagen. Von allen in Schlesien stattfindenden Katholikenversammlungen gehen starke Impulse aus. Dazu gehören die ernsthafte Auseinandersetzung mit der modernen Industriegesellschaft und die Entwicklung von „Lösungsstrategien".

Lichtenberg schreibt: „Ein zweites Mal erwachte die Pfarrei in diesem Jahr 1899 zu Gott, als vier Dominikaner aus Berlin und Düsseldorf – die Patres Albert, Joseph, Bonaventura und Alanus – in St. Jakobus Mission hielten. Selbst die weiten Hallen der Jakobuskirche konnte die Menge der Gläubigen bei der Schlußpredigt nicht fassen; Pater Albert mußte auf dem Kirchplatz predigen vor dem Standbild des heiligen Johannes von Nepomuk, und die Beichtkapelle wurde nicht leer."

Zwischen schlesischer Heimat und märkischem Sand

„Nach einem Jahr rief der Bischof Fridolin nach Friedrichsberg bei Berlin – aus dem schlesischen Rom in den märkischen Sand, aus der traditionsverbundenen katholischen Vergangenheit in die wurzellose Gegenwart, aus der Stadt in das Dorf. Friedrichsberg war nur eine Poststation; das Dorf hieß Lichtenberg. Es zählte 4.000 Einwohner und wuchs in einigen Jahren bis auf 80.000. Dann wurde es Stadt; jetzt ist es Berlin."

Denn am 13. August 1900 ernennt Kardinal Kopp Lichtenberg zum Kaplan an St. Mauritius in Friedrichsberg-Lichtenberg, das damals an der Peripherie der Reichshauptstadt Berlin liegt. Berlins Bevölkerung hat sich in den Jahren seit der Reichsgründung mehr als verdoppelt und ist von 820.000 Einwohnern auf über zwei Millionen angewachsen. Im Jahr 1900 sind davon 10 Prozent Katholiken. Berlin wird einen Mann wie Lichtenberg herausfordern: seinen Seelsorgseifer, seine Glaubens- und Willenskraft, seinen Mut zum öffentlichen Bekenntnis, seine Leidensfähigkeit und seinen unternehmerischen Geist. Und er läßt sich herausfordern. Die schlesische Herkunft und ihre Gemütsfärbung, seine „schlesische Dickköpfigkeit" wie seine Frömmigkeit begleiten ihn.

Der Schlesier wendet sich entschlossen der ihm fremden Welt zu. Trotz alledem bleibt er seiner Herkunft tief verbunden. Nicht nur bei vier Kollektenreisen während des Ersten Weltkrieges und danach, auch in zahlreichen Wallfahrten mit seinen Berliner Gemeinden sucht er Schlesien wieder auf. Jahr für Jahr im September geht die Fahrt mit dem Zug oder Autobus „nach dem lieben Schlesierlande" zum Heiligtum „Unserer Lieben Frau von Wartha" an der Glatzer Neiße. „Die Berliner Wallfahrer, gewöhnt an die Unruhe der Weltstadt, ruhen aus im stillen Frieden der schlesischen Berglandschaft. Die Neiße schlängelt sich behaglich am Warthaberg entlang durch herbstliche Wiesen", schreibt Lichtenberg.

Oder die Wallfahrt zum Gnadenbild der „heiligen Anna selbdritt" auf dem oberschlesischen Annaberg, zum „schlesischen Jerusalem" Albendorf mit der „Albendorf'schen Jungfrau" und zur heiligen Hedwig nach Trebnitz und Walstatt/Liegnitz. Die Schlesier sind wallfahrtsfreudig. Marien- und Heiligenverehrung stehen im Mittelpunkt ihrer Frömmigkeit. Das ändert sich selbst dann kaum, als die „liturgische Bewegung", von schlesischen Mönchen und Klerikern gefördert, den Reichtum der Liturgie entdecken hilft. Wegkreuze, Madonnenfiguren, Gebetskapellen und „Heiligenhäuschen" säumen nicht allein das überwiegend katholische Oberschlesien. Sie kennzeichnen auch das mehr protestantische Niederschlesien. Der Kunsthistoriker Wilhelm Pinder hat sich mit den schlesischen Madonnen befaßt. Er schreibt, sie sähen „unbeschreiblich sanft in die Welt". Marienbilder, Mariengebete und -lieder gehören zur Person Lichtenbergs.

Im Bücherschrank des späteren Seelsorgers werden neben kirchengeschichtlichen vor allem Werke der Aszese und Mystik stehen. Auch wird man im Schlafzimmer des Berliner Dompropstes ein Harmonium finden, auf dem er oft, meist abends spielt, wobei seine kräftige Stimme selbst durch geschlossene Fenster dringt.

Freude am Erzählen und Lust an Sprichwörtern kennzeichnen ihn. Auch hier wirkt offenbar schlesischer Erfahrungshausrat nach.

Die Geborgenheit des Familienverbandes bleibt für Lichtenbergs Leben bestimmend. Bereits acht Jahre nach seiner Priesterweihe werden ihm seine Eltern nach Berlin, anfangs nach Friedrichsfelde, dann nach Charlottenburg und zuletzt in die Propstei „Hinter der katholischen Kirche 4" folgen. Zahlreich sind die Zeugnisse, die Lichtenbergs Beziehung zu seinen Eltern schildern. Schwester Stephana, seit 1932 in der Pfarrei St. Hedwig tätig, unterstreicht: „Bei Bernhard Lichtenberg war die Ehrfurcht vor seinen Eltern besonders stark ausgeprägt. Das habe ich oft genug selbst beobachten können. Auch als alter 60jähriger Mann war er seiner Mutter gehorsam. Als seine Mutter einen Schlaganfall erlitt und ohne Bewußtsein im Krankenhaus lag, kam Pfarrer Lichtenberg sofort an das Krankenbett. Er nahm die Hände seiner Mutter und rief immer wieder: ‚Mutter, liebe Mutter, sag doch deinem Sohn noch ein Wort'. Er blieb den ganzen Vormittag nüchtern – der Zustand seiner Mutter war hoffnungslos – um sofort nach ihrem Heimgang das heilige Opfer für sie darzubringen".

III

Seelsorger in der Reichshauptstadt

Der Neuberliner Lichtenberg erhält im Ostteil der Haupt- und Residenzstadt Berlin seine erste Seelsorgsstelle. Die Stadt an Spree und Havel ist zu einem riesigen Magneten geworden. Sie zieht Menschen aus allen Gegenden Deutschlands an: Etwa acht Prozent der Zuwanderer stammen aus Schlesien. Im Berlin des Jahres 1900, einer Lebensbühne von Tüchtigen wie Scheiternden und Gescheiterten, wachsen Industriebauten und Wohnviertel. Vor der Bildung von Groß-Berlin am 27. April 1920, in dem acht Städte, 59 Landgemeinden und 27 Gutsbezirke aufgehen, leben im großenteils aus Mietskasernen bestehenden Alt-Berlin bereits dreißigtausend Menschen auf jedem Quadratkilometer. Die Stadt hat jährlich 32.000 neue Einwohner zu verkraften. Entsprechend schnell dehnt sie sich nach allen Himmelsrichtungen aus. Auf manchen wirkt Berlin wie eine Riesenspinne, die ihr Netz über das Umland wirft. Allein bis 1890 verdoppelt sich die Einwohnerzahl von 900.000 auf 1,9 Millionen. Bis 1920 wächst die Stadt auf 3,7 Millionen Einwohner. Der Raum zwischen dem Stadtkern und den Vororten wird in einem kaum mehr zu übersehenden Tempo zugebaut.

Proteste gegen die „häßliche, geschmacklose, greuliche" Stadt, die weder Ruhe noch „Sein", sondern nur Werden und Aktion kenne, mindern nicht ihre Anziehungskraft. Auch starke konfessionelle Vorbehalte gegen Entkirchlichung und Säkularisierung der „größten Diasporastadt des europäischen Kontinents", die Katholiken wie Protestanten teilen, ändern nichts daran. Tatkräftige und weitsichtige Geistliche, unter ihnen die fürstbischöflichen Delegaten und die Pröpste von St. Hedwig, bleiben nicht bei Einwänden gegenüber religiöser Indifferenz, Glaubensschwund und Mischehenpraxis stehen. Sie antworten auf die Probleme der Großstadt-Seelsorge mit der Neugründung von Pfarreien und Kuratien, dem Heranziehen von Ordensgeistlichen und Ordensschwestern in der Seelsorge, der Bildung von Vereinen und Verbänden und mit dem Bau von Schulen und Krankenhäusern. Das notwendige Geld wird durch Spenden, Stiftungen, Kollekten, fürstbischöfliche Hilfen zum Teil aus ganz Deutschland beigebracht.

Lichtenberg, selber Zuwanderer, wird seine Gemeindemitglieder einmal fragen: „Warum seid ihr nach Berlin gekommen? Die einen wollten mehr verdienen, die anderen ungebundener leben; die einen folgten dem Beispiel der Verwandten, die für Berlin schwärmten. Die anderen trieb die Not, weil die Maschine viele Landarbeiter überflüssig machte. Die einen wollten studieren, die anderen mußten zum Militär. Die immer größer werdenden Gemeinden erforderten ein Heer von Beamten, der enorm wachsende Verkehr verlangte immer neue Kräfte. Die neu entstehenden Fabrikstädte verschlangen Abertausende: So entstanden zwangsläufig auch neue katholische Gemeinden."

Zyniker nennen Berlin damals „die große Bogenlampe, zu der die Motten strömen". Viele verbrennen an ihrem Licht. Übrig bleiben diejenigen, die man die „Starken" nennt und durch deren Leistung die Stadt wird, was sie geblieben ist und bleiben wird. Nicht alle wollen nur „Geschäfte machen und reich und feine Leute werden wie die anderen". Die meisten suchen dörflicher Enge und Not zu entkommen und in der Großstadt Arbeit zu finden. Ein derartiges Zuzugsgebiet ist der östliche Stadtteil Lichtenberg, der damals noch ein Berliner Vorort ist, mit seiner „Kolonie" Friedrichsberg. Das ist das Gebiet um die Kreuzung Frankfurter Allee, Gürtelstraße und Möllendorffstraße. Es gehört zur Kuratie St. Pius in der Palisadenstraße, die lediglich eine kleine katholische Schule besitzt. Im gleichen Jahr hat der fürstbischöfliche Delegat Dr. Josef Jahnel an den siebenunddreißigjährigen Luxemburger Priester Nikolaus Kuborn die dringende Bitte gerichtet, sich bei dem allgemeinen Priestermangel und dem ständigen Zuzug als Seelsorger zur Verfügung zu stellen. Kuborn, ein energischer und von Lichtenberg besonders geschätzter Priester, stürzt sich in die Arbeit. Er sammelt die verstreut praktizierenden Gläubigen und baut eine vorerst kleine neugotische Kapelle. Dreizehn Jahre später wird sie zu einer dem Bedarf entsprechenden Kirche erweitert. Das Pfarrgebiet liegt zwischen Frankfurter Allee, Proskauer-, Clemensstraße und der „Ringbahn". Wilhelmsberg und Biesdorf sowie die Ortschaften Stralau und Friedrichsfelde grenzen daran an.

Heute muß man die hinter elfstöckigen Plattenbau-Wohnblöcken liegende Kirche suchen. Es heißt, man habe sie vor den Augen der einmal im Jahr zum Grab von Rosa Luxemburg und Karl Liebknecht vorbeifahrenden DDR-Prominenz verstecken wollen, da die ursprüngliche Absicht der Sprengung aufgegeben wird. Deshalb liegt an der Mauritiuskirchstraße bis heute der unveränderte Bau der von Kuborn errichteten Pfarrkirche St. Mauritius. Bis zum Kirchbau hat sich die Gemeinde mit einem „speicherartigen, baufälligen Gebäude für höchstens 600 Personen" begnügen müssen; lange finden freilich auch außerhalb in unterschiedlichen Räumen umliegender Orte regelmäßig Gottesdienste statt. Vereine tragen in starkem Maß das Gemeindeleben. Der Arbeiterverein von St. Mauritius hat 1901 insgesamt 230 Mitglieder. Zum „Familienverein" zählen zur gleichen Zeit schon 145 Familien. Berufsangaben der Gemeindemitglieder reden nicht bloß von „Arbeitern". Es gibt Lokomotivführer, Bremser, Kutscher, Wächter, Hausdiener, Weichensteller, Rangiermeister, Wagenmeister, Maurer, Zimmerer, Dreher, Viehhändler, Lehrer und Beamte. Zwischen 1892 und 1905 wächst die Zahl der Katholiken in dieser Pfarrei von 3.000 auf 12.000 Gläubige. Trotz aller Hilfen der Delegatur, trotz „Fastenalmosen" und Spenden wird ein Teil von St. Mauritius wie so viele

Berliner Kirchen „mit den Groschen der Armen und Dienstmädchen erbaut", wie der spätere Weihbischof Joseph Deitmer sagt.

Zwischen Schlesischem und Anhalter Bahnhof

Mit Lichtenberg kommt am 13. August 1900 der erste Kaplan in die Gemeinde. Hier lernt er Seelsorge unter den Bedingungen der Diaspora in der „menschenverschlingenden", kräftezehrenden Reichshauptstadt. Hier findet er in seinem Pfarrer aber auch einen Freund: „Sein treues Auge, sein warmer Händedruck und sein gemütliches Lachen sind mir unvergeßlich ... Zwanzig Jahre bin ich nachher jeden Dienstag Abend ins Pfarrhaus gekommen, zur Beichte, und habe meine Zigarre geschmaucht, während Nikolaus seine weiße Tonpfeife schmauchte", schreibt Lichtenberg.

Wer will, kann Lichtenbergs Existenz auch mit zwei Bahnhöfen verbinden: dem Schlesischen und dem Anhalter Bahnhof. Mitte August 1900 trifft er auf dem Schlesischen Bahnhof ein. Er verbindet Breslau und die Ostprovinzen des Reiches mit Berlin und nach der Eröffnungsrundfahrt des Kaiserpaars auch mit den östlichen Vororten, zu denen Friedrichsberg-Lichtenberg zählt. Am 11. November 1943 aber trifft der Leichnam des Dompropstes auf dem Anhalter Bahnhof ein. Von dort führt sein Weg zur Begräbniskapelle des St. Hedwigs-Friedhofs. Schlesischer und Anhalter Bahnhof – zwei von acht Fernbahnhöfen und Knotenpunkten im dichten Netz von Bahnen, Straßen und Wasserwegen Berlins. Zwei Knotenpunkte auch in der Lebensgeschichte Lichtenbergs. Den Schlesischen Bahnhof, später Ost-, heute Hauptbahnhof genannt, bezeichnen Berliner früher gern als den „katholischen" Bahnhof: Schlesien und katholisch verbinden sich zu einer gemeinsamen Vorstellung. Doch auch das Wort „Auswandererbahnhof" wird verwendet. Wer an die ungezählten Menschen denkt, die über Berlin einen Weg zur Existenzmöglichkeit im Ausland suchen, kann auch diese Bezeichnung passend finden.

Am 26. September 1942 beschreibt Lichtenberg in einem Brief aus dem Gefängnis in Berlin-Tegel noch einmal den Weggang aus Neiße, die Ankunft auf dem Schlesischen Bahnhof und den Beginn in St. Mauritius: „Der alte Pfarrer Pischel fragte den jungen Kaplan: ‚Gehen Sie gern?', und der junge Kaplan bejahte und kann heute sagen, daß er nie ungern in Berlin gewesen ist, das ihm zweite Heimat wurde. Sind mir doch die 42 Berliner Jahre so schnell vergangen, daß ich noch gar nicht an die Nähe des Goldenen Jubiläums von St. Mauritius gedacht habe. Nur wenn ich nachträglich an den Inhalt dieser Jahre denke und auch die äußere Gestalt von damals und heute vergleiche, merke ich, daß seitdem manches Wasser die Spree hinabgeflossen sein muß. Als Pfarrer Kuborn und Hauptlehrer Winkler mich im August 1900 auf dem Schlesischen Bahnhof empfingen, war ich fast enttäuscht, als wir im Nordring auf der Fahrt nach Lichtenberg Berlin wieder verließen; denn von der Warschauer Straße bis zur Frankfurter Allee war noch unbebaute Gegend. Unsere Nachbarpfarrei war damals Köpenick.

Pfarrer Frank von St. Pius hatte dem ersten Kuratus geschrieben: ‚Sie werden keine 50 Pfarrkinder haben.' Heute sind auf dem Terrain fünf ausgebaute Pfarreien, nein, sogar sieben! Daß der Kaplan aus dem ‚schlesischen Rom' mit seiner vor 500 Jahren gebauten Jakobuskirche in eine neue Welt kam, sah er auf den ersten Blick: St. Mauritius stand damals erst halb. Man konnte noch bequem um die kleine Kirche gehen und sein Brevier beten. Da geschah es in den ersten Wochen, daß eine Frau mit einem Kind auf dem Arm erstaunt durch die zur Wartenbergstraße geöffnete Tür der dürren Gestalt im Talar nachsah und sagte: ‚Mensch, wie siehst du aus!' Als er im Vorbeigehen die Tür schloß, fügte sie hinzu: ‚Ja, mach die Bude zu!' Daß ich in eine Arbeiterpfarrei gekommen war, wollte mir lange nicht einleuchten. Man hatte eben in Schlesien andere Begriffe. Nur die alten Mütter, die im großen Umschlagtuch jeden Morgen zur Heiligen Messe kamen, blieben ihrer alten Mode treu. Pfarrer Kuborn machte mich darauf aufmerksam, daß eine Frau täglich zur heiligen Kommunion ging. Es war ja noch mehrere Jahre vor den Kommuniondekreten Pius' X. Es war eine Frau Borchert, eine ganz einfache, alte Mutter, die Gott auch durch die Gabe der Tränen auszeichnete, die ich jedesmal über ihre gefurchten Wangen rinnen sah, wenn ich ihr die heilige Kommunion reichte."

Schlesien hat in einem Zeitraum von mehr als hundert Jahren zahlreiche aktive Seelsorger in den Delegaturbezirk Berlin entsandt. Dazu zählen nicht wenige Pröpste von St. Hedwig. Zum Domkapitel von St. Hedwig gehören Namen wie Banasch, Breuer, Kusche, Pelz, Piossek, Strehler, Theissing, Tkotsch und Weber – alle Schlesier. Auch der Name des Missionsvikars Eduard Müller aus dem Dorf Quilitz bei Glogau ist unvergessen, ebenso wie der des Pfarrers von St. Michael und späteren Ermländer Bischofs Maximilian Kaller. Trotz allem scheint es, als habe Berlin auf einen Mann wie Lichtenberg geradezu gewartet, auf den Beter und Täter, den „geborenen Pfarrer". Die Großstadt Berlin und die Schicksale ihrer Menschen werden Lichtenberg nie kalt lassen, so wenig wie den Rheinländer, der später in diese Mammutstadt gekommen ist: Dr. Carl Sonnenschein. Wo sich die Not Berlins aufdrängt oder versteckt, wo Armut und Isolation herrschen und nur die Kraft des Glaubens wie die seiner Sakramente helfen kann, da ist Lichtenberg zur Stelle.

Charisma und Buchstabengehorsam

Pfarrer Nikolaus Kuborn führt Lichtenberg in die örtlichen Besonderheiten der Seelsorge ein. Er vermittelt dem jungen Kaplan die Einsicht in die dringende Notwendigkeit, das katholische Familienleben in der Diaspora zielstrebig zu pflegen und zu fördern. Besondere Aufmerksamkeit gilt dem Aufbau eines leistungsfähigen katholischen Schulwesens. Nach harten und langwierigen Verhandlungen können schließlich „die beiden Privatschulen der Pfarrei in Lichtenberg und Boxhagen-Rummelsburg auf den Etat der politischen Gemeinde übernommen worden", wie der Verfasser der Positio zum Seligsprechungsprozeß, Dr. Gotthard Klein, schreibt.

Lichtenberg weiht beide Schulen ein, weil Pfarrer Kuborn in dieser Zeit erkrankt ist. Zugleich versucht er sich im Wintersemester 1901/02 und im folgenden Sommersemester einen ersten Einblick in das Studium der Nationalökonomie zu verschaffen, die er bei den „Kathedersozialisten" gehört hat. Das geschieht an der Friedrich-Wilhelms-Universität zu Berlin. Im Jahr 1921 blickt er allerdings mit gemischten Gefühlen zurück. Er schreibt: „Als ich vor mehr als 20 Jahren in den wenigen freien Stunden, die mir mein Amt noch ließ, noch drei Semester Nationalökonomie bei Wagner, Schmoller und Sering gehört hatte, blieb mir gleichwohl der gewaltige Produktionsprozeß der Volkswirtschaft immer noch ein versiegeltes Buch." Doch zeitlebens wird Lichtenberg ein Kleriker bleiben, der es „genau wissen will". Nicht nur, um sich mit politischen Gegnern beispielsweise in seiner apologetischen Schrift unter dem Synonym ‚Dunkelthal' auseinandersetzen zu können. Auch auf seinen Kollektenreisen durch süd- und westdeutsche Bistümer nimmt sich Lichtenberg die Zeit, um, wie in Freiburg i. Br., Vorlesungen von Linus Bopp, von Krebs, Bilz, Wikenhauser und Keller zu hören.

Am 5. November 1902, also in verhältnismäßig kurzer Zeit, wird Lichtenberg zum „Zweiten Kaplan" an der Pfarrei Herz Jesu in der damals noch selbständigen „Residenzstadt Charlottenburg" ernannt. Sein Pfarrer ist der aus Echternach stammende Willibrord Faber. Die Gemeinde hat sich bereits 1845 konstituiert. Damals beträgt die Zahl der Katholiken in diesem Bezirk 150 Pfarrangehörige. Die Gemeinde hält in Mietlokalen Gottesdienst. Im Jahr 1887 zählt die Pfarrei bereits 3.617 Katholiken, von denen besonders der Stadtteil Wilmersdorf einen steigenden Anteil bildet. 1875 wird der Grundstein zu einer eigenen Kirche gelegt. Zwei Jahre später kann sie gegen behördliche Widerstände geweiht werden. Die neugotische Kirche wird später erweitert und ihr Altarraum ausgebaut. Damals ist die Zahl der Gemeindemitglieder bereits auf 30.000 angewachsen. Doch die Kirche ist für eine Gemeinde von 983 Gläubigen gebaut worden.

Es vergeht kein Jahr, und Kaplan Lichtenberg wird nach St. Michael im Berliner Stadtzentrum versetzt. Die mächtige Kirche mit einem imposanten neuromanischen Eingang und der weithin sichtbaren Kuppel dient einer Zivil- und einer Militärgemeinde. Den etwa 20.000 Katholiken dieses Stadtgebiets und den 3.000 katholischen Soldaten der Berliner Garnison reicht der Raum der St. Hedwigs-Kathedrale nicht mehr aus.

Am 30. September 1905 wird Kaplan Lichtenberg als Kuratus in Friedrichsfelde-Karlshorst bei Berlin angestellt. Das Gebiet umfaßt neben den rasch wachsenden Siedlungsräumen Friedrichsfelde und Karlshorst am östlichen Stadtrand auch die Ortschaften Biesdorf, Wuhlgarten, Kaulsdorf und Marzahn. Etwa 1.200 Katholiken wohnen dort. Lichtenbergs vorheriger Pfarrer Kuborn hat für die Gläubigen der Villenkolonie Karlshorst bereits acht Jahre zuvor Gottesdienste im Kaiserpavillon der Hindernisrennbahn gehalten. Lichtenberg kann seine erste heilige Messe in Friedrichsfelde am 22. Oktober 1905 in einer behelfsmäßig genutzten Aula feiern. Sie gehört der Knabenschule in der Rummelsburger Straße.

Mit einer inzwischen neuerbauten Kirche „Zum Guten Hirten“ in Friedrichsfelde endet ein halbes Jahr später das Provisorium. Schließlich kann auch in Karlshorst „mit den milden Gaben der deutschen Katholiken“ die Kapelle „Zur Unbefleckten Empfängnis“ erbaut werden. Am 30. Mai 1907 findet in Friedrichsfelde zum ersten Mal eine Fronleichnamsprozession außerhalb des Kirchengrundstücks statt. Lichtenberg berichtet in der Zeitung „Germania“ ausdrücklich, sie sei von andersgläubigen Zuschauern nicht gestört worden. Es ist die erste Fronleichnamsprozession in Friedrichsfelde seit 1541.

In dieser Zeit als Kuratus der neuen Gemeinde Friedrichsfelde-Karlshorst betreut Lichtenberg auch die Gefangenen in der Haftanstalt Rummelsburg, ein Gefängnis, das erst nach der Wende aufgelöst wurde. Nach dreijährigen zähen Verhandlungen mit staatlichen Behörden wird es Lichtenberg gestattet, Religionsunterricht in den Gemeindeschulen von Biesdorf und Kaulsdorf zu erteilen. Mit Erfolg bemüht sich Lichtenberg auch darum, die erste Niederlassung katholischer Schwestern durchzusetzen. Am 1. September 1910 ziehen zwei Schwestern der Mägde Mariens in das Friedrichsfelder Pfarrhaus. Am selben Tag nimmt Kuratus

Lichtenberg seinen Wohnsitz im Karlshorster Pfarrhaus in der Gundelfinger Straße 36, das er erbaut hat.

Stets behält Lichtenberg den Religionsunterricht besonders im Auge. Er bereitet ihn äußerst gewissenhaft vor. Noch Jahrzehnte später erinnert sich sein ehemaliger Schüler Alfred Buchholz an Lichtenbergs Religionsunterricht: „Er hatte eine eigene, gute Unterrichtsmethode. Wir hatten ein bis zwei Stunden Religion am Tage, wenn auch nicht jeden Tag, so doch mehrmals in der Woche. Während dieser Zeit hielt uns Lichtenberg einen Vortrag, dem wir mit Interesse folgten. Lichtenberg führte die Gottesbeweise, widerlegte die Theorien der Ungläubigen mit solch einer Klarheit und Geistesschärfe, daß wir junge Burschen uns unaufgefordert Oktavheftchen anlegten und diesbezügliche Notizen eintrugen. Die Schulvorträge kann man mit dem Wort ‚Exerzitien' bezeichnen. Pfarrer Lichtenberg konnte bei seinen Vorträgen in wahre Begeisterung geraten. Er war ergriffen und gepackt und teilte uns seine seelischen Empfindungen mit, wenn er zum Beispiel über das große Wunder der Schöpfung sprach, über die Majestät Gottes oder über das große Geheimnis der heiligen Eucharistie und der Menschwerdung Christi. Lichtenberg verriet eine tiefe Frömmigkeit, verbunden mit Bekennermut und Stärke. Junge Burschen im Alter von 16/17 Jahren, auch wenn es sich dabei um höhere Schüler handelt, sind mit Wort und Urteil schnell dabei. Hier und da wurden abfällige Bemerkungen über Geistliche gemacht. Doch von Lichtenberg wurde nur mit Hochachtung gesprochen. Es ist wohl üblich, daß Lehrpersonen von den Schülern mehr oder weniger schöne Spitznamen bekommen. Das war auch bei uns so. Darf man den Spitznamen für Lichtenberg verraten? O ja, man kann es ruhig tun. Er hieß bei uns ‚der Papst'. Darin liegt bestimmt keine Kränkung, sondern eine Hochachtung."

„Nach meinem Erleben besaß Bernhard Lichtenberg besonders das Charisma des Glaubens. Ich verstehe darunter, daß er ganz aus dem Glauben lebte und deshalb eine besondere Ausstrahlungskraft besaß", bezeugt Dr. Wilhelm Albs, der spätere Generalvikar. „Auf mich hat Lichtenberg den Eindruck eines Menschen gemacht, der dem ewigen Leben in Gott geradezu zufieberte", so Walter Adolph, später ebenfalls Generalvikar. Der Eifer des Priesters „zeigte sich in seinen mitreißenden Predigten, in seiner unermüdlichen Tätigkeit als Beichtvater, in der Sorge, auch den Berufstätigen die Möglichkeit einer Frühmesse zu geben, die er selbst übernahm", berichtet ein Gemeindemitglied.

Viele seiner „Pfarrkinder" erleben einen offenen, prinzipienfesten, von keiner Menschenfurcht getrübten Menschen. „Er hatte seine Meinung, und davon ging er nicht ab", so charakterisiert ihn Heinz Amelung. Am 29. Oktober 1925 schreibt

Lichtenberg in sein knapp gehaltenes Tagebuch: „Herr, Gott, befreie uns von Menschenfurcht und einem Übermaß menschlicher Klugheit." Der „geborene Pfarrer" kann aber auch wie „eine feste Kugel" wirken, „die in sich ruht und an welcher daher außergewöhnliche, sehr differenzierte Ereignisse, zumal nur angedeutet, abprallen", soll Preysing gesagt haben.

Trotzdem kann man Lichtenberg die Gabe der Einfühlung nicht absprechen. Das gilt auch für die Fähigkeit zur Selbstkritik und die Bereitschaft, sich korrigieren zu lassen: Auf Franz Reiseck hat es einen tiefen Eindruck gemacht, daß Lichtenberg „schon wenige Tage, nachdem ich meine Kaplansstelle bei ihm angetreten hatte, zu mir sagte: ‚Herr Konfrater, wenn Sie einen Fehler an mir bemerken, dann sagen Sie mir das bitte offen.'" Und Dr. Haendly bezeugt: „Ich hatte den Eindruck, daß Lichtenberg als Seelsorger in seiner Bereitschaft zu kompromißlosem Gehorsam in manchen Dingen zu einem gewissen Buchstabengehorsam neigte, der von Enge nicht frei war. Als Kaplan hatte ich einmal während der Oktav des Fronleichnamsfestes täglich Predigten zu halten. Einmal sprach ich über die Krankenkommunion und erwähnte dabei die Erleichterungen, welche die Kirche den Kranken gegenüber bereits damals praktiziert hat. Am Abend kam Prälat Lichtenberg mit dem Katechismus der Diözese Münster und wies darauf hin, daß dies nicht im Katechismus stünde. Ich brauchte an diesem Abend längere Zeit, um ihm über Lehre und Praxis der Krankenkommunion zu berichten, so wie ich es von meinem hochverehrten Lehrer Vermeersch an der Gregoriana in Rom gehört habe. Er hat sich von seinem jungen Kaplan informieren lassen und nicht widersprochen."

Im Talar durch die Hauptstadtstrassen

Es ist genau derselbe Lichtenberg, der sich sehr um die Armen und Kranken gekümmert hat. Dr. Marianne Pünder erinnert sich: „Es ist mir aufgefallen, daß sich Lichtenberg nicht gescheut hat, im priesterlichen Talar in der Straßenbahn zu fahren oder im priesterlichen Ornat die heilige Kommunion zu den Kranken zu bringen. Ich bin ihm einmal, das mag zwischen 1933 und 1936 gewesen sein, in der Hauptstraße Berlins ‚Unter den Linden' in dieser Situation begegnet." – „Ich erinnere mich, daß ich als Ministrant in den Jahren 1925 bis 1926 des öfteren unseren Pfarrer Lichtenberg auf Krankenbesuchen mit dem Allerheiligsten begleitet habe. Er ging früh nach der ersten Messe, etwa um 6.30 Uhr, los. Er trug hierbei für jeden sichtbar die priesterliche Kleidung, d.h. über der Soutane Rochett und Stola. In den Händen hielt er das Allerheiligste in der Burse", erzählt auch Robert Bastini.

„Ihr dürft mit keinem Menschen auch nur eine Zeitlang zusammensein, ohne daß er merkt, daß Ihr katholisch seid." Diesen Satz behält Bastini aus dem Religionsunterricht in Erinnerung. Denn wieder einmal geht es um die Übereinstimmung von Gesinnung und Verhalten. Solche Worte prägen sich ihm ein, weil sie vom Leben dessen, der sie äußert, gedeckt sind. Es ist die Überzeugung eines Mannes, der sich, in einer Anwandlung von Selbstironie, einen „mittelalterlichen Pfarrer" nennt.

Ein alter Mann hatte Lichtenberg einmal geschrieben, er werde mit seinem Lebenskummer nicht fertig. „Da riet Fridolin ihm, einige Monate lang jeden Morgen zu beten: ‚Herz Jesu, mit Schmach gesättigt, erbarme Dich meiner'. Es dauerte nicht lange, und der geistliche Freund erhielt einen Brief, aus dem hervorging, daß das Mittel gewirkt hatte." Beim „geistlosen Hersagen der vielen Anrufungen aus fünf kirchlich approbierten Litaneien" könnten Menschen „gelangweilt und geärgert" werden. Dem Beter, „der in ihren tiefern Sinn eindringt", aber „werden sie immer lieber", bekennt Lichtenberg.

Als Kaplan in St. Michael hat er einigen Konvertiten die katholische Lehre vom Priestertum zu erklären, wonach „nur der gültig geweihte Priester konsekrieren könne; daß zwar Frömmigkeit und Wissenschaft die notwendige Voraussetzung sind, damit der Bischof einen Priesterkandidaten die Hände auflege; daß ein unfrommer Priester blind auf einem Auge und ein unwissender blind auf einem anderen sei; daß mancher sogar auf beiden Augen blind sei, und daß sich der Bischof schwer hüten werde und müsse, solchen Priesterkandidaten die Hände aufzulegen; daß aber andererseits die tiefste Frömmigkeit und die höchste Wissenschaft aus einem christlichen Mund noch keinen Priester mache, wenn nicht das Sakrament der Priesterweihe hinzukäme".

Es ist Lichtenberg, der mit solchen Überlegungen erneut sein Verständnis des Amtes und der Weihe bekräftigt. Auch sie tragen ihn später durch die schwere Haftzeit. Mit Dank spricht er sechs Monate vor seinem Tod von den „tiefen Trostquellen des Römischen Breviers, das mich anregte, in der Heiligen Schrift an Hand der Kirche zahlreiche Belege für die katholische Glaubens- und Sittenlehre zu suchen und zu finden." Jede der Hymnenübertragungen mit den wenigen Hilfsmitteln, die ihm die Haft gestattet, beschließt ein Predigtentwurf.

Dafür zieht Lichtenberg die Pastoralbriefe des Timotheus und Titus heran. Er sucht im Matthäus- und Lukasevangelium, in der Apostelgeschichte, im Römer-, Philipper- und Korintherbrief nach „Belehrungen über Berufstreue, Irrlehrer, Seelsorge, Gottesdienst und kirchliche Ämter". Jeder der aufgeführten Punkte wird durch Schriftstellen belegt. Die klare Gliederung führt auf: I. Der Seelsorger als Salz und Licht – Gewissensfrage, stete Ermahnung. II. Der Seelsorger soll keine unerträglichen Lasten auflegen, die er selbst nicht anrührt – Schlüssel der Erkenntnis, Theorie und Praxis – zwar viele, die sich als Erzieher ausgeben, aber keine Väter. III. Seelsorgsarbeit – in Thessalonich – in Ephesus – in allen Stücken zu gefallen - für den Tag Christi. IV. Nach dem Vorbild Christi – Petrus „aber auf Dein Wort ..." – „ich züchtige meinen Leib mit einer Eifersucht, wie Gott sie hat ...". – „Möge die anspruchslose Arbeit, die ich in tiefster Ehrfurcht der lieben Muttergottes und meinem guten Bischof widme, manchem vielbeschäftigten Seelsorgspriester eine bescheidene Anregung bieten. Berlin, den 1. Mai 1943."

Lichtenberg, den es noch in der Haft bekümmert, wenn ein Mithäftling nicht mehr beten will und glauben kann, hat freilich bis zu diesem Zeitpunkt noch viele Jahre als Seelsorger vor sich. Zehn Wochen nach seinem Umzug in das Karlshorster Pfarrhaus muß er wieder die Pfarrei wechseln: Am 10. November 1910 ernennt ihn der für Berlin zuständige Fürstbischof Kopp zum Kuratus an St. Georg in Pankow im Norden Berlins. Dort wird er bis zum März 1913 tätig sein. 1912 leben in dieser Kuratie unter 62.000 Nichtkatholiken 4.600 Katholiken.

Während der Pankower Amtszeit wird Lichtenberg in heftige Auseinandersetzungen mit kirchenfeindlichen Kräften verwickelt. „Diese bezweifelten in Fortsetzung des Kulturkampfes die staatsbürgerliche Loyalität der drangsalierten katholischen Minorität und beargwöhnten besonders die Angehörigen des Jesuitenordens als Reichsfeinde. Die kirchenfeindlichen Polemiken, denen Lichtenberg mit Verve entgegentrat, wurden vorgetragen von Anhängern des politischen wie weltanschaulichen Liberalismus, auch von seiten des ‚Evangelischen Bundes zur Wahrung der deutsch-protestantischen Interessen' und richteten sich gegen Dogma, Frömmigkeitsformen und hierarchische Verfassung der katholischen Kirche", schreibt Dr. Gotthard Klein in der Positio.

Schon in diesem Lebensabschnitt wird Lichtenbergs Fähigkeit deutlich zu einem von klaren Argumenten getragenen Kampf gegen unterschiedliche gesellschaftliche Kräfte, die entweder das Überlegenheitsgefühl „aufgeklärter" antikirchlicher Kreise oder die Angst einer tonangebenden Gruppe von Protestanten vor der „größeren Lebenskraft der Katholiken" repräsentieren. Der gefürchtete und beklatschte Debattenredner im Charlottenburger Bezirksparlament und das Mitglied der Stadtverordnetenversammlung der Stadtgemeinde Berlin im Roten Rathaus wird freilich mehr als derartige Kämpfe zu bestehen haben.

Auch in Pankow steht die Seelsorge vor großen Problemen. Viele, die einen katholischen Taufschein besitzen, stehen abseits. Es fehlt an Priestern. Gleichgültigkeit gegen die Form katholischer Trauung hat sich breitgemacht. Kirchliche Beerdigungen auch unter Katholiken nehmen ab. 1907 kommen in Berlin auf hundert Kinder katholischer Mütter 23 nichtehelich Geborene. Die Caritassekretariate haben Mühe, die zahlreichen weiblichen Einwanderer „vor körperlichem und seelischem Elend zu bewahren" oder sie aus den schlimmsten Situationen wieder herauszuholen. Das Berlin der Gründerjahre und Kaiserparaden, der Kommerzienräte, Bankiers, Diplomaten und Gelehrten nimmt von ihnen keine Kenntnis. Was wissen sie überhaupt voneinander – die Staatsminister, Generäle, Museumsdirektoren, Geheimräte und Ärzte, die Virchow, Harnack, Borsig, Bode, Scherl und Nikisch und die Namenlosen samt ihren Seel- und Leibsorgern?

Immerhin festigt sich der harte Kern in den Kirchengemeinden. Die Treue der Armen und wenig Begüterten bedeutet Zusammenhalt und Geborgenheit. Priester kommen und bleiben. Sie tragen die Not der Menschen mit. Denn in Berlin bedeutet Seelsorge auch immer Caritas. Lichtenberg stellt sich diesem Anspruch.

Im „Armeekorps" der Charlottenburger Katholiken

Dreizehn Jahre später, ungefähr eineinhalb Jahre vor dem Ersten Weltkrieg, wird Lichtenberg nach seinen „Lehr- und Wanderjahren" zum Pfarrer der Gemeinde Herz Jesu in Berlin-Charlottenburg ernannt. Die vorausgehende Zeit behält er nach eigenen Worten als „glückliche priesterliche Jugend" in Erinnerung. Der achtunddreißigjährige Pfarrer trifft auf eine nicht leichte Situation. Die Kirche an der Straße Alt-Lietzow besitzt 270 Sitz- und 500 Stehplätze. Die Gemeinde umfaßt aber mehr als 30.000 Katholiken. Solche großen Gemeinden muß man aufteilen. Gott sei Dank bringt der neue Mann unternehmerische Fähigkeiten mit.

Lichtenberg erinnert sich: „Als der neue Pfarrer von Charlottenburg zum ersten Male seine Riesenpfarrei von etwa 36.000 Seelen durchwandert hatte und nach stundenlangem Marsch zu seiner Kirche zurückkehrte, sagte er zu sich: Dieses Kirchlein soll also der religiöse Mittelpunkt für ein ganzes Armeekorps von Katholiken sein? Dabei liegt in dieser Pfarrei noch eine zweite eigene Pfarrei, die Gemeinde der Kranken, dort oben am Spandauer Berg, das städtische Krankenhaus Westend mit 100 Betten; auf der Kirchstraße das ehemalige Krankenhaus der Stadt Charlottenburg, auf der Sophie-Charlotten-Straße und Pulsstraße das Bürgerhaus, das Auguste-Viktoria-Haus zur Bekämpfung der Säuglingssterblichkeit, das Entbindungshaus, das Kinderheim, auf der Berliner Straße die Edelsche Anstalt mit 400 Insassen, gegenüber der Augenklinik der Grauen Schwestern ein Sanatorium und dann eine Menge Privatkliniken, verborgen auf den großen Höfen der Berliner und Bismarckstraße. Diese große Gemeinde der Kranken und Alten verlangt nach einem eigenen Pfarrer. Wo nehmen wir den her?"

Seit Jahrzehnten stehen damals Priester in derartigen Pioniersituationen. Die meisten werfen sich in die Arbeit. Einige von ihnen sterben den vorzeitigen Tod der Erschöpfung. Auch Lichtenberg wird spätestens 1938 mit vermehrten Herzanfällen zu tun bekommen. Sie hängen nicht nur mit Kirchenkampf und Hitler-Diktatur, mit Verhören und Judenpogromen zusammen. Die von Lichtenberg verwendete militärische Vokabel vom „Armeekorps" der Charlottenburger Katholiken kennzeichnet eher den, freilich streitbaren, Antimilitaristen. Trotz alledem inspiziert er mit dem Blick eines Generalstäblers das Gelände und die Verteilung der Kräfte. Denn Lichtenberg besitzt gute Augen und ein verläßliches Gedächtnis. Auch für Details, wie zahllose Aufzeichnungen und Briefe belegen.

Bei der Einführung des neuen Pfarrers finden sich auffallend viele Charlottenburger ein. Das beweist auch ein Zeitungsbericht aus dem Jahr 1913: „Zur Einführung des Herrn Pfarrers Lichtenberg veranstalteten die Vereine der Pfarrgemeinde Herz Jesu am Montag abend im Restaurant Tiergartenhof eine Festversammlung. Als man um die achte Stunde die endlosen Scharen dem Festlokal zueilen sah, mußte man unwillkürlich denken: Wer kennt die Völker, zählt die Namen ... Und erst im Saal. Jeder Winkel war besetzt, und diejenigen, welche noch das bescheidenste Plätzchen zum Sitzen erwischt hatten, blickten voll Stolz auf die, welche mit einem Stehplatz in den Gängen vorlieb nehmen mußten. Der Abend verlief prächtig. Chorgesang und Deklamation, Lieder zur Laute und Orchesterkonzert sorgten für den unterhaltenden Teil. Herzlich klangen die Worte, mit denen Herr Ingenieur Hauck den neuen Pfarrherrn begrüßte. Und die Versicherung, daß die Katholiken treu mit ihm kämpfen wollten, fand begeisterten Widerhall bei den Pfarrkindern. Herr Kaplan Krause bestätigte in einer kurzen Ansprache, daß noch niemals soviel Charlottenburger Katholiken sich zusammengefunden hätten. Dies sei jedoch nur ein kleiner Teil, und wie der Saal für diese Minderheit zu klein sei, so reiche auch eine Pfarrkirche nicht aus. Eine zweite Kirche sei notwendig, und als Grundstock möchten die Versammelten eine kleine Gabe spenden. Freudig kamen alle dieser Aufforderung nach und die Teller der einsammelnden Damen füllten sich rasch mit kleinen und großen Geldstücken. Für den herzlichen Empfang sprach Herr Pfarrer Lichtenberg gegen Ende der Feier seinen Dank aus, und mit dem gemeinsamen Gesang: ‚Großer Gott, wir loben Dich' hatte die Festversammlung ihr Ende erreicht. Schöner als am Montagabend hatten die Katholiken Charlottenburgs ihren neuen Seelsorger nicht empfangen können, und dem Herrn Pfarrer braucht nicht bange um die Zukunft zu sein. Denn diese Begeisterung war echt und bildete das Gelöbnis der Treue zum neuen Herrn der Pfarrei."

Der Alltag der Gemeinde Herz Jesu sieht nicht viel anders aus als in anderen Pfarreien: Gottesdienste, Andachten, Beichten; Vereine, Kindergarten, Schulunterricht, Versehgänge, Predigten, Vorträge. Und doch stehen hier zusätzliche Aufgaben an. Ein Beispiel: Unter den 30.000 Katholiken befinden sich mehrere tausend polnische Zuwanderer und Saisonarbeiter, für deren seelsorgliche Betreuung auf mehrfaches Bitten eine „utraquistische" Kaplansstelle zur Verfügung gestellt wird, die also mit einem Geistlichen zu besetzen ist, der deutsch und polnisch spricht.

Lichtenberg wird mit der Gründung von fünf Kuratien zum „eigentlichen Schöpfer des katholischen Charlottenburg". Es handelt sich um die St. Canisius-Kuratie am Lietzensee und die in freiwilliger und kostenloser Arbeit von Charlottenburger Arbeitern und Handwerkern umgebaute Notkapelle St. Kamillus. Dazu kommt die Kuratie „Zum Heiligen Geist", die der Ordensgemeinschaft „Gesellschaft des Göttlichen Wortes" anvertraut wird.

Im Charlottenburger Hochschulviertel entsteht eine weitere Kuratie, die dem heiligen Thomas von Aquin geweiht ist. Geistliche aus der Erzdiözese Breslau betreuen sie. Nach ersten bis 1913 zurückreichenden Anfängen in der Aula der benachbarten Gemeindeschule in der Goethestraße 23 erhält die neue Gemeinde in der Schlüterstraße eine Kapelle. Lichtenberg kann sie am 23. Dezember 1924 benedizieren. Im Stadtteil Kalowswerder wird mit Hilfe einer amerikanischen Spende ein Kirchplatz erworben. Auch dort findet seit 1923 ein regelmäßiger Gottesdienst in der dortigen Schulaula statt. Am 15. August 1926 kann Lichtenberg die eigene Kuratiekapelle „Mariä Himmelfahrt" einweihen.

Auf diese Weise entstehen innerhalb von 13 Jahren insgesamt sechs Gemeinden mit etwa je 6.000 bis 7.000 Katholiken. Weitere Teilungen werden überlegt und geplant. Sie folgen der rasanten Entstehung neuer Stadtteile. Das Ganze kann nur durch zähe und phantasievolle Improvisation, aber auch nach einem strategisch durchdachten Konzept verwirklicht werden. Die Voraussetzungen dafür bringt Lichtenberg mit. „Er war ein Mann, der wußte, was er wollte," äußert ein ehemaliges Gemeindemitglied, „was er sich einmal vorgenommen hatte, das führte er durch, koste, was es wolle, gegen alle Widerstände. Er hat, auf welchem Gebiet auch, wie wir Berliner zu sagen pflegen, ‚den Leuten janz schön uffjemischt', das heißt, er hat sich wirklich durchgesetzt." Und ein anderer meint: „Die Kirche von

Herz Jesu, das war seine Werkstatt. Schon früh morgens um halb sechs war er im Beichtstuhl. Wenn wir als Meßdiener in die Kirche kamen oder wenn der Kaplan die Messe zu lesen hatte, ging das ‚Ruckzuck'. Kam einer zu spät, dann ging Lichtenberg sofort hin und las die Messe. Im Predigen war er ganz groß. Wenn er predigte, besonders an Sonn- und Feiertagen, war die Kirche gerappelt voll."

Entscheidende finanzielle Hilfen leisten der „Bonifatiusverein für das katholische Deutschland", der „Gesamtverband der katholischen Kirchengemeinden Groß-Berlins" und zahlreiche auswärtige Gönner und Spender, vor allem der deutsch-amerikanische Unternehmer Henry Heide aus Chicago. Und schließlich benutzt Lichtenberg mit oberhirtlicher Genehmigung seinen jeweiligen Jahresurlaub zu mindestens zwölf mehrwöchigen Kollektenreisen. Sie führen ihn nicht nur nach Schlesien sondern auch ins Rheinland, nach Westfalen, Baden, Württemberg, in die Schweiz und in die Freie Prälatur Schneidemühl.

Doch nie geht Lichtenberg in solchen Aktivitäten auf. Stundengebet, Meditation und öffentliches Abendgebet bleiben die Fixpunkte seines Tagesrhythmus. Sakramentenspendung, Katechese und Religionsunterricht stehen im Mittelpunkt seiner Seelsorge. Seine Frömmigkeit, sein tiefer Glaube, die tägliche Praxis als Beter und Vorbeter, seine Anspruchslosigkeit und einfache Lebenshaltung, seine Väterlichkeit und nüchtern-warmherzige Nächstenliebe sind vielfach bezeugt.

Die Mühen der Grossstadtseelsorge

Der Zeitzeuge Alois Stellmacher erzählt, wie sich Lichtenberg intensiv um die Armen und Kranken gekümmert hat: „Dies geschah regelmäßig. Er hat die Kranken seiner Pfarrei besucht, auch wenn sie außerhalb seiner Pfarrei untergebracht waren. Es durfte bei ihm kein Bettler abgewiesen werden. Als seine Haushälterin einen zudringlichen Bettler weggeschickt hatte und Lichtenberg davon erfuhr, machte er ihr Vorwürfe. Während der Revolution in Berlin ging er furchtlos mit dem Allerheiligsten durch die Straßen, um Kranken die Wegzehrung zu bringen. Ich selbst habe ihn begleitet und erlebt, wie die Kugeln um uns herumpfiffen." Und August Biermann berichtet: „Ich habe erlebt, daß Pfarrer Lichtenberg in den Tagen der Revolution im Frühjahr 1919 im priesterlichen Ornat seine Kommunionkinder über den damaligen Wilhelmsplatz führte, da von der U-Bahn aus geschossen wurde. Es war ihm selbstverständlich, die Kinder zu schützen und vor allem Übel zu bewahren. Ich weiß, daß in der Notzeit des Jahres 1918 in der Pfarrei eine

Küche für die Armen eingerichtet wurde. 30 bis 50 Personen wurden täglich gespeist. Jeder, der von der Straße kam, konnte täglich etwas bekommen."

Elisabeth Kellermann ist aufgefallen, „wie großzügig und freigebig er mit seinen Mitteln umging, um Notleidenden zu helfen. Das war für ihn eine Selbstverständlichkeit." Auch Dr. Haendly erinnert sich daran, wie Lichtenberg Notleidenden half: „Da er wußte, daß viele Geldspenden auch von Gläubigen gegeben wurden, die nicht zur Pfarrei gehörten, war es für ihn eine Selbstverständlichkeit, auch über seine Pfarrei hinaus zu helfen, wenn es nötig war. Mit seiner regelmäßigen Unterstützung durften rechnen die akademische Vinzenzkonferenz, die akademische Elisabeth-Konferenz und der Studenten-Seelsorger. Ich weiß auch, daß Lichtenberg während der Judenverfolgung notleidende Juden unterstützt hat." „Ich weiß, daß Lichtenberg aus seiner Haft heraus einen entlassenen Gefangenen mit Geld und Wäsche unterstützte. Der Buchhalter Leonhard Stern hat jedenfalls Geldüberweisungen im Auftrage Lichtenbergs getätigt", ergänzt Heinz Amelung. „Er wies keinen Bittsteller ab, ohne ihm finanzielle Hilfe zukommen zu lassen. Das kann ich deswegen bezeugen, da ich als Buchhalter im Bischöflichen Ordinariat sein Konto verwaltete. Da seine Hilfsbereitschaft bekannt war, wandten sich viele an ihn", bestätigt Leonhard Stern.

Bewegend sind die Zeugnisse seiner Anspruchslosigkeit und bescheidenen Lebensführung: „Er hing nicht an irdischem Besitz. Sein Überzieher schillerte in allen Farben, an denen jeder Kundige das Alter erkennen konnte. Als er nach Bad Wörishofen zur Kur fuhr, war er nicht zu bewegen, eine zweite Soutane mitzunehmen. Er nahm immer nur eine Aktentasche, in der sich die Heilige Schrift, das Brevier und einmal Wäsche zum Wechseln befand", erzählt Schwester Stephana.

Nicht wenige beschreiben das familiäre Verhältnis des Pfarrers Lichtenberg zu seinen Kaplänen: „Meine Mitkapläne in Herz Jesu waren Georg Reisig und Joseph Eismann. Ich empfand seine Großzügigkeit uns gegenüber als den Beweis des Vertrauens in unsere, von ihm uns übertragene Arbeit. Ich konnte auch später bei ihm in meinen seelsorglichen Fragen Rat und Hilfe suchen. Es herrschte in Pfarrhaus und Sakristei jederzeit ein herzliches und väterliches Verhältnis. Soweit ich es beurteilen kann, war sein Verhalten gegenüber den anderen Konfratres gerecht und zuvorkommend, zu anderen Menschen war er von außerordentlicher Liebenswürdigkeit. Lichtenberg pflegte nicht selbstherrlich zu entscheiden, sondern er ließ die Meinung anderer, auch jüngerer Konfratres gelten", so äußert sich Heribert Podolski, einer seiner Kapläne.

Ein Mann mit Ecken und Kanten

Für andere Menschen seiner Umgebung ist Lichtenberg offenbar kein einfacher Vorgesetzter. Heinz Amelung, der als Angestellter des Bischöflichen Ordinariats mit ihm zu tun hat, äußert, daß Lichtenberg mit einer einzigen Ausnahme an ihn „nie ein persönliches Wort gerichtet" habe. „Er war ein unnahbarer Vorgesetzter. Nachdem wir Angestellten diese Eigenart erkannt hatten, übten wir Zurückhaltung." Schwester Maria Liboria Kobusch bezeugt: „Bernhard Lichtenberg war Choleriker. Er hat aber sein Temperament so beherrscht, daß er einen ausgeglichenen Eindruck machte." In seinen Tegeler Gefängnisnotizen schreibt Lichtenberg später: „Ich weiß, ich werde tausendmal die Geduld verlieren, aber ich werde immer wieder den Vorsatz der Geduld erneuern."

Der Charlottenburger Willi-Stephan Richter bezeugt die „Grundsatzfestigkeit im Glauben" und die „völlige Übereinstimmung von Mensch und Priester" in Lichtenberg. Er spricht vom „Fluidum der Glaubwürdigkeit", das ihn umgibt; doch er schildert beiläufig auch, daß der Priester und Erzieher sich brüsk weigert, ihn bei seinem Rufnamen anzureden, und ihn nur „Stephan" nennt – „denn Willi, das ist kein katholischer Vorname". Richter beschreibt Lichtenberg als „wahrhaftig, jedoch bisweilen auch exzentrisch". Als der junge Mann zu einem Lehrgang fahren muß und die nächste erreichbare Kirche 25 Kilometer entfernt ist, bekräftigt Lichtenberg: „Du mußt eben dafür sorgen, daß du am Sonntag in eine katholische Kirche kommst." Richter fühlt sich überfordert und kommt solchem Muß nicht nach. Bei dieser Gelegenheit entdeckt er nach seiner eigenen Aussage geradezu die Pflicht zur eigenen Gewissensentscheidung.

Richter schätzt den „gewaltigen, überzeugungsstarken Prediger, überwältigend in seiner Glaubenstreue und Festigkeit". Doch daß man seine dröhnende Stimme bis auf die Straße hören kann, behagt ihm weniger. Richter, der Lichtenbergs väterlich-gütige Art des Umgangs mit Kindern auch in der Beichte betont, erinnert sich ebenso an die „Trauben vor den Beichtstühlen der vier Kapläne, während es in der Sakristei, wo Lichtenberg an diesem Tage Beichte hört, nur tröpfelte." Einige Gemeindemitglieder hätten Lichtenbergs Verhalten bisweilen als „Schauspielerei" empfunden. Er habe seinen „Katholizismus zu sehr demonstriert". Da Lichtenbergs Grundhaltung keine Zweifel an seinem starken Glauben zuließe, habe ihn diese Meinung nie überzeugen können.

Schwester Kyrilla Spiecker OSB erzählt von einem Spitznamen, den Lichtenberg erhalten habe. Ironisch spöttisch gemeint, klingt er trotzdem liebevoll: „das heilige Kamel". Vielleicht kann damit auch die abgetragene Kleidung gemeint sein, mit der er sich im Alltag sehen läßt, oder seine Gewohnheit, U- und S-Bahnen manchmal mit dem Gruß „Gelobt sei Jesus Christus" zu betreten. Was bei Lichtenberg von innen kommt und als Bekenntnisfreudigkeit verstanden werden kann, wirkt auf andere manchmal lächerlich, ja, abstoßend. Doch mancher, der so dachte, merkt in den Jahren der nationalsozialistischen Diktatur, daß hier jemand ein prophetisches Zeichen gesetzt hat. Andere wiederum plädieren auch dann für mehr Zurückhaltung, weil sie Lichtenberg für unklug halten und sich fragen, ob soviel Eifer nützlich sei.

Das Bußsakrament spielt in Lichtenbergs Leben und in seiner Seelsorge eine zentrale Rolle. Mitunter rät er auch Laien, alle 14 Tage zu beichten. Was ihn selber betrifft, so geht er jede Woche zur Beichte: in den ersten zwanzig Berliner Jahren bei Pfarrer Nikolaus Kuborn, dann bei den Dominikanern in Moabit und zuletzt bei Pater Andreas Wintersberger im St. Josephs-Krankenhaus in der Niederwallstraße. Das geschieht gewöhnlich in der Frühe, kurz nach der heiligen Messe. Deshalb entdeckt er am Morgen zwischen dem 8. und 10. November 1938 auf dem Weg zur Beichte die schrecklichen Spuren der zerstörten Läden und Büros am Hausvogteiplatz im Viertel der jüdischen Konfektionshäuser. Sein Entsetzen und seine Empörung führen noch am selben Abend zu jenem Abendgebet in St. Hedwig, das unter anderem für die verfolgten Juden und „Nichtarier" öffentliche Fürbitte hält.

Lichtenberg verweigert aber auch mehr als einmal die Lossprechung, weil er dies nach Prüfung der Umstände tun zu müssen glaubt. So kann es geschehen, daß sich jemand an einen der Kapläne wendet: „Ich bin in einer schlimmen Situation: Man hat mir die Absolution verweigert. Können Sie mir helfen?" Und da der Angesprochene vor seinem Gewissen zu einem anderen Urteil kommt, gibt er die Lossprechung. Selbstverständlich können Pfarrer und Kaplan aus Gründen des Beichtgeheimnisses über den Sachverhalt nicht miteinander sprechen. So entsteht die fatale Situation einer unterschiedlichen Praxis in derselben Kirche.

Der Mann des Prinzips, der radikalen Entschlüsse, auch sich selber gegenüber von großer Strenge, kann zum moralischen Rigoristen werden. Er will für sich nicht gelten lassen, daß, wer disponiert ist, grundsätzlich losgesprochen werden soll. Auch für Charlottenburg gilt wohl: Viele schätzen Lichtenberg als Beichtvater, manche meiden ihn. Auch Schärfen und harsche Verhaltensweisen gehören zu seinem Wesen.

Zahlreiche Zeugen beeiden seine vornehme Unbefangenheit gegenüber Frauen und Mädchen. „Lichtenberg strahlte als Priester die Tugend der Keuschheit geradezu aus. Man hätte sich nicht getraut, in seiner Gegenwart unanständige

Dinge zu sagen", äußert Anton Majewski. Keuschheit ist für Lichtenberg eine Selbstverständlichkeit. Sie fügt sich zu anderen Eigenschaften seines Charakterbildes als Seelsorger: seinem Streben nach Maß in Essen und Trinken, seinem Verzicht auf Genüsse, die seinen Zeitgenossen selbstverständlich sind, seiner Nächstenliebe, die eine Konsequenz seiner Gottesliebe ist.

Deshalb treffen ihn auch die heuchlerischen und verlogenen Attacken gegen die angeblich „furchtbaren sexuellen Verirrungen von über tausend Weltpriestern und Ordensgeistlichen", wie das Zentralorgan der NSDAP, der „Völkische Beobachter", am 30. April 1937 schreibt, in seiner persönlichen Ehre. Sie dienen als Ablenkungsmanöver und Gegenschlag gegen die das NS-Regime überraschende Enzyklika „Mit brennender Sorge" vom 14. März 1937, die Rassismus und Kirchenverfolgung in Deutschland unmißverständlich beim Namen nennt.

Lichtenberg ist ebenso wie Bischof Clemens August Graf Galen, Konrad Graf Preysing und Michael Kardinal Faulhaber ein Mann, der sich empören kann. Er tut es freilich sachlich. Ihm wird es schwer, Verstöße gegen den Zölibat und selbst Zölibatsprobleme zu verstehen. Ein Mitbruder, der nicht unerhebliche Schwierigkeiten mit der treuen Befolgung des Zölibats hatte, erzählte Walter Adolph zufolge nach einem Gespräch mit Lichtenberg: „Lichtenberg habe ihm bei der Vernehmung eröffnet, jeder Priester habe mit der Weihe fertig zu sein. Dieser gefährdete Mitbruder hat dann später wieder den Weg zum Priestertum gefunden und ist versöhnt mit der Kirche gestorben." Ein anderer Mitbruder Lichtenbergs wird von der Gestapo erpreßt, weil er sich mit einer Frau eingelassen hat. Die Gestapo verfolgt das Ziel, damit öffentlich antikirchliche Propaganda zu machen. Obwohl der Tatbestand keinen strafrechtlichen Charakter hat, hält die Gestapo den Priester in Haft. Lichtenberg besucht ihn in der Zelle. „Durch Andeutungen seiner schwierigen Lage versuchte Pfarrer X. den Prälaten Lichtenberg dafür zu gewinnen, daß er den Bischof milde stimme. Offenbar erkannte Lichtenberg nicht die verzweifelte Lage des Pfarrers, weil er infolge seiner strengen persönlichen Lebensführung nur schwer Verständnis dafür aufbringen konnte, zumal der Pfarrer nur Andeutungen machen konnte, weil das Gespräch in Gegenwart eines Beamten stattfand", schildert Walter Adolph. Nach vierwöchiger Haft erhängt sich der Priester laut Aussage der Gestapo in seiner Zelle. So barmherzig und hilfsbereit Lichtenberg auch ist, an dieser Stelle enden seine Einfühlung und seine Verständnisbereitschaft. Und vielleicht haben seine letzten verständlichen Worte vor dem Tode „Barmherzigkeit" und „Verzeihen" auch mit solchen Vorgängen zu tun.

Die eine, heilige, katholische und apostolische Kirche ist der archimedische Punkt seiner Biographie, seines Handelns und Leidens. Freilich ist er, und das macht ihn mit allen seinen Schwächen und Fehlern so menschlich, kein staubtrockener Verstandesmensch, der auf der Kanzel genußvoll sein theologisches Wissen ausbreitete. Aus den unter der hohen Stirn gelegenen Augen tritt auch ein heiterer Zug entgegen, ein Grundzug der Freude. Lichtenberg predigt nicht die Angst, sondern die Freude, die Freude am Glauben und am Leben, die er als Geschenk verstanden wissen will.

Sein Leben ist in den Zusammenhang der religiösen Praxis eingebunden. Hier sucht und findet der Priester Orientierung und Festigkeit. Auch als Mitglied des Charlottenburger Stadtparlaments und des „Friedensbundes der deutschen Katholiken“ holt er die Kraft zum Einsatz für die Menschen, ihre Rechte und ihr Wohlergehen aus den Quellen des christlichen Glaubens. Glauben bedeutet für Lichtenberg das tägliche Lesen der Heiligen Schrift, das „Officium divinum“ der heiligen Messe, das Spenden der Sakramente, das Breviergebet, die Andacht am Abend, seine Liebe zum Kirchengesang und zur Orgelmusik, sein begeistertes Singen. Wenn kein Organist zur Verfügung steht, setzt er sich selbst an das Harmonium, um bei Andachten den Gesang der Gemeinde zu begleiten.

Auf Betteltour für die Diaspora

Die Tagebücher Lichtenbergscher Kollektenreisen nach Leipzig, Breslau, Tübingen, Rastatt, Freiburg i.Br., Baden-Baden, Beuron, zum Kaiserstuhl – um nur sie zu nennen – stecken voll lebendiger, witziger Schilderungen und exakter Beobachtungen von Landschaften, Bauten und von manchen Eigenarten seiner Zeitgenossen. Es scheint, als wäre Lichtenberg auf diesen auch anstrengenden Fahrten zu vielerlei Bettelpredigten für die Berliner Diaspora lockerer und spontaner, lachlustiger und neugieriger als sonst. Er kann es auch nicht lassen, poetische Andenken dort zu hinterlassen, wo man ihn beherbergt hat. So schreibt er auf eine von den Herbergs-Schwestern irrtümlich auf den Namen „Sprichmann“ ausgestellte Rechnung:

„Sprichmann klingt ja auch nicht übel,
deutet an, den Mann, der spricht.
'Lichtenberg' hieß schon das Bübel
ändert seinen Namen nicht!
Ändert auch nicht seinen Titel,
Pfarrer ist er in der Stadt,
nicht Stadtpfarrer ohne Mittel,

davon wird er schwerlich satt.
Es dankt den Schwestern in Freiburg
der Pfarrer von Charlottenburg."

Dem Gästebuch der „Damen Beck" vertraut er folgende Verse an:

„Es kam ein Bettler von Berlin
Ins Hohenzollernland,
Der, als die Sonne nicht mehr schien,
Ein schmuckes Häuschen fand.
Kaum trat er ein, so öffnet sich
Die Tür zum warmen Zimmer.
Du siehst, man erwartet dich!
Vergiß es, Bettler, nimmer.
Hier wohnt die gute Caritas,
die fragt nicht viel, die handelt.
O selig, wer verstehet das,
Auf sichrem Weg er wandelt."

Lichtenbergs Kurzprosa läßt nichts aus. Seine Momentaufnahmen gleichen mitunter dem Stenogrammstil seines Mitbruders Dr. Sonnenschein:

„Pfarrer Thonec erwartete mich am Bahnhof und empfing mich mit größter Herzlichkeit. 56 Jahre alt. Quickborner, Duzfreund von Bernhard Strehler, kunstsinniger Mann, sehr ruhig und überlegt. Sein Mutterchen, die mir während der Romreise geschrieben, hat sich den Arm gebrochen. 400-jährige Kirche. Zur Zeit der Reformation hatten die beiden katholischen Pfarrer gleich mitreformiert. Bald geht es nach drei verschiedenen Gemeinden, die sich dadurch die Kirche teilten, daß sie zwei Mauern durchzogen." (19. Oktober 1925)

„Ging zur Kirche, zelebrierte um halb 7, ca. 60 Leute; predigte. Als ich nachher kollektieren wollte, machte Pfarrer ein erstauntes Gesicht. Die Leute haben nichts mit; es ist nichts verkündigt, es kann Allerheiligen geschehen. Zurück ins Pfarrhaus. Zug nach Rauenberg. Eine Stunde Weg zu laufen. Mit knapper Not Grünsfeld. Gesäubert im Zug. Los ohne Frühstück. Jetzt Aufenthalt in Lauda. 11.29 Uhr weiter. Mittags Tauberbischofsheim. Nach Mittagbrot kleines Schläfchen. Gang mit dem liebenswürdigen Dekan durchs Städtchen. Die kleinen und großen Leute grüßen ihn ehrfurchtsvoll. Man fühlt, daß er der Vater der Gemeinde ist. Ich spazierte im Garten und unterhielt mich mit der Pfarrmutter, die eine Träne zerdrückte, als ich ihr von meinen Eindrücken in K. erzählte." (22. Oktober 1925)

„Links ein geöffnetes Fenster mit entzückendem Blick auf den zusammenfließenden Tauber und Main, der breit und behaglich seinen Weg zwischen lieblich bewaldeten, im farbensatten Herbstschmuck leuchtenden Rebenhügeln fortsetzt. Eine Fuhre vermittelt den Verkehr zwischen Wertheim und Kosenz; am jenseitigen Ufer plätschern oder ruhen weißgekleidete Enten; fünf warten auf gutbesuchte Vorstellungen, dazwischen weiden Wertheimer Kühe in der friedlichen Gesellschaft erholungsbedürftiger Rösslein. Unmittelbar vor dem geöffneten Fenster nur 100 Meter tiefer reckt sich ein alter Turm." (23. Oktober 1925)

„Predigt war gut besucht, Kinder etwas unruhig. Zweimalige Kollekte 51 Mark. Korrespondenz aus Charlottenburg, aus der ich ersah, daß der sächsische Pfarrer in Charlottenburg 1391 M. kollektiert hat. Deo gratias." (27. Oktober 1925)

„Ab Bruchsal. Vieles Interessante. Auf dem Rückweg begleiten mich zwei kleine Schulmädchen zum Bahnhof, zutraulich plaudernd: ‚Meine Mama ist aus Berlin' – ‚Ich auch.' – ‚Das habe ich gleich gemerkt, wie Sie reden. Sie reden ganz so wie mein Onkel.' – ‚Meine Mama ist evangelisch.' Rokokoschloß der Fürstbischöfe von Speyer. ... Stadtkirche mit herrlichem Mariä-Himmelfahrt-Altar." (29. Oktober 1925)

Nicht weniger lebendig sind Lichtenbergs Schilderungen zahlreicher Reisen nach Rom, Palermo, Neapel, Jerusalem, Nazareth, Damaskus, Konstantinopel, Kairo, Memphis, Alexandrien, London und Belfast. Stets hat Lichtenberg bei solchen Reisen auch geistliche Ziele im Auge. Es unterliegt keinem Zweifel, daß Lichtenberg gern reist und sich in der Welt, soweit sie ihm zugänglich ist, umsieht.

Soziales und politisches Engagement

Pfarrleben, das bedeutet für Lichtenberg vor allem auch die Sammlung der oft zersplitterten Kräfte in Vereinen und Verbänden, bei Gemeindefesten und Katholikentagen. In Lichtenbergs Pfarrei existieren damals Jungfrauenvereine, Männer- und Jünglingsvereine, ein Mütterverein, Agnes- und Elisabethverein, Gesellenverein, Männer-Vinzenzkonferenz, Arbeiterverein, Borromäusverein, ein Verein für kaufmännische Angestellte, Jugendverein Herz Jesu, Katholisches Hilfswerk, Marianische Kinderkongregation, Bund der studierenden Jugend Neudeutschland, Jungschar, Kindheit-Jesu-Verein und Kirchenchor.

Eine Reihe dieser Vereine widmet sich caritativen Aufgaben. Auf dem 25. Märkischen Katholikentag in Brandenburg/Havel am 27. August 1927 hebt Lichtenberg den Zusammenhang von Caritas und Seelsorge hervor: „Christliche Caritas weihte in dieser Woche in Brandenburg ein Krankenhaus und ein Asyl für alte Leute ein. Jedes caritative Werk ist ein Werk der Seelsorge. Vergeltet die schmerzhaften Geheimnisse der Liebe Christi durch Werke der Caritas, wie sie das fromme Mittelalter schuf. Bereitet vor die glorreichen Geheimnisse der Liebe Christi in der Mark Brandenburg durch katholisches Beispiel, das wie läuterndes Feuer glüht. Denn Christus ist gekommen, Feuer auf die Erden zu bringen, und er will, daß es brenne."

Wer die Anzeigen der Nr. 4 des Katholischen Kirchenblatts vom 23. Januar 1927 liest, dem springt die Not Berlins ins Auge. Caritasverband und „Akademisches Arbeitsamt" unter Dr. Sonnenschein veröffentlichen knappe Annoncen: „Kaufmann, 29 Jahre, Familienvater, seit 1 1/2 Jahren stellungslos, ohne jegl. Mittel, bewährter Organisator, 1. Refz., übernimmt jede Arbeit, welche ihn in die Lage setzt, endlich wieder für seine Familie zu sorgen." – „Kräftige, gesunde, kath. schulentlassene Jungen suchen Lehrstellen zum 1.4.1927 bei: Bäcker und Konditor, Koch, Friseur, Schuhmacher, Maurer, Schlosser, Elektrotechniker, Glaser ..." – „Kapellmeister empfiehlt sich für Beethovenfeiern. Beschafft Kapelle". - „Westfälin. Vierundzwanzigjährige. Tut jede Arbeit". – „Beschäftigung irgendwelcher Art, evtl. als Hausdiener, Bürogehilfe, Pförtner etc. sucht verheirateter Mann ..."

Der Erste Weltkrieg hat Berlin verändert. Noch einmal überspülte eine Woge nationaler Begeisterung die in Jahrzehnten gewachsenen politischen und sozialen Gegensätze. Kaiser Wilhelm II. hat erklärt, er kenne keine Parteien mehr, er kenne nur noch Deutsche. Doch die nationale Hochstimmung verfliegt bald angesichts eines Krieges, von dessen Ausmaß und Dauer sich niemand eine realistische Vorstellung gemacht hat: Millionen von Toten, Witwen, Waisen, Kriegsbeschädigten. Eine völlige Veränderung der politischen und gesellschaftlichen Ordnungen. Das Ende der Monarchie. November-Revolution. Ausrufung der Republik von einem Fenster des Berliner Reichstagsgebäudes. Und der Krieg ist weder ein Schmelztiegel der Klassengegensätze, noch weniger eine hohe Schule der Tugenden gewesen. Der Langemarck-Ton hinreißender Aufrufe ist verweht. Die Wirkung verpufft. Die Front ist zusammengebrochen. Die Revolution hat sich blitzhaft entladen. Mühsam festigen sich die Verhältnisse.

Schon zu Beginn des Ersten Weltkriegs Mitglied der Zentrumspartei, übernimmt Lichtenberg vom Februar 1919 im Nebenamt politische Aufgaben als Mitglied der Berliner Stadtverordnetenversammlung und der Bezirksversammlung Charlottenburg. Von 1913 bis 1918 hat Lichtenberg auch die Militärseelsorge für den Standort Charlottenburg verantwortet. In dieser Zeit ist er zugleich Seelsorger der Soldaten, Lazarettinsassen und zahlreicher ausländischer Kriegsgefangener. In der Sitzung der Stadtverordnetenversammlung der Stadtgemeinde Berlin am 21. Dezember 1921 hat sich Lichtenberg gegen den Vorwurf zur Wehr zu setzen, „die Vertreter der christlichen Nächstenliebe hätten im Kriege die Waffen gesegnet". (Sehr richtig! Zurufe der Kommunistischen Fraktion laut Protokoll) Seine Antwort: „Ich bin im Kriege im Nebenamt Militärpfarrer beim Elisabethregiment gewesen, und ich kann mich erinnern, daß ich wohl dreißigmal zu Soldaten gesprochen habe; aber wenn ich gesegnet habe, habe ich nicht die Waffen gesegnet, sondern die Soldaten."

Schon während des Krieges ist die Versorgung der Millionenstadt Berlin immer schwieriger geworden. 1915 hat sich Berlin mit 44 Nachbargemeinden auf die Ausgabe einer gemeinsamen Brotkarte geeinigt. 1916/17 sind die täglichen Lebensmittelzuweisungen pro Person auf ein Ei, 20 Gramm Butter und 70 bis 80 Gramm Fleisch gesunken. Heizung, Beleuchtung und Bekleidung sind rationiert. „Ende des Kriegsjahres 1918 waren Hosen und Schuhe des Pfarrers Lichtenberg völlig abgetragen. Seine Mutter besorgte die Bezugsscheine, und er bekam neue Hosen und Schuhe. Einige Tage darauf sah seine Mutter mit Entsetzen, daß er wieder die alten Hosen und Schuhe trug. ‚Aber Bernhard', sagte sie, ‚wir haben doch neue Hosen und neue Schuhe gekauft, und jetzt trägst du schon wieder die alten Sachen.' – ‚Ja, es kam zu mir ein alter Mann, der eine zerfetzte Hose trug und bei dieser Kälte fast barfuß dastand. So habe ich ihm meine neuen Hosen und Schuhe gegeben'", bezeugt August Biermann.

Lichtenbergs soziales Handeln entspringt seinem Glauben. So bemüht er sich ständig um die Erneuerung der religiösen und moralischen Reserven des Berliner und Brandenburger Katholizismus. Das ist auch das Ziel der „Märkischen Vereins- später Katholikentage", die seit 1893 bis 1934 unter anderem in Brandenburg, Potsdam, Luckenwalde, Spandau, Weißensee, Oranienburg, Eberswalde, Nauen, Neuruppin, Oberschöneweide, Nowawes, Lichtenberg, Frankfurt/Oder, Stettin und im Grunewald stattfinden. Lichtenberg nimmt aktiv an den Märkischen Katholikentagen teil.

Am 14. August 1927 betont er: „Viele Katholiken in der Mark sind nicht mehr katholisch bis ins Mark. Daß sie es wieder werden, dazu soll dieser 25. Märkische Katholikentag helfen. Erneuert die freudenreichen Geheimnisse der Liebe Christi und zündet die Ewigen Lampen wieder an."

Lichtenbergs Aktivität, seine seelsorgliche Dynamik ist auf das Ganze gerichtet. Obgleich zuerst für seine Gemeindemitglieder da, zielt sein Denken und Planen in die Breite des Berliner katholischen Lebens. Im Bereich seiner Gemeinde liegen vier Höhere katholische Schulen: das Gymnasium an der Neuen Kantstraße, das Lyzeum an der Schlüterstraße, die Soziale Frauenschule und die Allgemeine Frauenschule am Königsweg. Gymnasium und Lyzeum werden vom Orden der Jesuiten und den Schwestern Unserer Lieben Frau unterhalten. Lichtenberg weiß und beherzigt, was für Kräfte in der Wirksamkeit katholischer Schulen stecken. Und er fördert auf seine Weise auch alle Bestrebungen, die dem Selbstbewußtsein der Katholiken im öffentlichen und privaten Leben dienlich sein können: die Zusammenfassung vieler Einzelinitiativen in einer „starken Einheitsfront", die Befreiung aus der Diaspora-Isolierung und den Durchbruch durch die Ghetto-Situation zu einer Erfahrung größerer Gemeinschaft.

Freuden und Enttäuschungen des Seelsorgers

Sein Kampf gilt den wachsenden religionsfeindlichen Bestrebungen ebenso wie der Entfaltung dessen, was man damals „Katholisches Presseapostolat" nennt, die Entwicklung eines breiten Abonnentenstamms für das Kirchenblatt und die beiden katholischen Tageszeitungen sowie den Einsatz für den „Märkischen Kalender". In der Ausgabe für 1931 stößt man auch auf einen Beitrag von „B. Lichtenberg, Pfarrer" über das Thema: „Was können die Katholiken von den Konvertiten lernen?" Er schließt mit einem langen Satz: „Wie wird ein Katholik, der das von katholischen Eltern ererbte und von edlen Nichtkatholiken heiß ersehnte kostbare Besitztum seiner Seele, den heiligen katholischen Glauben, in Berlin wegwirft wie einen ausgetretenen Schuh, bestehen können vor dem lebendigen Gott an dem Tage, da es heißt: ‚Gib Rechenschaft von deiner Verwaltung?!'"

In diesem Artikel schildert Lichtenberg eine Reihe von Konversionen und den Umständen, unter denen sie sich vollzogen. Der Autor schreibt: „Es war im Sitzungssaal des Roten Hauses in Berlin. Es tagte eine der ‚berühmten' Stadtverordnetensitzungen, in denen die Stadtväter handgemein wurden. Der vornehme Saal hallte wider von unbeschreiblichem Lärm. Wer sich an dem Handgemenge nicht beteiligen wollte, blieb auf seinem Platze sitzen und wartete auf die Fortsetzung der parlamentarischen Verhandlung. Da kam ein älteres Mitglied der Versammlung, ein Dissident, ehemaliger Jude, Akademiker, zu mir und sagte: ‚Herr Kollege, meine Frau ist schwerkrank, sie ist zwar nicht katholisch, sie hat aber seit längerer Zeit eine tiefe Neigung zur katholischen Kirche, möchten Sie sie nicht einmal besuchen?' – ‚Gern.' – ‚Wann darf ich Sie erwarten?' – ‚Morgen nachmittag um 4 Uhr.' – Am Freitag um 4 Uhr saß ich am Sterbebett einer 60jährigen gebildeten Frau, die sagte: ‚Denken Sie nicht etwa, daß ich erst jetzt auf die Idee gekommen bin, katholisch zu werden, den Wunsch habe ich schon lange. Als ich vor 20 Jahren vom Sterbebett meiner Mutter kam und in der Nacht mit meinem Mann durch den Tiergarten ging, fragte ich ihn: ‚Wo ist denn jetzt der Geist meiner Mutter? Was kommt nach dem Tode?' – Da sagte er: ‚Kind, über solche Dinge muß man sich nicht den Kopf zerbrechen.' Doch die arme Frau zerbrach sich darüber 20 Jahre lang den Kopf, und als sie fühlte, daß der Tod kam, mußte der Mann einen katholischen Geistlichen rufen, damit sie ihm die Frage vorlegen könne: ‚Was kommt nach dem Tode?' Ich versicherte ihr, daß wir das ganz genau wüßten, und zwar aus der besten Quelle, nämlich von einem, der von den Toten auferstanden ist. Daran schloß sich die erste Konvertitenstunde. Die zweite wurde für den nächsten Tag verabredet. Doch die besorgten Kinder fürchteten eine zu große Aufregung und baten, den zweiten Besuch etwas zu verschieben. Am Sonntag nach der letzten heiligen Messe stand der Herr ‚Kollege' in der Sakristei und teilte mir mit, seine Frau sei um 4 Uhr früh an Herzschlag gestorben. Sie hatte aber wie täglich, so auch vorher mit der pflegenden Grauen Schwester die Herz Jesu-Litanei gebetet. Nach der Beerdigung sagte mir der Herr ‚Kollege', daß seine älteste Tochter, die Schauspielerin ist, vor zehn Jahren konvertieren wollte, was aber damals am Widerspruch der Eltern scheiterte. Statt dessen schickte Gott der Mutter unmittelbar vor dem Tode die Gnade der vollkommenen Reue. R.I.P."

Lichtenberg berichtet in seinem Beitrag von Konversionen meist evangelischer Christen, die durch die Lektüre bestimmter Bücher oder durch den wiederholten Besuch der heiligen Messe zum katholischen Glauben gefunden hätten. Eine Konvertitin äußert: „Ich gehe bereits fünf Jahre lang in die katholische Herz Jesu-Kirche". „Warum gehen Sie nicht in die protestantische Kirche?" – „Weil dort der Heiland nicht ist!" – „Sie glauben also an die sakramentale Gegenwart Jesu Christi?" – „Das glaube ich fest, und am glücklichsten war ich immer, wenn der Heiland durch das Volk getragen wurde." Wie immer ein heutiger Leser über solche Ausdrucksweisen denken mag, sie sind von der Seelsorge Lichtenbergs nicht zu lösen. Nicht wenige Menschen aus sehr verschiedenen Schichten und Konfessionen finden bei ihm zum katholischen Glauben.

Der Seelsorger Lichtenberg hat sich aber auch mit schmerzlichen Erfahrungen auseinandergesetzt. Am 11. Juni 1940 offenbart ihm die Tochter eines seiner drei Brüder, die im Pfarrhaus Lichtenbergs aufgewachsen ist, daß sie aus der katholischen Kirche ausgetreten sei. Da ihr künftiger Mann evangelisch sei und sehr an seinem Glauben hänge, sie selber aber „Jahr für Jahr immer mehr von ihrem katholischen Glauben abgerückt" sei, habe sie den Entschluß gefaßt, aus der katholischen Kirche auszutreten und sich in der evangelischen Kirche trauen zu lassen.

Denn sie könne nicht in einer „Mischehe" leben. Am 19. September 1940 „früh um 6 Uhr, unmittelbar vor der heiligen Messe", die der „treue Onkel Pfarrer für seine liebe arme Nichte darbringen wird", teilt ihr Lichtenberg mit, daß der oberste Grundsatz der Moral, „nach dem eigenen – auch dem unüberwindlich irrigen – Gewissen zu handeln", nach wie vor gelte. Doch was wisse seine Nichte, sein früheres Erstkommunionkind, wirklich vom „kostbarsten Gut der Seele, dem heiligen katholischen Glauben"? Was wisse sie wohl von der Tatsache „katholischer Taufe und Erziehung" und was vom sakramentalen Charakter der Ehe? Er, Lichtenberg, könne keinen logischen Zusammenhang erkennen zwischen dem „Abrükken vom katholischen Glauben" und dem „Entschluß, sich in der evangelischen Kirche trauen zu lassen". Fortan werde sie „vor Gott und der Kirche in einer ungültigen Ehe" leben. Doch bis zu seinem Tode werde er ihrer Bitte nachkommen, für sie zu beten, und er hoffe, dies „in der Ewigkeit fortsetzen zu können". Die Nichte kehrte nach etlichen Jahren zur katholischen Kirche zurück.

Lichtenberg predigt häufig und gern. Vor jeder Predigt betet er mit den Gläubigen zum Heiligen Geist. Der Biograph P. Otto Ogiermann SJ ist mit seiner Zusammenstellung der Predigten Lichtenbergs auf 2.578 Predigten und Predigtentwürfe gekommen. Es handelt sich unter anderem um Predigten über die Glaubensartikel, das Leben Jesu, das Kirchenjahr, über Engel und Heilige, die Hauptgebote, die Kirchengebote, die Tugenden, die Gnade, die Sakramente, das Gebet, die Psalmen und das Alte Testament. Jede dieser Predigten beruht auf einer übersichtlichen Disposition. Das gilt für die Themen, die sich mit Maria befassen, genauso wie die über die Verehrung der Engel und Heiligen.

Da geht es um die „Heiligen als Werk des Heiligen Geistes", „Warum verehrt die Kirche die Engel?", „Warum verehrt die Kirche die Heiligen?", über „Heimsuchung als Prüfung", „Wie der Christ sich im Leiden verhalten soll", „Vorherbestimmung", „Die Psychologie der Immaculata"... Die Predigtentwürfe aus dem Gefängnis Tegel, die Lichtenberg am 1. Mai 1943 abgeschlossen hat und zum größten Teil aus dem betenden Studium der lateinischen Brevierhymnen und der täglichen Lesung der Heiligen Schrift hervorgegangen sind, befassen sich mit dem Meßopfer, dem Kreuz, der Gottesliebe, dem Bußsakrament, dem Wert des Gebets, der Gottheit und dem Frieden Christi, Christi Weissagungen, den Versuchungen, Satan, der Gnade, der Notwendigkeit des Glaubens und „Christi Bedeutung für Dich".

Bewegend zu sehen, daß der zum Schweigen verurteilte Priester auch in der Haft „weiterpredigt" und sich in der Hoffnung auf die Entlassung auf sein Predigeramt erneut vorbereitet. Zahlreiche Predigten entwirft er über die Eucharistie, den

„Einfluß der wirklichen Gegenwart Jesu Christi auf die Kirche", die „Pflicht zur Nächstenliebe", über Wort- und Schriftsinn: Jedes dieser Konzepte zeigt, mit welcher Sorgfalt, Genauigkeit und Verantwortung der Prediger an die Texte der Schrift und Tradition herangeht und wie sehr sich sein Geist in das Evangelium vertieft, ehe er als Verkünder den Mund aufmacht.

Die Handschrift des Urhebers dieser Predigten – wie auch zahlloser Briefe und Postkarten, die Lichtenberg in einer Art ständiger Briefseelsorge an zahllose Empfänger gerichtet hat – verrät ein hohes Maß an Musikalität. Sie ist schön und leserlich. Der Anblick der deutlich voneinander abgehobenen, rechtsläufigen Zeilen macht Freude und verrät Freude. Es ist nicht übertrieben, von ästhetischem Genuß zu reden, so schwungvoll und menschenzugewandt, formfreudig und unmißverständlich klar stehen die Sätze da.

Das Berlin der Zwanziger Jahre, die man die „Goldenen" zu nennen beliebt, begleitet seine Arbeit. Es ist die Stadt neuer Machtverhältnisse und Wertvorstellungen und des Zusammenbruchs der alten Mächte – die Stadt politisierter Kunst, ätzender Satiren, experimentierender Offenheit, die Stadt, die „Talente frißt mit beispiellosem Heißhunger, um sie ebenso rasch zu verdauen, kleinzumahlen und wieder auszuspucken", die Stadt der „Nullen und Treffer" (Carl Zuckmayer). Es ist die Stadt Ossietzkys und Tucholskys, der „Weltbühne" und des „Romanischen Cafés", der Literaten, Schauspieler, der „Avantgarde", der Filmtheater und Kabaretts, der Premieren und Zeitungen einer Millionenstadt, der „Stadtgespräche" und des Amüsierbetriebs, der Spekulanten und Zuhälter. Für manchen Intellektuellen sind Vertreter der Kirche, erst recht, falls sie aus Schlesien kommen, bornierte Kleinbürger, spottwürdige Kreaturen, selbstgerechte Heuchler und Hinterwäldler der Religion: Die Nationalsozialisten schminken derartige Zerrbilder später nationalistisch um.

Das Berlin der Weimarer Republik ist auch der Ort, an dem der deutsche Katholizismus seinen eigenen Ausdruck sucht. Obgleich die Zahl der Katholiken beträchtlich gewachsen ist, bekommt die Berliner Luft keiner der Konfessionen besonders gut. Wer sich nicht mit seiner Umwelt auseinandersetzt, fällt leicht der Gesinnungsfremde zum Opfer. Soziale Kämpfe und politische Auseinandersetzungen gehören ohnedies zum Alltag. Sie lassen ein Erdbeben ahnen, das die bisherigen Verhältnisse auf den Kopf stellen wird. Der Seismograph Lichtenberg beginnt früh mit solchen Tatsachen zu rechnen.

Der erste Bischof Berlins, Dr. Christian Schreiber, ernennt Lichtenberg zu einem der fünf residierenden Domkapitulare des neugeschaffenen Kathedralkapitels bei St. Hedwig. Am 27. Dezember 1932 wird Lichtenberg zum Dompfarrer der

Dompfarrei St. Hedwig ernannt. „Als er ins Domkapitel berufen wurde, waren die Gläubigen der Pfarrei sehr traurig. Uns fehlte der Vater. Es wurde aber auch gesagt, diese Ehre komme ihm zu. An ihm ist ein Bischof verlorengegangen", sagten einige Pfarrangehörige.

Aber auch an St. Hedwig bleibt Lichtenberg sich treu. Er bleibt der dynamische Mensch, dem Wort und Tat, Bekennen und Leiden ein und dasselbe sind. Ohne sich selbst in den Mittelpunkt zu rücken, steht er jetzt im Zentrum der Hauptstadt. Auch hier wird er bekennen, wem und was er glaubt. Das Wort „Heil Hitler" wird nie über seine Lippen kommen. Lichtenberg bleibt der Seelsorger, der er mit dem Tag seiner Weihe geworden ist.

IV Lichtenberg Widerstand mit allen Konsequenzen

Lichtenberg verrichtet seinen Dienst als Domkapitular, Dompfarrer und Dompropst unter drei Bischöfen: Dr. Christian Schreiber, Dr. Nikolaus Bares und Konrad Graf Preysing. Am 13. August 1930 wird die Fürstbischöfliche Delegatur zum Bistum Berlin. Eine der Voraussetzungen ist das ein Jahr vorher abgeschlossene Konkordat mit dem Preußischen Staat. Nach seiner Bestätigung durch den „Preußischen Staatsrat" hat der Preußische Landtag dem „Gesetz zu dem Vertrag mit dem Heiligen Stuhl" mit 243 gegen 172 Stimmen zugestimmt, wobei die Kommunistische Partei, die Deutsche Volkspartei und die NSDAP geschlossen dagegen stimmen. Am Zustandekommen dieses Konkordats ist der seit 1925 in Berlin tätige Nuntius „beim Deutschen Reich", Erzbischof Dr. Eugenio Pacelli, maßgeblich beteiligt. Er wird der Stadt Berlin, ihren Bischöfen und Gläubigen und Deutschland bis zu seinem Tod als Papst Pius XII. eng verbunden bleiben. Achtzehn private und zum größeren Teil ausführliche Briefe des Papstes richten sich an die Adresse Bischof Preysings, den er bereits von seiner Tätigkeit in Bayern her kennt. Diese Briefe, die parallel zur amtlichen Korrespondenz laufen, enthalten den vom Papst erbetenen Rat. Sie beweisen eine Geistesverwandtschaft, die zur Grundlage übereinstimmender Urteile im kirchenpolitischen Bereich wird. Pius XII. ist es auch, der seine Wertschätzung Lichtenbergs wiederholt zum Ausdruck bringt und die Trauer des Bistums um den toten Dompropst teilt.

Erster Bischof von Berlin wird, wenn man von der Tradition der vier mittelalterlichen Bistümer Brandenburg, Havelberg, Kammin und Lebus absieht, Dr. Christian Schreiber. Sieben Jahre lang ist er bereits Bischof von Meißen gewesen. Der bisherige Berliner Weihbischof Josef Deitmer hat ihm „eine geordnete Verwaltung, eine weithin dezentralisierte Seelsorge und geordnete Finanzen" hinterlassen.

Dr. Schreiber stammt aus dem kleinen Ort Somborn in der Nähe von Kassel. Nach dem Besuch des Priesterseminars in Fulda hat er am römischen Germanicum studiert. Wie sein späterer Mitarbeiter Lichtenberg trägt Dr. Schreiber auf Kollektenreisen im In- und Ausland die Mittel für den Kirchenbau und die Diasporahilfe zusammen. In wenigen Jahren verschafft er der kleinen Diözese Meißen Bedeutung, Selbstbewußtsein und Ansehen. Als Dr. Schreiber 1929 zunächst als Administrator in die Hauptstadt kommt, ist er 57 Jahre alt. Am 15. Oktober 1929, dem Fest der heiligen Hedwig, erläßt Bischof Dr. Schreiber seinen ersten Hirtenbrief an die Berliner Katholiken, in dem es unter anderem heißt: „Es ist uns wohlbekannt, mit welcher Geduld und Hingabe, Klugheit und Liebe der Apostolische Nuntius in Berlin sich der kirchlichen Verselbständigung des ehemaligen Delegaturbezirks in jahrelanger opferreicher Tätigkeit gewidmet hat. Sein Name ist, wie die Geschichte der katholischen Kirche überhaupt, in den Annalen des Bistums Berlin mit goldenen Lettern für alle Jahrhunderte eingetragen. Ebenso wissen wir aus zuverlässigen Nachrichten, daß der Heilige Vater sich für die Gründung des Bistums Berlin mit besonderer Hirtensorge eingesetzt hat. In der Erkenntnis der seelsorglichen Notwendigkeit ist ihm diese Gründung geradezu eine Herzensangelegenheit gewesen. Das junge Bistum Berlin ist somit geboren aus der besonderen Liebe des Heiligen Vaters. Diese Tatsache ist uns eine stete Mahnung zum liebevollen Gehorsam und zur unerschütterlichen Treue zum Heiligen Stuhl."

Der neue und erste Bischof von Berlin, der in sein Wappen eine mit der Feder schreibende Hand setzen läßt, kann am 20. November 1929 im Berliner Sportpalast zum ersten Mal zu 12.000 Berliner Katholiken sprechen. Er hat seine Rede unter das Thema „Bischof und Volk" gestellt, und seine Hörer jubeln ihm begeistert zu. Dr. Schreiber kann die äußere Organisation des neuen Bistums in relativ kurzer Zeit zum Abschluß bringen und ein eigenes Priesterseminar gründen. Während seiner Amtszeit werden 20 neue Seelsorgsstellen gegründet und 38 Kirchen und Kapellen geweiht. Kundgebungen und Katholikentage, Fronleichnamsprozessionen, Vorträge und Konzerte erzeugen ein wachsendes Gemeinschaftsbewußtsein und verhelfen dem Berliner Katholizismus zu öffentlicher Resonanz. Dabei geht es auch um die Erneuerung der religiösen Grundlagen; „denn wir wissen, daß uns vor allem religiöse Vertiefung not tut." Die Artikel der Berliner Katholischen Presse zitieren den damals bereits verstorbenen Dr. Sonnenschein: „An uns frißt die Weltstadt Berlin. Wer hier Kompromisse macht, gleitet in den Abgrund. Hier heißt es widerstehen! Bewußt widerstehen! Zum Widerstand erziehen. Das Gewissen schärfen."

Nach der Bestimmung der Päpstlichen Bulle, die St. Hedwig zur Kathedralkirche erhebt, ernennt Dr. Schreiber am 1. Januar 1931 einen Dompropst und fünf Domkapitulare, einen Ehrendomherrn und vier Domvikare zu Mitgliedern des Domkapitels. Einer der fünf Domkapitulare ist Lichtenberg. Kurz darauf wird er auch zum Ordinariatsrat im Bischöflichen Ordinariat ernannt.

Bereits im dritten Jahr seiner Amtszeit erkrankt Bischof Dr. Schreiber an einem Herzleiden. Monatelang versucht er sein Bistum vom Krankenbett aus zu leiten. Am 3. September 1933 stirbt er und wird drei Tage später in einer Gruft seiner Kathedrale beigesetzt. Der Rundfunk kündigt die Übertragung der Trauerfeierlichkeiten an. Die Sendung wird auf Grund „der strikten Weisung des Herrn Ministers Goebbels" abgesetzt und eine Sendung zu einem späteren Zeitpunkt abgelehnt.

Inzwischen haben sich die politischen Verhältnisse in Berlin und in Deutschland grundlegend gewandelt. Nach dem Sturz des katholischen Reichskanzlers Heinrich Brüning hat sein Nachfolger Franz von Papen ein „Kabinett der nationalen Konzentration" gebildet und den Reichstag aufgelöst. Bei zwei Reichstagswahlen erleiden die Nationalsozialisten einen starken Stimmenrückgang. Trotzdem kommt es zur Berufung Hitlers zum Reichskanzler. Er steht einem neuen Kabinett vor, nachdem der Übergangskanzler Kurt von Schleicher zurückgetreten ist. Papen, der „die Fäden gezogen" und als Katholik die Zentrumspartei hintergangen hat, wird Vizekanzler und hofft, Hitler damit politisch „eingebunden" zu haben. Am 30. Januar 1933 nimmt Reichspräsident von Hindenburg Hitlers Vereidigung auf die Weimarer Verfassung vor. Das neue Kabinett vertritt nicht einmal annähernd die Mehrheit des deutschen Volkes. Vergebens versucht der Führer des katholischen Zentrums, Prälat Dr. Ludwig Kaas, Klarheit über den Kurs des neuen Kabinetts zu gewinnen. Präzise Fragen nach Sicherheiten, daß sich die Maßnahmen der neuen Regierung im Rahmen der Verfassung bewegen werden, beantwortet Hitler ausweichend.

Schon am 1. Februar 1933 kündigt der eben ernannte Reichsinnenminister Dr. Wilhelm Frick an, daß die Regierung vom Reichstag ein „Ermächtigungsgesetz" fordern werde, „da die normalen Vollmachten für ihre Aufgabe nicht ausreichten". Das formal auf vier Jahre befristete Gesetz, das, bei Ausschluß der Kommunisten, außer von den Sozialdemokraten von allen Parteien angenommen wird, spielt Hitler und seinen parteipolitischen Verbündeten Vollmachten in die Hände, die er nie mehr preisgeben wird. Trotz des Abschlusses des Reichskonkordates im gleichen Jahr zeichnet sich im Laufe der Zeit ein immer stärker werdender Kirchenkampf ab. Sein Endziel ist die Gleich- und Ausschaltung der christlichen Kirchen.

Unter diesen Umständen tritt der Nachfolger Bischof Dr. Schreibers sein Amt an. Dr. Nikolaus Bares kennt Berlin bereits von einem Studienaufenthalt her. An der Berliner Universität hat er sich mit der modernen protestantischen Abendmahlsforschung befaßt und zahlreiche Kontakte mit evangelischen Theologen geknüpft. Lange vor dem Zweiten Vatikanischen Konzil bemüht er sich um das Zustandekommen theologischer Gespräche zwischen evangelischen, anglikanischen und katholischen Theologen. Nach seiner Promotion in Breslau lehrt er am Trierer Priesterseminar, wird dessen Regens und von Pius XI. zum Bischof von Hildesheim ernannt. Am 30. Januar 1934 kann Bischof Dr. Bares sein Berliner Amt antreten.

Dr. Bares ist ein Mann ohne Menschenfurcht, von tiefer Frömmigkeit und mit den Sorgen und Nöten der Menschen vertraut. Grundsatztreu bis zur Unbeugsamkeit, können ihn Veränderungen in Politik und Wirtschaft, Technik und Wissenschaft nicht in seiner Glaubenshaltung erschüttern. Die Kollegen der Fuldaer Bischofskonferenz schätzen sein Urteil, seinen Mut und seine Wahrheitsliebe. Aus seiner Liebe zur Heimat und zu seinem Vaterland macht er keinen Hehl. Bei seinem Amtseid vor dem Preußischen Ministerpräsidenten Göring am 31. Januar 1934 äußert Dr. Bares: „Ich leiste diesen Eid ... in dem festen Willen zu friedlicher und vertrauensvoller Zusammenarbeit zwischen Kirche und Staat mit dem großen Ziel, die starken Grundkräfte positiven Christentums zum Segen des Volkes in das organische Wachstum nationalen Lebens im Dritten Reich einzuschalten."

50.000 Gläubige aus Berlin, Brandenburg und Pommern hören auf dem 32. Katholikentag von Berlin die Predigt des Bischofs und das Bekenntniswort von Professor Emil Dovifat. Als letzter ergreift Dr. Erich Klausener das Wort, Ministerialdirektor im Reichsverkehrsministerium und Vorsitzender der Katholischen Aktion im Bistum Berlin. Sechs Tage danach wird Dr. Klausener in seinem Dienstzimmer erschossen. Der Mord, in der politischen Verantwortung von Göring und der Gestapo-Leitung veranlaßt, steht im Zusammenhang mit jener Mordaktion, in der sich Hitler zahlreicher höherer SA-Führer, aber auch anderer unliebsamer Persönlichkeiten entledigt. Als Begründung für die überfallartige Aktion, die mehr als hundert Menschen das Leben kostet, dient der Vorwand einer angeblichen Verschwörung gegen Reichskanzler und Staat.

Der Mord an Dr. Klausener wird offiziell als Selbstmord ausgegeben. Doch niemand wird an die Leiche herangelassen, den Angehörigen nur die Asche des Toten zugestellt. Der öffentliche Nachruf von Bischof Dr. Bares vom 12. Juli 1934 im „Katholischen Kirchenblatt" läßt keinen Zweifel daran, daß er dem staatlich geförderten Selbstmordgerücht keinen Glauben schenkt. Bares lobt Klausener als „Mann von festen Grundsätzen ... mit eisernem Willen", als einen Menschen „sonder Furcht und Tadel, mannhaft und tapfer im privaten und öffentlichen Leben", und er schreibt weiter: „Wer ein wahrer Jünger des Gekreuzigten ist, wird auch hineingezogen in den Bannkreis des Kreuzes und überschattet von seinem düsteren Schatten: ein irdischer Lohn für Christi treue Jüngerschaft. Und selbst in jener erschütternden Stunde, da wir vor dem Häuflein seiner Asche stehen, das man uns gelassen hat, leuchtet noch ein Strahl des Lichtes aus der Ewigkeit: Des Gerechten Leben kann nicht geraubt werden, es wird nur umgestaltet."

Der zweite Bischof des noch jungen Bistums Berlin kann nur 13 Monate amtieren. Am 1. März 1935 stirbt Dr. Nikolaus Bares im St. Hedwigs-Krankenhaus, nachdem sich ein operativer Eingriff wegen seines Schwächezustands verbietet. Der Sterbende äußert leise, daß jetzt „die Zeit der Passion des Bischofs für sein Bistum" gekommen sei. Der Apostolische Nuntius Cesare Orsenigo, Bischof Dr. Wilhelm Berning von Osnabrück und Lichtenberg beten mit den anwesenden Priestern und der Schwester des Bischofs die Sterbegebete. Am 7. März 1935 wird der verstorbene Bischof von der Behrenstraße in einem großen Trauerzug zur St. Hedwigs-Kathedrale gebracht, in der Kardinal Bertram das Totenamt hält. Im Trauerzug gehen unter den acht anwesenden Bischöfen auch Clemens August Graf Galen und Konrad Graf Preysing mit. Lichtenberg folgt am Ende des Zuges im schwarzen Chormantel. Dichte Menschenmassen säumen die Straße Unter den Linden und den Platz vor der Kathedrale. Hitler schickt dem Domkapitel ein Beileidstelegramm, das nach Bedauern und Mitgefühl klingt. Am Tag der Beisetzung in der Kathedrale läßt er einen Kranz folgen. Telegramme und Kondolenzschreiben von Goebbels, Himmler, Innenminister Dr. Frick, Hjalmar Schacht, die Teilnahme zahlreicher Vertreter der Reichsministerien und die Mitwirkung einer Reichswehr- und einer Landespolizeikapelle bei der Totenfeier vermitteln dem heutigen Betrachter den Eindruck einer Art von Staatstrauer.

Gilt das Ganze, wie Ministerialdirektor Dr. Buttmann vom Reichsministerium des Innern es ausdrückt, einem Toten, „dessen großer Liebenswürdigkeit bei Verhandlungen und dem Verständnis des Verewigten für staatliche Belange“ man habe sich erfreuen können? Sollen hier Einigkeit von Staat und Kirche demonstriert werden? Sollen die wachsenden Auseinandersetzungen zwischen Christentum und Nationalsozialismus, Episkopat und Partei, Reichsregierung und Vatikan vertuscht werden? Diesmal gestattet Goebbels die Übertragung einer Kurzreportage der Beisetzung des Bischofs im „Reichssender Berlin“.

Noch am Tag der Beisetzung verbietet die Staatspolizeistelle Düsseldorf die weitere Verbreitung der katholischen Wochenzeitung „Die Junge Front“. Fünf Tage später protestiert Lichtenberg beim Reichsinnenminister gegen das Verbot. Längst hat er mehrere Verhöre und Hausdurchsuchungen der Geheimen Staatspolizei hinter sich.

Ehemaliger Theologiestudent verübt Hostienfrevel

Am 1. März 1935 hat ein früherer Theologiestudent in der St. Hedwigs-Kathedrale einen Hostienfrevel verübt und erklärt, daß die Kulthandlungen der katholischen Kirche in Wirklichkeit nur Götzendienst seien, wobei er sich gleichzeitig auf die

Lektüre von Nietzsches „Zarathustra" und Rosenbergs „Mythus des 20. Jahrhunderts" beruft. Der Gottesdienststörer Paul Festag erhält eine Gefängnisstrafe von neun Monaten, wird aber in der Berufungsinstanz vom Berliner Landgericht wegen geistiger Unzurechnungsfähigkeit freigesprochen. Festag hat seine Tat vorher dem Reichskanzler, dem Propagandaminister und Rosenberg angekündigt. Bischof Dr. Bares ordnet Sühneandachten an, „daß dem gottlosen und antichristlichen Schrifttum Einhalt geboten werde".

Am 28. März 1935 erläßt Lichtenberg eine Verfügung, die es dem katholischen Klerus des Bistums Berlin zur Pflicht macht, vom 31. März bis zum 12. April 1935 das „Gebet gegen die Mächte der Finsternis" zu verrichten, in dem es heißt: „Herr und Heiland Jesus Christus! Siehe, die Mächte der Finsternis kämpfen gegen die Kinder des Lichts. Falsche Propheten und Christusse haben sich erhoben, die dem Volke die gesunde Lehre entziehen und es mit Fabeleien, Mythen und klingenden Worten betäuben. Mitten in dieser gefahrvollen Verwirrung der Geister brauchen wir, o Herr, das Licht Deiner Wahrheit und die Kraft Deiner Gnade. Wir bitten Dich, erfülle die Prediger der Passionswoche mit dem Geiste Deines großen Apostels, daß sie in apostolischer Einsicht und mit apostolischem Freimut die rechten Worte finden, um ihre Zuhörer zu der Erkenntnis zu führen, daß Du, o Herr, Wahrheit und Leben bist und daß die Kirche die von Dir bestellte Führerin zu unserm ewigen Ziele ist."

Längst sind Freunde Lichtenbergs wie P. Franziskus Stratmann OP vom früheren „Friedensbund der deutschen Katholiken" und andere wegen „staatsfeindlicher Betätigung" verhaftet. Erich Klauseners Tod bildet nur den Anfang des Sterbens der späteren Blutzeugen des Berliner Bistums: Dr. Lampert, Lorenz, Simoleit, Berger, Mandrella, Hirsch, Dr. Wachsmann, Dr. Metzger, Schäfer, Willimsky, Lenzel und Froehlich. In die von Lichtenberg handschriftlich geführte Chronik der St. Hedwigs-Gemeinde trägt der Dompfarrer auch folgende Notiz ein: „Dr. Klausener, Vorsitzender der katholischen Aktion, sprach Worte tiefsten Glaubens und feuriger Liebe. Das war am 24. Juni. Am 30. Juni lag er in seinem Amtszimmer im Reichsverkehrsministerium, von einer Kugel im Hinterkopf durchbohrt, bis abends um sechs Uhr im verschlossenen Zimmer von zwei SS-Leuten bewacht, die jedem, auch seiner Frau und seinem Sohn, den Eintritt verwehrten." Unter den Text hat Lichtenberg ein großes Zeitungsfoto des Ermordeten mit einem dunklen Trauerrand geklebt. Das blutrünstige Gesicht des Dritten Reiches tarnt sich noch lange, während sich auch mancher Christ der Ansicht überläßt, gerade das Konkordat mit dem Dritten Reich sei ein Beweis guten Willens und könne die Kirchenverfolgung als eine Art „Mißverständnis" erweisen. Immerhin stößt Hitlers Gedanke, die katholische Kirche in Deutschland zu einer Art Reichs-Filiale und Nationalkirche zu machen, auf Granit.

Unbeirrt setzt Lichtenberg sich für seine Domgemeinde ein. Um den nachts arbeitenden Gläubigen die Teilnahme am Sonntagsgottesdienst zu ermöglichen, feiert er seit dem 12. August 1934 jeden Sonntagmorgen um 4 Uhr 45 bzw. 4 Uhr 50 in der Kathedrale die heilige Messe. Im März 1935 erlebt seine Gemeinde eine Stadtmission, in deren Verlauf einhundert Kinder, siebenhundert Frauen und vierhundert Männer das Bußsakrament empfangen. Am 8. September 1934 hält Lichtenberg zum ersten Mal die Feier des „Priestersamstags", wie er überhaupt das „Apostolat für Priesterberufe" nachdrücklich unterstützt. Er weiht das zu diesem Zweck errichtete Büro in der Berliner Yorkstraße ein und lobt die Institution der „Quatembertage" des Kirchenjahres als Tage besonderen Gebets für die Priester und den Priesternachwuchs.

In die Zeit der Vakanz des Berliner Bischofsstuhls fällt der Tod des polnischen Marschalls Jozef Pilsudski. Der erfolgreiche Heerführer im russisch-polnischen Krieg, als zeitweiliger Ministerpräsident autoritär regierend, ist ein Mann nach Hitlers politischem Geschmack. Für ihn hat es nur einen Sozialismus gegeben – den mit „nationalem Vorzeichen". Als geschworener Feind der Demokratie und parlamentarischer Regierungspraxis hat er mit Hilfe des „Ermächtigungsgesetzes" eine autoritäre Regierungsform durchgesetzt, die sich allein auf die Macht der Armee gründet. Eineinhalb Jahre vor seinem Tod schloß Pilsudski einen Pakt mit dem Deutschen Reich, der Hitler zu außenpolitischem Ansehen und Pilsudski zu einer außenpolitischen Machterweiterung verhilft. In einem Beileidstelegramm an den polnischen Staatspräsidenten Ignacy Moscicki feiert Hitler den Verstorbenen als „großen Patrioten, der durch seine verständnisvolle Zusammenarbeit mit Deutschland ... beiden Ländern einen großen Dienst erwiesen" und den „wertvollsten Beitrag zur Befriedung Europas gegeben" habe.

Am 18. Mai 1935 findet in der St. Hedwigs-Kathedrale ein feierliches Requiem statt, „in Gegenwart des Führers und Reichskanzlers, des Apostolischen Nuntius, zahlreicher Minister und vieler Vertreter des Diplomatischen Korps, der deutschen Wehrmacht und der Bewegung". Nach dem Requiem, das von Domkapitular Lichtenberg zelebriert wird, erteilt Nuntius Orsenigo die Absolutio ad tumbam.

Die Titelseite der „Germania – Zeitung für das deutsche Volk" vom 19. Mai 1935 berichtet neben einem übergroßen Foto, das Hitler und die Trauergesellschaft im Mittelschiff der Kathedrale zeigt, über die Einzelheiten: „Die Leute raunen einander zu, daß der Führer komme, aber niemand weiß etwas Bestimmtes. Das Innere des Gotteshauses trägt würdigen Schmuck. Schwarz sind die Säulen umhangen, schwarz die Wände ausgeschlagen, schwarze Tücher hängen an der Balustrade, rechts und links hängen zwei riesengroße rotweiße Fahnen herunter. Der bischöfliche Thron, die Bänke des Altarraumes, die Sessel und Betstühle des Führers und des polnischen Botschafters sind in Schwarz gehüllt. Die Sakramentskapelle ist durch einen großen schwarzen Vorhang, auf dem ein weißes Kreuz leuchtet, vom Kirchenschiff getrennt. In der Mitte zieht die große Tumba alle Blikke auf sich; sie ist mit der prächtigen Nationalflagge Polens, das weiß-rote Tuch mit dem silbernen Adler, geschmückt.

Alle Sitzplätze der Kirche sind dem Diplomatischen Korps und den Vertretern des Reiches, der Armee, der Behörden und der Bewegung vorbehalten. In den Seitenschiffen stehen die Besucher Kopf an Kopf. Man erkennt die Botschafter von Frankreich, England, Japan, Italien, Amerika mit ihren Militärattachés. Hohe Offiziere der Reichswehr, der Reichsmarine, der Luftflotte, der Schutzpolizei, der Führer der Partei, der SA, der SS füllen nach und nach die Bänke. Ein Ruck geht durch die Menge, als Goebbels erscheint; kurz darauf kommen die Reichsminister. Punkt 11 Uhr geleitet der Zug des Domkapitels mit dem Kreuz an der Spitze den Päpstlichen Nuntius zu seinem Thron. Plötzlich geht eine starke Bewegung durch die Menge, die Offiziere und Soldaten straffen sich, der Führer erscheint mit Staatssekretär Meißner und seiner Begleitung. Der Polnische Botschafter empfängt den Führer, der ihm nochmals sein Beileid ausspricht, worauf der Führer unmittelbar vor dem Chor, vor der Spitze der Reichsregierung Platz nimmt ..."

Schwarz verhangene Säulen und Wände sowie die dunkle Drapierung des Altarraums stammen noch von der Beisetzung des Bischofs Dr. Bares. Auch das unübersehbare weiße Kreuz hinter dem Altar im Zentrum der Kathedrale. Hitler sitzt ihm direkt gegenüber. Gewiß darf man annehmen, daß Hitler in diesem Augenblick einen Toten würdigen will, den er für einen gesinnungs- und artverwandten Politiker hält, weil er das Beispiel dessen „Machtergreifung" nachgeahmt hat. Lichtenberg aber, dem die bedrückende Theatralik der Hitlerschen Anwesenheit klar sein muß, vollzieht eine Liturgie, die der Inbegriff seines priesterlichen Lebens ist, und hat dabei die Augen des starr hinter seinem Betstuhl sitzenden Despoten in seinem Rücken.

Noch im gleichen Jahr wird Hitler ein Schreiben des Dompfarrers erhalten, in dem es heißt: „Berlin. 10. Dezember 1935 – Den Führer und Reichskanzler Adolf Hitler gestatte ich mir ehrerbietigst davon in Kenntnis zu setzen, daß in den Kiosken der ‚Pfaffenspiegel' feilgeboten wird, der besonders durch die Sozialdemokratie in über 1. 250. 000 Exemplaren verbreitet wurde und der bei vielen die Ehrfurcht vor dem Priesterstand und der Kirche zerstört hat. Achtmal, zuletzt am 1.

XII. 1926, ist dieses wegen Mangels jeglicher Quellenkritik wertlose Plagiat aus antikirchlichen Schriften von Weber, Ammann, Theiner und Münch durch gerichtliche Verfügung beschlagnahmt worden. Jetzt lenkt es von neuem die Aufmerksamkeit auf sich durch Hinweis auf seine Verbreitung in über einer Million Exemplaren, die es hauptsächlich der Sozialdemokratie verdankt. Der Verfasser ist nach neuesten Forschungen nichtarischer Herkunft.

Gleichzeitig läuft eine Postwurfsendung an alle Behörden vom Verlag Dr. Buurmann, Wittingen (Hannover), mit einer Bestelliste auf die angeblich von der Reichsstelle zur Förderung des deutschen Schrifttums empfohlene Schrift von E. K. Heidemann ,Was der Christ vom Christentum nicht weiß'. Diese Schrift, welche auf 46 Seiten einen nicht mehr zu überbietenden Hohn über den christlichen Glauben ausgießt, wird, wie der Propagandazettel sagt, von der maßgeblichen Reichsstelle zur Förderung des deutschen Schrifttums wie folgt begutachtet (p. 678): ,Eine klare, sachliche und, was viel wert ist, für jedermann verständliche Darstellung des inneren Wesensgehaltes des Christentums ohne theologische Begriffssprache. Der Verfasser hat recht, daß die meisten Menschen das Christentum, ihren Glauben, gar nicht kennen. Seinem Versuch, zum Nachdenken anzuregen, kann man Erfolg wünschen.' Als Dompfarrer der St. Hedwigs-Gemeinde, zu der auch die Reichskanzlei gehört, halte ich mich für berechtigt, dem Führer und Reichskanzler unmittelbar die Bitte vorzutragen, den schriftstellernden Totengräbern des deutschen Vaterlandes das Handwerk zu legen. Bernhard Lichtenberg, Dompfarrer."

Lichtenberg fühlt und weiß, welchen Kräften er im „Neuen Reich" gegenübersteht, und er kämpft mit offenem Visier, wo er auf eindeutige Verletzungen von Menschen- und Kirchenrechten stößt. Wo er kann, verweist er im Rahmen der ihm verbleibenden Möglichkeiten auf den Widerspruch zwischen Reden und Handeln, Recht und Staatswillkür, vertraglich vereinbarter Freiheit und ihrer faktischen Einschränkung. So verfügt er die Verlesung eines Beitrags aus der Zeitung „Osservatore Romano" auf allen Kanzeln des Bistums am 20./21. Juli 1935, der unter anderem den Bruch öffentlicher Zusicherungen Hitlers und zahlreicher Konkordatsvereinbarungen, das „Gesetz zur Verhütung erbkranken Nachwuchses" und die vom Innenminister Dr. Frick verlangte „völlige Entkonfessionalisierung des öffentlichen Lebens" behandelt.

Freilich gehen auch im Domkapitel von St. Hedwig die Meinungen auseinander, wie man gegen die immer offenkundiger werdende Verfolgung der Kirche vorzugehen habe. Und nicht jeder billigt die deutliche und unmißverständliche Form diözesaner Stellungnahmen. Domvikar Adolphs Aufzeichnungen aus dem

Jahr 1936 belegen das: „Domkapitular Weber und Professor Köhler waren (deshalb) direkt und indirekt immer Gegenspieler zu den Domkapitularen Heufers und Lichtenberg, die vorwiegend aus grundsätzlichen Betrachtungen heraus die Schwierigkeiten der Kirche sahen und demzufolge für schärfste Abwehrmaßnahmen auf allen Gebieten sich einsetzten."

Daß es auch im Berliner Klerus dieser Jahre Vorbehalte und Widerstand gegen Lichtenbergs „Deutlichkeitspolitik" gibt, geht aus einer amtlichen Verfügung Lichtenbergs vom 20. Juli 1935 hervor. Dort heißt es: „In einigen Fällen ist die im Amtsblatt Stück 9/1935 Nr. 127 für alle Kanzeln des Bistums angeordnete Verlesung unterblieben. Die Wichtigkeit der Sache war nicht nur aus dem Inhalt des Artikels ersichtlich, sondern auch äußerlich erkennbar durch beschleunigte Postzustellung. Persönliche Meinungsverschiedenheiten müssen unbedingt zurücktreten hinter straffster Disziplin, zumal in gefährlicher Zeitlage. Wo die Verlesung unterblieben ist, muß sie am Sonntag, dem 28. Juli 1935, in allen Gottesdiensten nachgeholt werden. Für künftige Fälle wird auf ca. 435 §1 u. §2 (CIC) hingewiesen. Der Kapitularvikar i.V. Lichtenberg."

Eineinhalb Jahre vorher denunziert der katholische Pfarrer von Potsdam, Johannes Strehl, Mitglieder des Ordinariats beim Leiter der Staatspolizeistelle Potsdam. „Anbei übersende ich eine Abschrift der allen Geistlichen des Bistums Berlin im Laufe des Sonnabend zugegangenen Verfügung des Bischöflichen Ordinariats Berlin W 8, Behrenstr. 66. Ich bemerke erklärend: Am Sonntag, dem 14. d. Mts. war nach einer Verfügung aus dem Jahre 1928 in allen katholischen Kirchen eine Kanzelverkündung über die Ehe und Mischehe wie jedes Jahr vorzulesen in allen Gottesdiensten. Dabei mußte laut der neuen beigelegten Verfügung der Absatz über die Sterilisation eingefügt werden.

Katholische Geistliche, die die Verfügung ihrer vorgesetzten Bischöflichen Behörde nicht verkünden, sind in Gefahr der Suspension. – Ich hatte am Sonntag, dem 14. d. Mts., kirchenpolitische Beratungen mit den beiden Gaufachberatern für katholisch-kirchliche Fragen in meiner Wohnung, den Pgs. Bruns und Oboth. Diese Gaufachberater haben bereits von mir dieselbe Abschrift erhalten, und wird schon heute früh über die Angelegenheit dem stellvertretenden Gauleiter Staatsrat Görlitzer Vortrag gehalten werden. An dieser Verfügung ist m. E. nicht nur der Kapitularvikar Prälat Steinmann, der augenblickliche Führer der Diözese Berlin während der Vakanz eines Bischofs, Berlin W 8, Behrenstr. 66 wohnhaft, schuld, sondern auch folgende Herren des Bischöflichen Ordinariats in Berlin: Ordinariatsrat Professor Köhler, Prälat Lichtenberg und wahrscheinlich auch Prälat Banasch. Als Fachberater für katholisch-kirchliche Fragen muß ich vor den genannten Herren warnen, auch wenn Prälat Steinmann an den Führer Ergebenheits-Telegramme gesandt hat. Zu jeder weiteren Aufklärung bin ich stets gern bereit. Heil Hitler, Pfarrer Pg. Gez. Strehl."

Konrad Graf Preysing wird Bischof von Berlin

Am 6. Juli 1935 wird in Rom die Ernennung des Bischofs von Eichstätt, Konrad Graf von Preysing-Lichtenegg-Moos zum neuen Bischof von Berlin amtlich verkündet. Der Leitartikel der katholischen Tageszeitung „Germania" schließt aus der verhältnismäßig kurzen Interimszeit auf ein Einverständnis kirchlicher und staatlicher Stellen über die Neubesetzung des Berliner Bischofsstuhls und meint, damit sei „der Beweis erbracht, daß beide Stellen in die Person des Nachfolgers ihr volles Vertrauen setzen". Tatsächlich hat es an Bedenken und Vorbehalten auf seiten der Partei und des Staates nicht gefehlt, wenn sie auch im ganzen nicht zum Tragen gekommen sind.

Staatliche Vertreter wie der Leiter der kulturpolitischen Abteilung im Innenministerium, Rudolf Buttmann, halten den künftigen Bischof von Berlin für „gewiß unverdächtig". In Wirklichkeit gab es von der ersten Stunde an keinen so grundsätzlichen und konsequenten Gegner des NS-Regimes unter den deutschen Bischöfen wie Preysing. Gewiß, er war kein Mann mit Publizität, aber ein Kenner der politischen Verhältnisse, aus denen er die Konsequenzen für das sich abzeichnende Verhältnis von Kirche und Staat unter der Hitler-Diktatur zog. Noch als Bischof von Eichstätt hat Preysing bei der ersten Plenarkonferenz der deutschen Bischöfe in Fulda vom 30. Mai bis 1. Juni 1933 ein aufschlußreiches Memorandum verfaßt. Dort heißt es unter anderem: „Ich bitte, in dem Hirtenwort (wie auch in anderen Kundgebungen) kein Bekenntnis zur ‚neuen Ordnung', zum ‚neuen Staat' aufzunehmen. Begründung: Der neue Staat wird von seinen Schöpfern mit der nationalsozialistischen Partei gleichgesetzt. Er hat somit, wie diese, Grundlagen, die mit unserer Weltanschauung nicht vereinbar sind. ... Wir sind dem katholischen Volke schuldig, ihm die Augen zu öffnen über die Gefahren für Glaube und Sitte, die sich aus der nationalsozialistischen Weltanschauung ergeben. Wir müssen den Nationalsozialisten, die katholisch bleiben wollen, einen Prüfstein geben, an dem sie wahr und falsch an der neuen Bewegung unterscheiden können. Ohne solche Reserve ist unsere Stellung zu katholischen Organisationen, die nicht rein religiös sind (Jugendvereine, Studentenorganisationen, Parteien), unverständlich und widerspruchsvoll. Wir müssen uns in dem wahrscheinlich kommenden Konflikt auf diesen Hirtenbrief berufen können ... Abschließend gestatte ich mir zu bemerken, daß wir in einer ähnlichen Gefahr uns befinden wie zur Zeit des Modernismus. Er hat die christlichen Termini gebraucht und sie zur gleichen Zeit ihres Inhalts beraubt (Wahrheit, Offenbarung). Heute wird den Worten Gott, Christus, Sittlichkeit, Recht ihr Sinn genommen und ihnen ein entleerter, besser gesagt, verderbter Sinn gegeben."

Preysing versucht, nachdem sein Name anläßlich der Neubesetzung des Berliner Bischofsstuhls immer häufiger fällt, in einem Brief an den ihm eng verbundenen Kardinalstaatssekretär Pacelli seine Berufung zu verhindern. Der politisch scharfsichtige und gegenüber geschichtlichen Entwicklungen hochsensible Mann ahnt und fühlt, was mit einem solchen Amt auf ihn zukäme. Es ist also nicht bloß der Kummer, die ihm ans Herz gewachsene Diözese Eichstätt zu verlassen, wenn er Pacelli am 4. Juni 1935 „inständig bittet, allen Einfluß aufzubieten", damit er dies schwierige Amt in der Reichshauptstadt nicht übernehmen muß.

Pacelli antwortet wenige Wochen später, „nachdem nun ... die staatlicherseits zu beobachtenden Formalitäten erfüllt sind", glaube der Heilige Vater „nach reiflicher Überlegung sowohl das Opfer Ihrer Demut als auch das der begreiflichen und berechtigten Anhänglichkeit an Ihre Diözese als im Ratschlusse Gottes liegend von Ihnen erwarten zu können."

Preysing entstammt einer Familie des bayrischen Uradels. Der 1880 auf Schloß Kronwinkl Geborene hat Rechtswissenschaft studiert und war in Rom Legationssekretär der bayrischen Gesandtschaft. 1908 schied er aus dem Staatsdienst aus und wurde Priester. Als Sekretär stand er bald Kardinal Franz Bettinger zur Seite. Danach war er Domprediger an St. Paul. Nuntius Pacelli hat ihn mehrfach zur Mitarbeit herangezogen.

Am 7. September 1935 wird Preysing in der St. Hedwigs-Kathedrale als neuer Berliner Bischof feierlich inthronisiert. Am Nachmittag des 8. September begrüßt das katholische Berlin den neuen Oberhirten im Sportpalast. Das „Katholische Kirchenblatt" berichtet von „Orkanen der Begeisterung und des Jubels" in der dicht gefüllten Sporthalle. Es scheint, als ahnte man, daß es die letzte Großkundgebung ist, die dem Berliner Katholizismus gestattet ist.

Der 55jährige Preysing erliegt bei seinem obligatorischen Antrittsbesuch nicht dem häufig gerühmten Charme und der Beredsamkeit des Kanzlers. Hitler läßt ihn ohnedies nicht zu Wort kommen, sondern hält einen seiner üblichen Monologe über die „verderbliche Zentrumspolitik" und beklagt sich über die Wirtschaftssabotage der Devisenverbrechen kirchlicher Persönlichkeiten. Die berechtigten

Klagen und Sorgen über die Unterdrückung der religiösen Freiheit kann ihm Preysing nicht vortragen. Der Reichskanzler spürt aber deutlich seine Ablehnung.

Genau zwei Monate nach dem Requiem für Marschall Pilsudski in der St. Hedwigs-Kathedrale erhebt Lichtenberg Protest beim Preußischen Staatsministerium gegen ihm bekannt gewordene Menschenrechtsverletzungen im Konzentrationslager Esterwegen. Der ehemalige Sekretär der Sozialdemokratischen Fraktion im Preußischen Landtag, Jürgen Jürgensen, hatte ihm die Fakten berichtet. Walter Adolph ließ diese Aussagen schriftlich aufnehmen und übergab sie Lichtenberg. Der Bericht schildert unter anderem die Grausamkeit der systematisch angewendeten Prügelstrafe:

„Die Vollstreckung erfolgt mit einem Ochsenziemer, während der Delinquent die Hiebe selbst mitzählen muß … Die Strafbefehle sind in jedem einzelnen Fall von dem SS-Gruppenführer Eicke / Gestapo Berlin gezeichnet, dessen Name auch stets mit verlesen wird ... Am 13. April 1935 wurde der Führer des Deutschen Bergarbeiterverbandes, der frühere sozialdemokratische Reichstagsabgeordnete Fritz Husemann, im Lager Esterwegen erschossen. 14 Tage nachdem wurde der Kommunist Röhrs (Röver?) aus Bremen bei der Außenarbeit erschossen (zwei Schüsse in den Hals). Am Tage darauf wurde die Leiche in der Lagerstraße im schmutzigen, ungewaschenen, blutbefleckten Zustand in der alten Arbeitsuniform in einer Kiste aufgebahrt. Die Gefangenen mußten in Reih und Glied antreten und im Gänsemarsch an der Leiche des erschossenen Kameraden vorbeimarschieren. Die ersten im Zuge machten durch Abnahme der Kopfbedeckungen Ehrenbezeugungen. Das wurde unterbunden, indem gerufen wurde: ‚Die Ehrenbezeugungen haben zu unterbleiben, es fehle auch noch, das Schwein noch zu grüßen'. Durch diese Vorfälle wurde der jüdische Kunstmaler Loewy kopflos. Er ging am anderen Morgen bei der Außenarbeit einfach davon. Es wurde auf ihn geschossen. Einige Zeit später versuchte der Kommunist Ohl aus Frankfurt am Main, sich zu erhängen. Er wurde dabei überrascht und rechtzeitig abgeschnitten. Zur Strafe bekam er 25 Stockhiebe zudiktiert. Am Tage darauf ging Ohl bei der Außenarbeit vor und wurde dann erschossen. Die Juden haben besonders zu leiden. Sie müssen meistens Jauche fahren, die Klosettgruben reinigen, und das teilweise mit den Händen. Sie müssen, wenn sie zum Rollen kommandiert werden, in der Jauche rollen."

Walter Adolph beschreibt, wie Lichtenberg auf diese Informationen reagierte: „Er las in meiner Gegenwart den Bericht durch und stöhnte bei jeder Zeile auf mit dem Bemerken ‚mein Gott, mein Gott'. Dann griff er zum Telefon und ließ sich mit dem Büro des Preußischen Ministerpräsidenten verbinden." Da ihn Göring nicht vorläßt, kennzeichnet er den selbst überbrachten Bericht mit seinem Namen und der Bitte um „Nachprüfung und Remedur" (Rückmeldung) und übergibt ihn einem Ministerialdirektor.

Als Reaktion rechtfertigt die Geheime Staatspolizei in einem Bericht an Göring die Erschießungen mit „Fluchtversuchen". Die Posten seien verpflichtet, in solchen Fällen zu schießen. Alle Fälle seien jeweils an Ort und Stelle „durch den Richter überprüft und in Ordnung befunden worden". Daß Juden Klosettgruben mit den Händen reinigen und in der Jauche rollen müßten, seien „Greuelnachrichten". Lichtenberg gleiche der „Dreckschleuder" Muckermann (SJ), und er sei ein „Hetzapostel". Neben all der harten Arbeit der Lagerkontrolle müsse man jetzt noch Zeit finden, „um den giftigen, staatszersetzenden Speichel hetzender Kapläne abzuwischen". „Wenn der Hetzapostel Lichtenberg seinen Altar so sauber hält, wie die verantwortlichen SS-Führer ihren Dienstbereich, dann ist es im Dritten Reich wohlbestellt. Es ist der Zorn der schwarzen Agenten Roms, der hier zum Ausdruck kommt." Das Schreiben schließt: „Ich stelle den Antrag, den Greuellügner Lichtenberg wegen heimtückischer Angriffe auf den Staat in Schutzhaft zu nehmen."

Am 24. Juli 1935 stellt die Preußische Geheime Staatspolizei beim Reichsministerium für die kirchlichen Angelegenheiten Strafanzeige gegen Lichtenberg wegen „Landesverrats, Kanzelmißbrauchs und Verstoßes gegen das Heimtücke-Gesetz ... Ich bitte ergebenst, den beabsichtigten Maßnahmen zuzustimmen. In Vertretung: Heydrich." Anfang August richtet Lichtenberg ein Protestschreiben wegen der Verbreitung des „Devisenschieberliedes" an das Reichsministerium. Dem Schreiben liegt die Abschrift des Liedes bei. Am 4. Oktober 1935 wird die öffentliche Verbreitung des Liedes polizeilich untersagt, nachdem die „Devisenschieberprozesse" gegen Lazaristen, Redemptoristen, Borromäerinnen und andere mit Zuchthaus, Gefängnis und Geldstrafen beendet sind.

Die Akten des Seligsprechungsprozesses für Bernhard Lichtenberg legen eine Fülle von Zeugnissen über die kompromißlose Verteidigung des katholischen Glaubens und der Menschenrechte offen. Alois Stellmacher bezeugt darin: „Lichtenberg hat die Lehre des Nationalsozialismus konsequent abgelehnt, denn er durchschaute von Anfang an dessen glaubensfeindliche Haltung. Aus seinen Predigten ist mir noch der Satz in Erinnerung: ‚Nationalsozialismus und Christentum verhalten sich zueinander wie Feuer und Wasser!' Er wußte, daß er dadurch in Gefahr kam. Ich selbst habe ihn einmal gewarnt. Er aber antwortete mir: ‚Wir gehen den geraden Weg'." Und Schwester Stephana erklärt: „Er war in allen Dingen seinem Bischof ergeben und untertan. Er nannte ihn seinen lieben Vater. Diese kompromißlose Haltung gegen den Nationalsozialismus hat Bernhard Lichtenberg niemals anderen aufgedrängt oder gar von ihnen verlangt. Das tat er nur für sich allein ... Ich bestätige ausdrücklich, daß er anläßlich eines Protestbriefes auf meine besorgte Warnung hin gesagt hat: ‚Dann gehe ich halt ins Gefängnis. Wenn auch wir Priester schweigen, werden die Leute ja ganz irre und wissen nicht, woran sie sind. Predige das Wort, halte an damit, sei es gelegen oder ungelegen." Auch Elisabeth Kellermann gibt die kompromißlose Haltung Lichtenbergs zu Protokoll: „Lichtenberg stand dem Nationalsozialismus ablehnend gegenüber. Wo der Staat gegen die Gebote Gottes handelte, war Lichtenberg ein unerschrockener Gegner. Auf seine Veranlassung hin hat Schwester Stephana nachts im Keller der Dompropstei die bekannten Briefe des Bischofs Galen von Münster gegen die sogenannte Tötung lebensunwerten Lebens vervielfältigt. Das weiß ich von Schwester Stephana. Schwester Stephana fragte mich, ob ich bereit sei, auf Anweisung von Dompropst Lichtenberg diese Briefe in Pfarrhäusern und Klosterniederlassungen zu verteilen. Ich erklärte mich bereit und bekam einen Sektor im Süden Berlins zugeteilt. Ich bin dann am Samstag Mittag nach dem Dienst beim Caritasverband mit den vervielfältigten Briefen in meiner Aktentasche losgefahren und habe sie verteilt. Ich hatte den Auftrag, jedesmal bei der Übergabe zu sagen: ‚Mit einer Empfehlung von Herrn Prälat Lichtenberg."

„Ich erinnere mich", so Marianne Hapig, „daß damals während der Nazizeit in Berlin bei den Katholiken bekannt war, daß Bernhard Lichtenberg einer der wenigen war, die niemals und bei keiner Gelegenheit ‚Heil Hitler' sagten." Franz Reiseck kennt die Begründung, die Lichtenberg dafür gab: „Er sagte: ‚Es gibt nur einen Namen, in dem das Heil gekommen ist, Jesus Christus. Heil Hitler ist eine Blasphemie.' Er wußte wohl, daß er sich durch diesen Standpunkt in Gefahr brachte. Ich weiß, daß er einmal zu mir sagte: ‚Vielleicht wird es auch mir einmal an den Kragen gehen. Aber wir Priester dürfen nicht schweigen. Wir sind keine stummen Hunde.' Ich erinnere mich, daß Bernhard Lichtenberg, wenn er in der Zeitung Hetzreden über Gegner des Nationalsozialismus las, mit bewegter Stimme sagte: ‚Domine miserere'."

Temperamentvoller Debattenredner im Roten Rathaus

Solche Hetzreden hat Lichtenberg bereits als Mitglied der Berliner Stadtverordnetenversammlung und der Bezirksversammlung in Charlottenburg zu spüren bekommen. Denn danach hat er mit der kirchenrechtlich erforderlichen Billigung seines Ordinarius ein politisches Mandat übernommen. Das ist für einen Priester damals keineswegs ungewöhnlich. Einen Grund dafür sieht der Historiker Rudolf Morsey in der Tatsache, daß nur noch Geistliche „als gruppen- und interessenunabhängig galten und damit in der Lage waren, innerparteilich mehrheitsbildend und integrierend zu wirken". Im Charlottenburger Parlament ist Lichtenberg unter anderem Mitglied im Verwaltungsausschuß des Bezirksjugendamts, in der Deputation für Siedlungs- und Wohnungswesen, im Bürgerausschuß für Jugendwohlfahrt, in der Deputation für Kunst- und Bildungswesen, und sein Name erscheint bei etlichen Anträgen und Vorlagen. Er hat sein Mandat in Charlottenburg bis zum 23. September 1931 ausgeübt. Es ist dasselbe Jahr, in dem auch der Abgeordnete der sechsköpfigen nationalsozialistischen Fraktion, Dr. Joseph Goebbels, „Schriftsteller, Wilmersdorf, Württembergische Straße 27" sein Mandat niederlegt.

Zu den 69 Mitgliedern der Bezirksversammlung gehören im Jahre 1925 Abgeordnete der Sozialdemokratischen Partei, der Deutschen Volkspartei, der Deutschnationalen Volkspartei, der Kommunistischen und der Deutschen Demokratischen Partei, der Wirtschaftspartei des Deutschen Mittelstandes, der Zentrumspartei, der Deutschvölkischen Freiheitspartei und des Evangelischen Gemeinschaftsbundes. Die Deutsche Demokratische Partei, die Wirtschafts- und die Zentrumspartei bilden die Fraktion der Mitte mit 20 Mitgliedern. In diesem Zeitraum gibt es im Charlottenburger Stadtparlament noch keine nationalsozialistische Fraktion.

Damals gehören zum Verwaltungsbezirk Charlottenburg rund 340.000 Bürger. Deputationen und Ausschüsse dieser Zeit haben sich mit vielen Fragen und Problemen zu befassen. Dazu zählen unter anderem das Gesundheits- und Ernährungswesen, das Siedlungs- und Wohnwesen, das Verkehrswesen, Steuern und Finanzen, Schulen und Lehranstalten, Bildungswesen und Wohlfahrt, Fragen des Grundeigentums und die Verwaltung zahlreicher Stiftungen. Am 27. Mai 1929 stimmt Lichtenberg mit 26 Abgeordneten gegen die Errichtung einer Geburten- und Sexualberatungsstelle, die auch eine liberale sexual-psychologische Beratung von Jugendlichen einschließt. Sein Antrag bleibt ohne Erfolg.

Am 23. Oktober 1929 richtet Lichtenberg eine Anfrage gegen die Werbeumzüge des Freidenkerverbandes in Berlin. Der Antrag lautet: „Seit einiger Zeit vollzieht sich täglich in des Straßen Berlins, auch in den Straßen des Bezirks Charlottenburg, eine Propaganda-Aktion des Freidenkerverbandes, die in unerhörter Weise das Empfinden weiter Volkskreise beleidigt und verletzt. Diese Propaganda, die unter der Losung steht ‚Heraus aus der Kirche' bedient sich einiger von Traktoren gezogener Wagen mit verhetzenden Karikaturen und frechen Plakaten, in denen Kirche und Geistliche vor aller Öffentlichkeit herabgesetzt und beschimpft werden. Jeder der in dem Umzug mitgeführten Wagen stellt ein besonderes Thema bildlich dar. Die Kirche ist eine Institution, die der überwiegenden Majorität der Bevölkerung heilig ist. Ihre Diener sind tätig in der Heranbildung der Jugend zu wertvollen Menschen und ordnungsliebenden Staatsbürgern. Es liegt deshalb weder im Interesse der schutzbedürftigen Jugend, noch des Staates, noch der Kommune, wenn die Kirche und ihre Diener öffentlich verleumdet und verhöhnt werden. Welche Schritte denkt das Bezirksamt zu unternehmen, um die gerügten Belästigungen seiner Mitbürger zu verhindern? Berlin-Charlottenburg, den 18. Oktober 1929. Lichtenberg, Gericke, Ida Klockow, R. Rhode, Richter-Reichhelm, Hermann Perl, Dethleffsen, Karoline Frohn, Dr. Krüger."

Lichtenberg beschränkt sich jedoch keineswegs auf die Abwehr kirchenfeindlicher Angriffe. Er versucht die Errichtung von 300 familienfreundlichen Wohnhäusern ins Werk zu setzen. Am 16. Februar 1927 stellt er zusammen mit vier weiteren Abgeordneten den Antrag, „die Bezirksversammlung wolle beschließen, der Sammelschule den verfassungsmäßigen Namen weltliche oder bekenntnisfreie Schule zu geben". Am 3. November 1926 wird sein Antrag, „den Lyzeen Boretius, Unserer Lieben Frau und Kirstein die städtische Beihilfe zu gewähren", mit 33 gegen 26 Stimmen abgelehnt.

In den amtlichen Berichten der öffentlichen Sitzungen der Charlottenburger Stadtverordnetenversammlung des Jahres 1920 ist auch das Protokoll über die Sitzung vom 7. Mai 1920 enthalten. Dort protestiert Lichtenberg „gegen den Ausschluß der Pfarrämter aus der Deputation für Jugendwohlfahrt, obwohl den Pfarrämtern nach der Vorlage ein Recht auf Eintritt in die Deputation zusteht" und dagegen, daß „die Berufsvormundschaft über alle unehelichen Kinder auf die Deputation der Jugendwohlfahrt übertragen werden soll". Lichtenberg begründet seinen Protest unter anderem mit folgenden Worten:

„Ich richtete einen begründeten Antrag an den Magistrat, das Pfarramt in der neu zu bildenden Deputation vertreten sein zu lassen. Ich bekam daraufhin die Antwort, es sei nicht beabsichtigt, religiöse Genossenschaften in dem Jugendamt zu vertreten – ich zitiere nicht ganz den Wortlaut –, aber selbstverständlich nicht verwehrt, im Ausschuß für Jugendpflege und Jugendfürsorge zu sitzen. Diese Antwort hat mich nicht befriedigt, denn sie ging an der Sache vorbei ...

Meine verehrten Damen und Herren! Wenn Sie die Begründung der Magistratsvorlage gelesen haben, dann wird es doch in Ihrer Erinnerung sein, daß dort gefragt worden ist: Der Magistrat hat sich von dem Bestreben leiten lassen, in die Deputation alle jene Stellen und Organe aufzunehmen, die sich hauptsächlich mit Jugendpflege und Jugendfürsorge beschäftigen. Eine solche Stelle ist das Pfarramt, wie ich annehme, auch das Rabbinat und das evangelische Pfarramt.

Da mir das katholische am nächsten liegt, darf ich auf dieses zurückkommen. Das Pfarramt leitet einen Verein von 202 Mitgliedern von erwerbstätigen Mädchen, dazu eine Jugendgruppe von 124 Mitgliedern, dazu eine Gruppe von 80 Hausangestellten, eine Gruppe von 80 kaufmännisch Gebildeten, einen Jünglingsverein von 150 Mitgliedern, eine Jungmännerabteilung von 80 Mitgliedern, einen Zirkel von Kindern aus höheren Schulen. In diesen Vereinen wird nach den Grundsätzen unserer heiligen Religion Jugendpflege getrieben, so wie man sie sonst auch treibt, aber nach anderen Grundsätzen. Also wir haben ein Jugendheim für Mädchen und richten eines ein für Jünglinge, haben eine Bibliothek, treiben Sport usw., usw. – alles, was zur Jugendpflege gehört. Außerdem leitet das Pfarramt zwei Kindergärten. Das Pfarramt hat einen besoldeten Vormund angestellt, der 152 Vormundschaften augenblicklich führt. Ferner bearbeitet er zur Zeit aktenmäßig 242 Fürsorgefälle, und alle amtlichen Stellen, der Polizeipräsident, das Amtsgericht, der Landesdirektor benutzen beinahe täglich das Pfarramt, wenn es sich um Jugendpflege und Jugendwohlfahrt handelt. Ich möchte die verehrten Damen und Herren fragen, ob es eine Stelle in Charlottenburg gibt, die mehr offiziell mit Jugendpflege und Jugendfürsorge beschäftigt ist als das Pfarramt.

Meine Damen und Herren! Aus der ganzen Verhandlung ist eines ersichtlich, was der Vertreter des Magistrats und die Majorität des Ausschusses wollten bzw. was sie nicht wollten: sie wollten nicht eine Mitwirkung der Kirche im Jugendamt. Es zeugt von einem erheblichen Selbstbewußtsein, wenn man in dieser Zeit eines trostlosen moralischen Niederganges der Jugend glaubt, auf die Mitarbeit einer Institution verzichten zu können, die den Beruf hat, der Jugend zu helfen, die ihr geholfen hat, die ihr noch hilft und die ihr auch weiterhelfen wird, die aber wirksamer helfen könnte, wenn man sie nicht einfach boykottieren wollte. Wenn ich an einer anderen Stelle stände, dann würde ich mich jetzt auf eine Apologie der Tätigkeit auf dem Gebiet der Jugendpflege und Jugendfürsorge einlassen. Ich weiß, daß ich das hier nicht kann. Ich weiß auch, daß ich mit rationellen Gründen niemanden überzeugen kann, weil zum Glauben nicht nur rationelle Gründe gehören, sondern auch eine gewisse Geneigtheit des Willens. Daß die nicht vorhanden ist, hat der Vertreter des Magistrats in seiner Antwort, die er mir gab, geliefert. Und daß diese Geneigtheit des Willens, die Kirche im Jugendamt mitarbeiten zu lassen, nicht vorhanden ist, das haben die Ausschußmitglieder bewiesen, die keine Gründe dagegen gebracht haben als nur den Grund: wir sind die Majorität (Sehr richtig! Bei der Bürgerlichen Fraktion). Da darf ich vielleicht doch etwas anderes noch feststellen: es gibt noch weite Kreise in der Welt und in Charlottenburg, die den Standpunkt dieser Majorität nicht vertreten, und das sind die kirchlich gesinnten Kreise im Judentum, im Protestantismus, in der katholischen Kirche. Daß das noch eine erhebliche Zahl ist, können die Herren kontrollieren, wenn sie zum Beispiel einmal an einem Sonntag die Straße Alt Lietzow von früh um 6 bis abends um 9 beobachten lassen wollen, oder an einem Maiabend.

Herr Kollege Dr. Löwenstein hat den Ausschluß des Pfarramts aus dem Jugendamt damit begründet, daß das Pfarramt konfessionellen Hader hineintragen würde, und er hat uns zugerufen: vergifte nicht unsere Arbeit mit deinem konfessionellen Hader. Herr Doktor, haben Sie aus dem Munde des Geistlichen, der vorhin gesprochen hat, ein solches Wort gehört, wie Sie (es) sprachen? Wer hat in diese Versammlung das Wort vom konfessionellen Hader und Vergiften hineingeworfen? In diesem Fall nicht der Geistliche, sondern ein Laie. Man kann auch in einem Amt wirken, seinen Standpunkt vertreten, seine Sache, von der man überzeugt ist, begründen, verteidigen, weil man sie lieb hat, weil man von ihrer Vernunft und ihrer Güte überzeugt ist, ohne irgend jemand zu sagen: Vergifte du uns nicht die Sache mit deinen Grundsätzen.

Wir wollen noch aus ganz anderen Gründen in die Deputation, ich glaube, aus recht materiellen Gründen. Sie nehmen sich so gern der Notleidenden an. Warum nehmen Sie sich nicht z.B. der notleidenden städtischen Pflegekinder an, die in dem konfessionellen Josephsheim sitzen? Das beherbergt durchschnittlich 25 städtische Pflegekinder. Für diese städtischen Pflegekinder wurde bis zum 1. März ein Pflegesatz von 20 Mark, im Höchstfalle von 25 Mark pro Monat bezahlt. Die Schwestern haben im Dezember gebeten, diesen Kindern bei dem jämmerlichen Geld, das sie bekommen, wenigstens Schuhe und Kleider zu geben. Es wurde ihnen geantwortet: Schuhe und Kleider sind für euch nicht da, aber wir wollen euch den Pflegesatz erhöhen. Da haben sie ihn am 1. März auf 30 Mark erhöht. Mit 30 Mark soll ein konfessionelles Kind bekleidet und erzogen werden. Sie haben am 15. März gebeten, man möchte diesen Satz erhöhen. Bis zur nächsten Sitzung … hatten sie noch keine Antwort. (Stadtverordneter Seifert: Die Kirche hat selbst genug Geld!)

Ich habe vier Jahre darum gebettelt; wenn die Kirche Geld hätte, brauchte ich es nicht zu tun. (Stadtv. Seifert: Wieviel Millionen kommen bei dem Peterspfennig zusammen?) Der Papst hat eine halbe Million dem Kardinal von Breslau und eine halbe Million dem Kardinal von Köln für die hungernden Kinder in Deutschland gegeben; Sie wissen also, wohin der Peterspfennig kommt. – Der Stadt kostet jedes Pflegekind in dem interkonfessionellen Bürgerhause vier Mark pro Tag; das konfessionelle Josephsheim soll die Kinder mit eine Mark pro Tag füttern. Ich glaube, wenn Dissidentenkinder so abgespeist würden, dann hätten die Herren von der Linken längst den Appetit verloren, (Sehr richtig! bei der Bürgerlichen Fraktion) vielleicht auch die Geduld, und ich glaube, die Moral der konfessionellen Schwestern ist doch nicht so schlecht, wenn sie die Geduld nicht verlieren, sondern sich sagen: Wenn uns die arme Stadt das nicht geben kann, wollen wir weiter betteln. Begreifen Sie es, warum wir das Verlangen haben, auch als Vertreter einer Konfession in einer solchen Körperschaft zu sitzen? Und wenn Herr Abgeordneter Dr. Eyck sagt, daß seine Partei programmatisch nicht kirchenfeindlich sei, so muß ich ihm sagen, daß tatsächlich auch keine Kirchenfreundschaft darin liegt, wenn man die Kirche von der Mitarbeit im Jugendamt ausschließt." „Gegen die Mehrheit der Sozialisten im Bezirk Charlottenburg hat Lichtenberg durchgesetzt, daß an den weltlichen Schulen für die katholischen Kinder eigene Klassen eingerichtet werden", berichtet Robert Bastini.

Wie Lichtenberg auch außerhalb von Kirche und Rathaus zu den Menschen spricht und sie zum Nachdenken bewegt, erzählt August Biermann: „Im Herbst 1929 ließ Mathilde Ludendorff Flugblätter verteilen und hielt Versammlungen, um das katholische Volk zum Austritt aus der katholischen Kirche zu bewegen. Diese Flugblätter wurden auch in unserer Pfarrei verteilt und riefen zu einer Versammlung in den Hohenzollernfestsälen. Tagesordnung: Austritt aus der Kirche. An einem Sonntag war ich zum Hochamt in der Charlottenburger Herz Jesu-Kirche. Pfarrer Lichtenberg bemerkte zum Schluß seiner Predigt: ‚Mathilde Ludendorff hat zu morgen, Montag abends 20 Uhr, eine Versammlung in den Hohenzollernfestsälen anberaumt mit dem Motto: Austritt aus der Kirche. Wir gehen alle hin.' Montag Abend war der Saal schon eine Viertelstunde vor Beginn der Versammlung beinahe überfüllt. Es waren etwa 1.000 Menschen anwesend. Ein Beauftragter von Mathilde Ludendorff eröffnete die Versammlung und hielt eine Rede, die mit Schmach und Hetze über den Papst und die katholische Kirche erfüllt war. Der zweite Redner sprach ebenso und forderte zum Austritt aus der Kirche auf. Da meldete sich Pfarrer Lichtenberg zur Diskussion. Er erhielt fünf Minuten Redezeit. Ruhig und souverän bestieg er, mit seiner Soutane bekleidet, die Bühne und begann: ‚Ich habe bloß fünf Minuten Redefreiheit, ich will mich kurz fassen'. Er korrigierte dann sachlich, was an den Beiträgen der Vorredner falsch und verleumderisch war. Er forderte sie auf, wenn sie wieder in der Öffentlichkeit sprechen würden, sich zuerst die katholische Glaubenslehre anzusehen, damit sie nicht wieder Lug und Trug in die Welt posaunten. Dann schaute er auf seine Uhr und sagte: ‚Nun haben wir noch zwei Minuten Zeit, jetzt singen wir das Te Deum'. Wie aus einem Mund erscholl das Lied: ‚Großer Gott, wir loben Dich'. Wenn ich an diesen Abend zurückdenke, dann muß ich sagen, nirgendwo, auch in keiner Kirche, habe ich das Te Deum so herzlich, so stürmisch und bekenntnisfroh gehört wie hier. Mathilde Ludendorff verließ über den hinteren Bühnenausgang eilig den Saal. Nach dem Te Deum hörte man die Stimme Lichtenbergs: ‚Jetzt gehen wir alle ruhig nach Hause.'"

Tapfer und ungedeckt, witzig und schlagfertig bestreitet der Abgeordnete Lichtenberg auch im Roten Rathaus die Debatten. So berichtet er am 21. April 1921 von seinem Besuch bei dem als Stadtschulrat in Aussicht genommenen Wilhelm Paulsen in Hamburg: „Ich sagte, es wäre mir sehr lieb, Herrn Paulsen in seiner Schule kennenzulernen. Ja, sagte Götze, wir lassen nicht gern jemand in diese Schule hinein. (Hört, hört! Rechts) Aber wenn Sie als Stadtverordneter kommen, so begreife ich das, und ich will Sie begleiten. Ich bin sehr dankbar für dieses Anerbieten, sagte ich, aber ich möchte keinen falschen Eindruck erwecken. Ich komme hier nicht als Vertrauensmann(Lachen) der Berliner Stadtverordnetenversammlung. (Zuruf links: Im Gegenteil!) Er hielt mich tatsächlich dafür. (Große Heiterkeit und Lärm) Nicht wahr, so sehe ich nicht aus? (Zurufe links: Nein, nein!) Wenn ich so aussähe, würden wir beide uns ja ähnlich. Ich empfahl mich, und in einer Stunde stand ich im Konferenzzimmer in Barmbeck. Ich möchte Herrn Paulsen sprechen, sagte ich zu einem Herrn, der gerade am Kaffeetrinken war (Große Heiterkeit). Herr Paulsen ist nicht da. Wahrscheinlich ist er wieder krank. Gestern war er auch nicht da. Also ich sagte: Könnte ich vielleicht den Vertreter des Herrn Paulsen sprechen, ich möchte die Schule besuchen. Ich komme von der Schulbehörde in Hamburg, der Herr Schulrat hat zu mir gesagt: ‚Gehen Sie einmal hin, befehlen kann ich ja nichts.' Ja, sagte der Vertreter des Herrn Paulsen, wir sind vollständig unabhängig. (Stürmische Heiterkeit links) Wir sind unabhängig in allem, was wir hier tun, und in allem, was wir lehren. Wir haben keinen Lehrplan, wir haben kein Lehrziel, (Hört, hört! Bei der Zentrumsfraktion und rechts) wir haben keinen Stundenplan. (Bravo! Links) So, sagte ich, Sie unterrichten also planlos? (Stürmische Heiterkeit links) Ja, sagte er, wir haben keinen Plan, wir sind sogar darin vollständig frei, wen wir in unsere Gemeinschaft aufnehmen wollen und wen nicht.

Was verstehen Sie unter Gemeinschaft, fragte ich ihn. – Ungefähr dasselbe, was Sie unter einer Klasse verstehen, nur mit dem Unterschied, daß der Lehrer in der Gemeinschaft nicht mehr über der Klasse steht, sondern in der Klasse (Sehr gut! Links). Wir sind frei, wen wir in diese Gemeinschaft aufnehmen wollen.

Womit beschäftigen Sie sich denn in Ihren Gemeinschaften? Wir unterscheiden zwischen Lebens- und Arbeitsgemeinschaften. Was machen Sie denn in den Lebensgemeinschaften? – In den Lebensgemeinschaften beschäftigt sich das Kind nach eigener Wahl. Und was tun Sie in den Arbeitsgemeinschaften? Da geben wir Kurse, die Teilnahme daran steht im Belieben des Kindes. – Was haben Sie für Kurse? – Wir haben Kurse für Musik, für Philosophie (Lachen, rechts), für praktische Aesthetik, für Körperkultur, für Weltgeschichte. – Auch für Religion? frage ich. – Nein. (Stürmische Heiterkeit, links) Warum nicht? Es besteht kein Bedürfnis dafür. (Sehr gut, links) Wir haben 850 Kinder, aber dieses religiöse Bedürfnis hat sich noch nicht gemeldet (Lebhafte Zustimmung, links). Allerdings fügte er hinzu – meine Damen und Herren, Sie hätten etwas mit dem ‚Sehr wahr' warten müssen – scheint sich, nachdem wir ein Jahr jetzt religionslosen Unterricht erteilt haben, doch ein Bedürfnis nach Religion gemeldet zu haben. (Hört, hört! Rechts und bei der Zentrumsfraktion) In meiner Gemeinschaft haben sich zwei Kinder gemeldet. Inzwischen kamen einige Lehrer und Lehrerinnen dazu, sie beteiligen sich an dem Gespräch, und die eine sagte: Bei mir haben sich auch fünf Kinder gemeldet, bei mir sieben, aber es ist noch kein Kurs für Religion eingerichtet worden. Herr Paulsen wollte religionskundlichen Unterricht einführen, also eine Übersicht über die Religionssysteme aller Zeiten und Völker, wobei es seiner Kunst vorbehalten bleibt, einen so objektiven Lehrer zu finden, (stürmische Heiterkeit links) der imstande ist, die Religionssysteme aller Zeiten und Völker objektiv vorzutragen (andauernde stürmische Heiterkeit links) und eine Gemeinschaftsschule zu finden, die imstande ist, eine solche Kost, die den Kindern dort vorgesetzt wird, subjektiv zu verdauen. (Andauernde stürmische Heiterkeit links. Zuruf des Stadtverordneten Hoffmann: Sie können sehr gut brüllen, Exzellenz!)

Inzwischen sagte jemand: Paulsen kommt. Herr Paulsen kam. Ich sagte ihm, warum ich komme, und er begann sofort lebhaft über seine Ideen zu sprechen. (Zuruf bei der Kommunistischen Fraktion: Haben Sie nicht Angst gehabt, daß der Teufel kommt?) Nein. – Neulich stand ich dort hinter der Kommunistischen Fraktion, da kam Herr Hoffmann und sagte: ‚Maxe, Dir sitzt der Teufel im Nacken!' (Andauernde schallende Heiterkeit) Ich habe also vor dem Teufel keine Angst.

Wir sprachen über pädagogische, soziale und religiöse Fragen, und ich legte ihm schließlich die Frage vor, ob er an einen persönlichen Gott glaube. Da sagte er:

„Ich glaube an ein höheres Wesen. – Ich will wissen, ob Sie an einen persönlichen Gott glauben. – Nein. – Und Ihr Pädagogen, die Ihr in jedem Menschen gerade die Person als das Hauptsächlichste und das Vorzüglichste achtet, Ihr wollt Eure Existenz einem unpersönlichen Etwas verdanken?! Er blieb mir die Antwort darauf schuldig. (Andauernde Zurufe links) Schließlich fragte er mich: Was verlangen Sie denn eigentlich von einem Berliner Oberstadtschulrat? Nun, abgesehen davon, daß er selbstverständlich ein gewiegter Fachmann sein muß, ein Mann, der ein Meister in seinem Fach ist, abgesehen davon verlange ich von einem Leiter konfessioneller Schulen, die wir in Berlin haben, daß er an Gott glaubt, (Stadtv. Hoffmann: Das ist des Pudels Kern!) daß er an Christus glaubt und daß er die Autorität der Kirche achtet und mit ihr in lebensvoller Verbindung steht. (Zurufe bei der Kommunistischen und Unabhängigen Sozialdemokratischen Fraktion: Natürlich!) – Ich weiß es ja, Frau Nemitz, daß Sie nicht dieselbe Ansicht haben wie ich. Sie können sich ja dann zu Wort melden und beweisen, daß ich im Unrecht bin ...Übrigens sagte ich Herrn Paulsen, ich höre, daß Sie vollkommen planlos unterrichten. – Ja, sagte er, das tut Ihr Pfarrer doch auch, Ihr unterrichtet doch auch planlos. – Sie täuschen sich, Herr Paulsen, sagte ich ihm, die zwölf Glaubensartikel, die zehn Gebote und die sieben heiligen Sakramente sind der feste, bewährte Plan, nach dem wir unser Volk unterrichten und erziehen. (Lebhafter Beifall bei der Zentrumsfraktion und rechts. Große Unruhe links)"

Aus diesen Protokollen sprechen Lichtenbergs Temperament, seine Schlagfertigkeit und sein Bekennermut. Zusammen mit dem Andenken anderer von den Nationalsozialisten getöteter Abgeordneter wird auch Lichtenbergs Andenken und Name im Charlottenburger Rathaus festgehalten. Auf einem der Flure findet man sein Bild neben anderen. Lichtenbergs Einsatz für eine „neue Weltfriedensordnung" führt in den Jahren 1931 und 1932 auch zu rabiaten Angriffen der Nationalsozialisten. Seit 1929 ist Lichtenberg Vorstandsmitglied der Arbeitsgemeinschaft der Konfessionen für den Frieden, der auch andere Organisationen angehören: der Friedensbund deutscher Katholiken, die deutsche Vereinigung des Weltbundes für internationale Freundschaftsarbeit der Kirchen und der Jüdische Friedensbund.

Der Friedensbund der deutschen Katholiken zählte damals 88 Ortsgruppen mit 8.166 ordentlichen Mitgliedern, außerdem 58 korporative Bünde und Gruppen mit 38.000 außerordentlichen Mitgliedern. P. Stratmann OP hat bereits auf der Reichstagung des Friedensbundes der deutschen Katholiken im August 1929 unterstrichen, da die kommenden Kriege „nicht mehr nur dem Selbstschutz, sondern der Selbstvernichtung dienen müßten, erscheine der Krieg heute nicht mehr als brauchbares Mittel der Verteidigung der Lebensinteressen und Rechtsansprüche eines Volkes". Generalstreik und Kriegsdienstverweigerung seien ein Wagnis für ein Volk, aber der Krieg sei ein noch größeres Wagnis für die Existenz des Staates angesichts der Zerstörungen und Schrecken eines kommenden Krieges. Die Nichtbeteiligung an dem Zerstörungswerk sei das kleinere zu wählende Übel.

Der achte Bundestag des Friedensbundes der deutschen Katholiken wird 1931 nach Berlin einberufen. Lichtenberg gehört dem Vorbereitungskomitee an. Am 7. November 1931 hält er in der „Friedensgedächtniskirche", wie die Pfarrkirche der „Heiligen Familie" im Stadtbezirk Prenzlauer Berg damals genannt wird, die Eröffnungspredigt. Der Friedensbund ist die einzige katholische Organisation, die nach dem Ersten Weltkrieg das Eintreten für den Frieden als Hauptanliegen versteht. Im Jahr 1932 bringt eine Abrüstungskundgebung 96.000 Unterschriften; sie verlangt „den endlich sichtbaren Beginn der Abrüstung und eine strenge allgemeine Kontrolle". In den letzten Jahren der Weimarer Republik gehören dem Friedensbund sechs Erzbischöfe, zwölf Bischöfe, neun Weihbischöfe und 250 weitere katholische Geistliche an.

Im Herbst 1932 wendet sich der Friedensbund in einem Aufruf gegen den „Wehrsport" an Schulen und Universitäten. Er fühlt sich zum öffentlichen Protest gegen jene politischen Kräfte verpflichtet, die einem neuen Militarismus in Deutschland die Wege bereiten wollen.

STREIT UM „IM WESTEN NICHTS NEUES“

Für Freitag, den 26. Juni und Sonntag, den 28. Juni setzt der Friedensbund deutscher Katholiken drei geschlossene Vorstellungen des Antikriegsfilmes „Im Westen nichts Neues" nach dem Buch Erich Maria Remarques im Mercedespalast Berlin-Neukölln an. Er ist, wie es in der Einladung lautet, „von der Reichszensur freigegeben worden. Damit jedoch Demonstrationen von der Straße vermieden werden, ist die Vorführung in geschlossenen Veranstaltungen bestimmter Organisationsgruppen gestattet. Zutritt haben die Mitglieder der genannten Gruppen." Auch Lichtenberg hat die Einladung unterzeichnet.

In der Sonntagsausgabe des „Völkischen Beobachters" vom 28./29. Juni 1931 wird die Einladung mit der Überschrift „Propagandahetze für den amerikanischen Schmutzfilm ‚Im Westen nichts Neues' unter Führung des Berliner Prälaten Lichtenberg" abgedruckt und kommentiert. Hier werde „in skrupelloser Weise ein Hetzfilm unterstützt, der das deutsche Frontsoldatentum beschimpft. Und dies unter ausdrücklicher Förderung und Billigung maßgebender kirchlicher Behörden, übt doch der unterzeichnete Msgr. Lichtenberg als Prälat und Domkapitular maßgebenden Einfluß im Bistum Berlin aus. Auch ist er auf allen Katholikentagen der letzten Jahre stark hervorgetreten." Am 26. Juni 1931 veröffentlicht der „Angriff" unter Schriftleitung von Goebbels einen Beitrag des Redakteurs Dr. von Liers, in dem von „viehischer Totenschändung" die Rede ist. „Prälat Lichtenberg verhöhnt unsere Gefallenen! Separatistenzentrum für den Remarque-Film." Der „Angriff" fordert eine „Einheitsfront gegen das Sudelwerk", nennt den 1929 in den amerikanischen „Universalstudios" entstandenen Film des Regisseurs Lewis Milestone einen „Schundfilm" und schließt mit der Drohung: „Es wird einmal eine Zeit kommen, in der Totenschändung, Verletzung der Ehre des Vaterlandes von den Gerichten mit schwersten Strafen belegt wird. Der Film ‚Im Westen nichts Neues' ist beides – eine Totenschändung und eine Verletzung der Ehre unseres Vaterlandes. Und der Tag, an dem wahre Volksgerichte darüber zu entscheiden haben, ist nicht mehr so fern, daß die Sache verjährt wäre. Auch nach dem heutigen Gesetz nicht."

Gleichzeitig erhält Lichtenberg eine ganze Zahl von anonymen Zuschriften auf offenen Postkarten, auf denen es von Ausdrücken wie „Du Sauhund, Schweinepriester, Judenknecht, Verräter, Lump" nur so wimmelt. Dr. von Liers schreibt weiter: „Wir fragen seine Eminenz, den Herrn Bischof von Berlin, warum Herr Lichtenberg noch heute in Berlin amtieren darf? Wir fragen das Bischöfliche Ordinariat, ob es bereit sei, sofort von dem famosen ‚Friedensbund der deutschen Katholiken' abzurücken?! – Wir erklären deutlich und klar: das deutschbewußte Berlin läßt sich eine so freche Provokation nicht gefallen, es erhebt millionenstimmig den Ruf: Raus, zum Tor hinaus mit Monsignore Lichtenberg."

Lichtenberg erhebt gegen den „Angriff" Anklage wegen Verleumdung. Am 26. Februar 1932 verurteilt das Schöffengericht Berlin-Mitte den 21jährigen Redakteur Kurt Kauffmann und den 20jährigen Redaktionsvolontär Heinz Otto „wegen öffentlicher Presse-Beleidigung des Domkapitulars Monsignore Lichtenberg zu je 200 M. Geldstrafe bzw. 20 Tage Haft. Weiter wird auf Vernichtung der betreffenden Seite, der Platten usw. der betreffenden Ausgabe erkannt und dem beleidigten Monsignore „Publikationsbeugnis" des Urteils im „Angriff" zugestanden. Der Angeklagte Dr. von Liers verpflichtet sich, „alle in dem Artikel des ‚Angriff' vom 26.6.31 enthaltenen schweren Beleidigungen gegen Monsignore Lichtenberg mit dem Ausdruck des Bedauerns zurückzunehmen."

Lichtenberg äußert vor Gericht – und dabei hört man seine Stimme auf Korridoren und Treppen des Gerichts – „Warum richtet der ‚Angriff' seinen Artikel und seine Schmähung nicht gegen die Filmprüfstelle, die den Film ausdrücklich für ehemalige Kriegsteilnehmer, Kriegsbeschädigte, Kriegshinterbliebene freigegeben hat? Nicht gegen das Auswärtige Amt oder das Reichswehrministerium? Wer uns unterstellt, daß wir den Film zum ‚Amüsement' gezeigt haben, der muß auch annehmen, daß wir ihn gezeigt haben, um den Krieg als Amüsement schildern zu lassen. Nein, wir haben eingeladen, um abzuschrecken vom Krieg und seinen traurigen Folgeerscheinungen." Nachdem das Gericht die Berufung der beiden Angeklagten verworfen und das Urteil der ersten Instanz bestätigt hat, kommentiert der „Angriff" das Urteil noch einmal mit einer Karikatur Lichtenbergs und der Überschrift „Moralische Niederlage des Monsignore Lichtenberg". Dabei versäumt er nicht, darauf hinzuweisen, daß „zum Beispiel Prälat Heinrich Wienken in seiner Eigenschaft als Vertreter der Berliner Katholikenschaft in der Reichsfilmprüfungsstelle schärfsten Einspruch gegen die Zulassung des Remarque-Films erhoben hat, während Lichtenberg in Flugblättern das Gegenteil tat."

Im Jahr 1930 hat der Film in Deutschland zu einem Verbot geführt, das freilich wieder aufgehoben wird. In der Ausgabe vom 16. Dezember 1930 greift der Redaktionsleiter der „Weltbühne", Carl von Ossietzky, dieses Verbot an, indem er ein Zurückweichen vor dem „klumpfüßigen Psychopathen" Goebbels erblickt. Die Republik habe ihre eigene Ideologie preisgegeben. „Sie hat kampflos eine Position geräumt. Dieser Film hätte von ihr mit den Zähnen und Klauen verteidigt werden müssen".

Zu diesem Zeitpunkt kann die NSDAP ihren Propagandakrieg noch nicht über den Rundfunk führen. Es stehen ihr Rednerkundgebungen und Tumulte in Parlamenten der Stadt, des Landtags und des Reichstags zur Verfügung. Und sie kann ihren Krieg auf die Straße tragen. Was sich da zeigt, bietet einen Vorgeschmack des Kommenden. Hitler, der 1932 behauptet hat, er sei „deutscher Christ, der nicht will, daß unser Volk zu seinen sonstigen Kämpfen auch einen neuen Religionsstreit erhält", gibt nun zu erkennen, daß er den ganzen Menschen vereinnahmen, ihn zum „nationalsozialistischen Menschen umschaffen" will.

Vordergründig geht es lediglich um Bestrebungen gegen den Politischen Katholizismus. Dahinter steht der unbeugsame Wille, der Kirche jeden öffentlichen Einfluß zu entziehen, ihr den Ausdruck und die Darstellung ihres Lebens zu nehmen, ihr die Jugend zu entfremden und sie auf die Sakristei zu beschränken. „Wir werden selbst eine Kirche werden", hat Goebbels den Kern einer Hitler-Rede am 5. August 1933 in engem Führungskreis zusammengefaßt. Weil der Nationalsozialismus ein totalitäres System verkörpert, verlangt er zu seinem Staat nicht ein teilweises, sondern ein totales Ja. Auch deshalb ist der Kirchenkampf unausweichlich – ein Kampf, bei dem das Gesetz des Handelns kraft seiner ihm zur Verfügung stehenden Mittel beim Staat liegt.

So beginnt ein phasenweiser Kampf gegen die Kirche. Anfangs geht es darum, die organisatorischen Wirkungsmöglichkeiten der Kirche jenseits der reinen Seelsorge auszuschalten. In dieser Phase werden Presse, Verbände und Bekenntnisschulen zum Teil zerstört. In der zweiten Phase sucht man die Kirche völlig auf „Jenseitsbetreuung" zu reduzieren. In der dritten Phase verstärkt der NS-Staat den Angriff auf die Kirche als religiöse und soziale Einheit. In der letzten Phase droht der Kirche als Institution eine Art Endabrechnung. In Führungskreisen vertagt man sie auf die Zeit „nach dem Krieg".

Bis zu diesem Zeitpunkt sind gut ein Drittel des deutschen Welt- und knapp ein Fünftel des Ordensklerus, zusammen 8.025 katholische Geistliche, von politisch bedingten Zwangsmaßnahmen des Dritten Reiches bzw. des NS-Regimes betroffen. Man darf sich fragen, ob es außer dem katholischen Klerus noch eine zweite Berufsgruppe vergleichbarer Größenordnung gibt, die in derart massiver Weise den Nachstellungen nationalsozialistischer Vollzugsorgane ausgesetzt ist, resümiert der Historiker Prof. Dr. Ulrich von Hehl. Er hat in der 1984 erschienenen Dokumentation „Priester unter Hitlers Terror" alle politisch motivierten Zwangsmaßnahmen des NS-Regimes gegen katholische Geistliche in Deutschland zusammengestellt. Durch dieses Forschungsprojekt der Kommission für Zeitgeschichte und der Diözesanarchive ist es möglich, gesicherte Aussagen über das Verhalten des Klerus in allen deutschen Bistümern unter den Bedingungen eines totalitären Herrschaftssystems zu machen.

Katholisches Schrifttum wird unterdrückt, der Inhalt „katholisch-kirchlicher Zeitschriften in immer steigenderem Maße für reinpolitische Zielsetzungen in Anspruch genommen", erklärt Preysing zur Lage der katholischen Presse vor der Fuldaer Bischofskonferenz am 23. August 1939. „Ein Katakombenschicksal wird uns zugedacht, das der Anfang vom Ende sein soll. Zur Begründung und Rechtfertigung wird in unserer Geschichte das Große und Heilige übersehen oder unterdrückt oder rassisch umgedeutet, das Tadelnswerte und Schlechte aber ans Licht gezogen und aufgebauscht. Das ist es, was man in der Gegenwart mancherorts mit allem Nachdruck erstrebt: die völlige Zerstörung des katholischen Glaubens in Deutschland", heißt es im Hirtenwort des Deutschen Episkopats vom 19. August 1938. „Selbst führende Kreise wollen kein echtes und dauerndes Einvernehmen mit der katholischen Kirche. Innerhalb der deutschen Grenzen werden Kirchenaustrittsbewegungen eingeleitet und gefördert und wirtschaftliche Schädigungen gegen treukatholische Beamte, Angestellte und Arbeiter und gegen die katholischen Studierenden der höheren und Hochschulen in wachsendem Maße angedroht oder gar mit Härte vollzogen." Das, was Nationalsozialisten als „positives Christentum“ bezeichneten, sei nur der „Spielball einer Zeitmeinung und wesenhaft dazu bestimmt, über kurz oder lang der Gottlosigkeit zu weichen“.

Bereits im Juli 1932 hat der „Sicherheitsdienst“ (SD) unter Himmler und Heydrich seine Arbeit aufgenommen. Ende 1934 nach Berlin verlegt, wird er als Zentralbehörde der politischen Polizei im dort bereits vorhandenen „Geheimen Staatspolizeiamt“ untergebracht. Im Referat für Kirchenfragen, später in der Abteilung für „Kirchen, Juden und Freimaurer“ bzw. im Referat für „Politischen Katholizismus“ sind auch ehemalige katholische Geistliche wie Dr. theol. August Pantin und Albert Hartl beschäftigt. Die Gestapo beobachtet, sammelt und berichtet Phänomene, die sie als staatswichtig betrachtet, aus dem ganzen Reich. Zu ihren Aufgaben gehört es, das gesamte katholische Leben in den einzelnen Bezirken zu überwachen und im Bedarfsfall Verhaftungen und Überstellungen in Konzentrationslager durchzuführen.

Der SD verfügt über zahlreiche Haupt- und Außenstellen in ganz Deutschland und später in den besetzten Gebieten. Er arbeitet mit Spitzeln, Zuträgern und Informanten. Der nach dem Krieg verurteilte Hartl hat behauptet, zu seinen Informanten hätten 200 Geistliche aller Konfessionen gehört. Die Machtmittel der Geheimen Staatspolizei reichen vom Predigtverbot bis zur Einweisung in ein Konzentrationslager. Gelegenheit zur Bespitzelung findet sie in den unteren Bereichen der Kirchenleitung bis zum Episkopat, von der Dorfgemeinde bis zum vertraulichen Gespräch und zur Wallfahrt. So geht ihr auch ein ausführlicher Bericht zum Protokoll der Fuldaer Bischofskonferenz vom 17. bis 19. August 1938 zu. Sie untersucht z.B. die Finanzierung der katholischen Verbände, die Zahl ihrer Veranstaltungen, Biographie und Tätigkeiten jedes einzelnen deutschen Mitglieds des Jesuitenordens, den Anstieg oder Rückgang des Priesternachwuchses, die politische Einstellung der Geistlichen, Vermögensverhältnisse, die Entwicklung des Theologiestudiums an deutschen Universitäten, den Rückgang der Kirchenaustritte, die Kurierwege des Klerus, die Ergebnisse von Dekanatstagungen wie von Bischofskonferenzen, und sie führt auch eine Kartei „führender Geistlicher, um Aufschluß über ihr Privatleben zu bekommen“. Die Gestapo fertigt Berichte über Predigten aus ganz Deutschland an.

Das ist das Klima, in dem Männer wie Preysing und Lichtenberg arbeiten müssen. Preysing ist bemüht, zunächst eine gewisse Zurückhaltung in kirchenpolitischen Spannungen zu üben. „Wenn er sich auch keinen Augenblick über die wahren Ziele der tonangebenden Nazi-Führer täuschte und ihren Phrasen keinerlei Glauben schenkte“, so Schwerdtfeger, „gab es doch auf der Gegenseite Kräfte, die für Mäßigung eintraten.“ Trotz alledem versucht Preysing während der Olympischen Spiele 1936 in den Gottesdiensten für ausländische Gäste grundsätzliche Ausführungen zu machen. So äußert er am 1. August 1936 in der St. Hedwigs-Kathedrale: „Was haben die christlichen Völker im Laufe der Zeit Herrliches vollbracht – aber nur so lange, als die das ewige Gesetz geachtet haben und nicht das Gesetz der Selbstbehauptung und Selbstdurchsetzung als letzte Richtschnur."

Am 26. März des Jahres 1937 ergeht eine „Amtliche Verfügung" Lichtenbergs, am 28. März ein Hirtenschreiben des Bischofs in allen heiligen Messen zu verlesen, das sich mit dem Schicksal der katholischen höheren Privatschulen Berlins befaßt. „Die staatliche Behörde hat alle katholischen höheren Privatschulen Berlins zum stufenweisen Abbau verurteilt. Sexta und Obersekunda sollen bereits zu Ostern verschwinden. Ich betone, daß diese Maßnahme einer allmählichen Vernichtung der katholischen höheren Privatschulen gleichkommt. Ich habe in eurem (der Eltern) Namen eindringlich darum gebeten, diese Schulen zu erhalten, denen ihr eure Kinder anvertraut habt. Ich habe hingewiesen auf die Opfer, die ihr und die Katholiken Berlins für die Erhaltung dieser Schulen gebracht habt. Bis zur Stunde waren jedoch alle meine Bemühungen vergeblich. Wir alle beten zu Gott, daß die getroffene Maßnahme in letzter Stunde zurückgenommen werde, nicht nur, weil sie ein schweres Unrecht gegen Kirche, Elternschaft und Kinder ist, sondern auch, weil wir es als Christen und Deutsche noch immer nicht fassen können, daß durch feierlichen Staatsvertrag verbrieftes Recht nicht mehr Recht sein soll. Berlin, Karfreitag 1937. Konrad, Bischof von Berlin."

Im Februar 1937 wendet sich Preysing mit einer scharfen Eingabe an Goebbels. Es geht um eine Meldung des Amtlichen Deutschen Nachrichtenbüros, die, so Preysing, „weniger darauf abzielt, die deutsche Öffentlichkeit zu unterrichten, als vielmehr die katholische Kirche im allgemeinen und wichtige kirchliche Einrichtungen im besonderen zu diffamieren". Die unbeantwortete Eingabe schließt mit dem Satz: „Ich beantrage, daß das Reichspropagandaministerium alle seine Landesstellen und die Geheime Staatspolizei anweist, gegen katholisch-kirchliche Organe, die in kirchlichem Auftrag eine wahrheitsgemäße Berichtigung der DNB-Meldung vom 9.1.1937 bringen, nichts zu veranlassen. Ich stelle schließlich den formellen Antrag, gegen den Verfasser der Meldung ein Verfahren auf Grund der Verletzung des § 13 des Schriftleitergesetzes in Tateinheit mit einer Verletzung des § 14 Ziff. 2 und 4 vor dem Berufsgericht der Presse einzuleiten."

Bereits in Preysings erstem Amtsjahr sind der Leiter der „Kirchlichen Informationsstelle der Bischöflichen Behörden Deutschlands" in Berlin, Domkapitular Dr. Banasch, und sein Sekretär Bösel „wegen dringenden Verdachts des Verrates von Staatsgeheimnissen" verhaftet worden. Dr. Banasch wird erst am 6. März 1936 wieder freigelassen. Preysing hat den verhafteten Bischof von Meißen, Petrus Legge, vom 15. Oktober 1935 bis 15. März 1937 zu vertreten und in einem Prozeß u.a. vor der Großen Strafkammer des Landgerichts wegen „Devisenvergehens" für ihn als Sachverständiger auszusagen. Preysing kämpft um die Erhaltung der katholischen Kirchenpresse und prangert die Bekämpfung der Bekenntnisfreiheit, die Aufhebung katholischer Verbände und die Gewaltmaßnahmen gegen kirchliche Schuleinrichtungen an. Am 30. November 1937 sagt er in einem Hirtenbrief an die Berliner Katholiken: „Der gläubige Katholik steht in Deutschland unter Ausnahmerecht! Er muß Spott und Hohn, Unfreiheit und Bedrängnis für seinen Glauben dulden, ohne sich verteidigen zu können, während die Kirchenfeinde Freiheit des Wortes, des Angriffes und des Spottes haben."

In den Jahren 1935 bis 1937 steigern sich Diffamierungskampagnen gegen katholische Geistliche und Ordensschwestern. In der Ausgabe des „Völkischen Beobachters" vom 30 April 1937 ist von einer „tausendfachen Kette der Sexualskandale in Deutschland" die Rede. Die Überschrift des Artikels: „Kirchen und Klöster zu Lasterhöhlen erniedrigt". Es gehe um Verbrechen, „die zum Himmel schreien". Sicher sei, daß „die Klöster Brutstätten der Homosexualität" seien und „Sakristeien in Bordelle verwandelt" würden.

Die Deutschlandhalle wird zum Hexenkessel

Am 28. Mai 1937 hält Goebbels vor mehr als 20.000 Teilnehmern von „Berlins alter Garde, Tausenden von Männern und Frauen aller Stände und Berufe aus allen Gegenden der Reichshauptstadt, jungen und alten Volksgenossen" eine vom Rundfunk übertragenen Rede, die von lügenhaften Behauptungen und Drohungen gegen die katholische Kirche strotzt. Die Kirche habe „jahrelang von politischen Verfolgungen geredet, eingesperrte Geistliche als Märtyrer glorifiziert, obwohl sie wußte, daß es sich dabei um 95 von Hundert um Sittlichkeitsverbrecher handelte. Was sich hier abgespielt hat – ich sage das in voller Kenntnis des empörenden und haarsträubenden Prozeßmaterials –, ist grauenhaft und kann dem Volke gar nicht in vollem Umfange mitgeteilt werden." Der „Morast ist so abgrundtief, daß jeden Menschen, der die Möglichkeit hatte, auch nur einen dieser Prozesse in seinen Einzelheiten kennenzulernen, eine maßlose Wut und ein heiliger Zorn erfassen muß, vor allem auch gegenüber dem heuchlerischen Sittenrichtertum einer Institution, die selber die schamlosesten Exzesse duldet und unzählige junge Menschen dem Verderben ausgeliefert hat." Die Klöster seien „in ihrem Kern so verdorben", daß „unter ihren Angehörigen die widernatürliche Unzucht gewissermaßen hordenweise betrieben" werde. Bischöfe und andere Vorgesetzte hätten gegen all diese „planmäßige sittliche Vernichtung" nichts unternommen.

„Wird die Wahrheit der Sittlichkeitsprozesse gegen katholische Geistliche noch einmal von einer in Betracht kommenden Stelle in Deutschland oder außerhalb des Reiches angezweifelt, so werden wir mit den wirksamsten und drastischsten Mitteln diese Zweifel zu zerstreuen wissen. Untersteht sich noch einmal eine dieser Stellen, Mißtrauen gegen die Unantastbarkeit und Sauberkeit der deutschen Justiz zu säen, dann werden wir einige dieser hohen Personen des Klerus vor die Notwendigkeit stellen, vor Gericht unter Eid Rede und Antwort zu stehen. In Deutschland herrscht nicht das Gesetz des Vatikans, sondern das Gesetz des deutschen Volkes!"

Natürlich ist diese Rede der Versuch einer Antwort auf die Enzyklika „Mit brennender Sorge" des gleichen Jahres, die den Unrechtsstaat und seine rassistische Ideologie unmißverständlich angeprangert hat. Und sie bildet zugleich den durchsichtigen Versuch einer Entgegnung auf die Rede des amerikanischen Kardinals Mundelein, der Goebbels den „unehrlichsten Propagandaminister von Deutschland" genannt hat.

Preysing richtet an Goebbels einen Brief, in dem unter Angabe von genauen Statistiken nachgewiesen wird, daß nur eine prozentual verschwindend kleine Zahl von Prozessen gegen katholische Geistliche in Deutschland läuft bzw. abgeschlossen ist, daß aber Verfehlungen im Kreis von Hitlerjugendführern sorgsam verschwiegen werden. Walter Adolph schreibt dazu: „Mich interessierte in dieser Zeit, die Methode und Ziele der propagandistischen Auswertung der Sittlichkeitsprozesse zu analysieren. Mit meiner Arbeit war ich Ende Mai 1937 fertig. Ich legte sie dem Bischof Preysing vor, der sie nach einigen Korrekturen annahm. Bischof Preysing entschloß sich, das Schreiben, das die hinterhältige Methode der Propaganda demaskierte – nämlich meine Analyse – erst abzusenden, nachdem er die Rede von Goebbels gehört hatte. Die Rede versetzte die Zuhörer in einen antiklerikalen Paroxysmus. Ich habe das im Radio verfolgen können. Wir befürchteten, daß nach der Rede ein Sturm auf die Kurie des Bischofs erfolgen würde. Nach der Rede Goebbels ging ich die Wilhelmstraße in Berlin entlang und sah, daß er von der Deutschlandhalle zurückkam und in die Reichskanzlei fuhr. An diesem kleinen Vorfall wurde mir damals augenscheinlich klar, wie stark Hitler persönlich mit dem Kirchenkampf verbunden war."

Lichtenberg bewahrt eine unbeirrbare Treue zu seinem Bischof. Für ihn sind die Autorität des Papstes und des Bischofs unantastbar. Bei der Gestapo längst als „verkappter Zentrumsmann" denunziert, ändert sich seine Haltung gegenüber dem Nationalsozialismus nicht. Bereits am 5. August 1935 heißt es im Diensttagebuch des Reichsministers der Justiz über Lichtenberg: „Staatspolizei hat Generalstaatsanwalt mitgeteilt, nach Mitteilung der Gestapo habe in Berlin eine Besprechung stattgefunden, an der auch Reichsminister Kerrl teilgenommen habe. Ergebnis: es solle allein gegen den Vertreter des Bischofs in Berlin, Generalvikar Lichtenberg, vorgegangen werden."

Am 15. Oktober 1937 befaßt sich die Gestapo mit der Denunziation eines Verlagsvertreters, Heinrich Graf von Kageneck. Er habe geschäftlich mit dem „Domkapitular Prälat Lichtenberg ein längeres Gespräch geführt, in dessen Verlauf Lichtenberg sich in unerträglicher Weise über den Führer und die nationalsozialistische Bewegung geäußert haben soll."

Am 16. November 1937 wählt das Domkapitel Lichtenberg zum Dompropst des Kathedralkapitels zur heiligen Hedwig in Berlin. Am 21. Dezember 1937 hält Walter Adolph die Ernennung in seinem Tagebuch fest: „Von Rom ist jetzt die Ernennung von Domkapitular Lichtenberg zum Dompropst eingetroffen. Der Bischof wird nach bürokratischen Verwaltungsmethoden die Ernennung dem Reichskirchenministerium anzeigen und nach 14 Tagen publizieren. Wienken macht ein entsetztes Gesicht, weil Lichtenberg wegen seiner ablehnenden Haltung beim Kirchenministerium wohl nicht genehm sei."

Am 11. März des gleichen Jahres ist in der Folge 10 der NS-Zeitung „Schwarzes Korps" ein Artikel „Himmlischer Arbeitsdienst" erschienen, der Ausdrücke wie „Eucharistischer Eintopf" gebraucht und Verunglimpfungen des Priester- und Ordensstandes enthält. Der Bischof von Berlin stellt Strafanzeige gegen die verantwortlichen Schriftleiter; jedoch das Amtsgericht Berlin und der Staatsanwalt beim Landgericht stellen das Verfahren ein. Die bischöfliche Behörde legt gegen diese Entscheidung beim Kammergericht Berufung ein. Von dort kommt erneut ein ablehnender Bescheid. „Gegen den Entscheid des höchsten Staatsanwalts in Preußen wird vom Bischof gemäß § 172 StpO die Entscheidung des Kammergerichts angerufen, um eine höchstrichterliche Entscheidung herbeizuführen. Von dem Ausgang des Verfahrens werden wir zu gegebener Zeit weitere Mitteilung machen. Das Bischöfliche Ordinariat. Lichtenberg."

In all diesen Jahren kämpfen die deutschen Bischöfe um die Freiheit der Verkündigung der Glaubens- und Sittenlehre der Kirche, die vom Staat unter seinen Schutz gestellt ist und die er fortwährend verletzt. Im deutschen Episkopat stimmen freilich die Ansichten, wie man dem Kampf des Staates gegen die Kirche begegnen solle, nicht überein. So bilden sich in der Fuldaer Bischofskonferenz immer deutlicher Unterschiede heraus: Preysing und Galen vor allem stehen für eine Haltung „offenen und mannhaften Auftretens", die Pius XII. in den drei Predigten Galens 1941 wirkungsvoll bestätigt sieht. Kardinal Bertram, der Vorsitzende der Fuldaer Bischofskonferenz, hingegen bevorzugt eine Taktik des Verhandlungsweges. Lichtenberg neigt in allem der Haltung Preysings zu, der 1940 nach einem Glückwunschtelegramm Bertrams an Hitler das Pressereferat der Bischofskonferenz demonstrativ an Bertram zurückgibt.

Welcher Strategie der Papst zuneigt, geht aus etlichen Briefen an Preysing und andere deutsche Bischöfe hervor. Noch kurz vor dem Ausbruch des Zweiten Weltkriegs schreibt Pius XII. dem deutschen Episkopat: „Auch die lauterste Friedensbereitschaft und das für das Hirtenherz selbstverständliche Bestreben, dem gläubigen Volke irgendwie vermeidbare Opfer und Leiden zu ersparen, stehen unter dem Gebot der Wahrheit und der heiligen Gewissenspflicht, nicht um eines trügerischen Scheinfriedens willen dem Naturgesetz und der Offenbarung Gottes, ihrer Verkündigung und Verwirklichung Fesseln anlegen zu lassen." Und in einem Brief an Preysing vom 22. April 1940 zitiert der Papst den Satz: „Das deutsche Volk ist dankbar für jedes Wort seiner Bischöfe. Wo es unterbleibt, empfindet man es als einen Mangel an Führung."

1935 und 1937 kann Lichtenberg nach Rom reisen. Bei einer dieser Reisen trifft er auch auf den damaligen Kardinalstaatssekretär Pacelli. In seinen Tagebüchern hat Lichtenberg unter dem Pseudonym „Fridolin" darüber berichtet: „Der Heilige Vater war in Castel Gandolfo. Also dorthin zur Audienz! Beim Eintritt in den Schloßhof bekannte Berliner Gesichter, 50 Berliner waren mit Herrn Siegle nach Rom gekommen. Der Schloßhof füllte sich mit 600 Pilgern, darunter 150 Brautpaare. Ein Wagen fährt vor: Kardinal Pacelli kommt aus der Audienz. Die Berliner sind illuminiert. Fridolin schlängelt sich an den Wagen heran und macht Eminenz auf seine Berliner aufmerksam. Ein freundlicher Händedruck, eine freundliche Frage und dann hinauf zum Heiligen Vater." Den deutschen Behörden begründet Lichtenberg, wie es heißt, seinen Reisewunsch folgendermaßen: Er müsse jedes Jahr zum Vater nach Rom fahren. „An den Gräbern der Apostelfürsten will ich für mein Vaterland beten."

Inzwischen mehren sich Lichtenbergs körperliche Beschwerden. Nach einem schweren Herzanfall im Sommer 1938 wird er stationär im Berliner St. Josephs-Krankenhaus in der Niederwallstraße behandelt. Ende Juni bis Mitte Juli 1938 kommt es zu einem vollständigen körperlichen Zusammenbruch infolge einer schweren Nierenbeckenvereiterung. Bei der erneuten Aufnahme in das St. Josephs-Krankenhaus unterbleibt die Operation, weil, wie Lichtenberg sich 1941 erinnert, „die Ärzte meinten, ich würde sie nicht überstehen". Er erwägt, den Bischof zu bitten, ihn von allen Ämtern zu entbinden, damit er sich in ein Kloster zurückziehen und auf den Tod vorbereiten könne. Preysing schlägt ihm diese Bitte ab, weil er der Ansicht ist, auf Lichtenbergs Mitarbeit nicht verzichten zu können. Lichtenbergs Gesundheitszustand bleibt auch nach mehreren Kuren in Bad Wörishofen und in Heringsdorf an der Ostsee bedenklich.

Kontroverse mit dem Dogmatiker Karl Adam

Am 4. November 1940 richtet Lichtenberg ein Schreiben an den Tübinger Universitätsprofessor Karl Adam, Ordinarius auf dem Tübinger Lehrstuhl für Katholische Dogmatik und Autor bedeutender Werke wie „Wesen des Katholizismus" und „Jesus Christus". Im Rahmen einer religiös-wissenschaftlichen Vortragsreihe hat sich Adam mit dem Thema „Die geistige Lage des deutschen Katholizismus" befaßt. An der in Aachen stattfindenden Veranstaltung sollen etwa 1.000 Zuhörer teilgenommen haben. Das Publikum reagiert mit ebenso heftiger Zustimmung wie Ablehnung.

Der Vortrag behandelt das Verhältnis der katholischen Kirche zum Nationalsozialismus und das, was Adam „die nationalsozialistische Weltanschauung" nennt. Er steht in der kurzlebigen Tradition einer Reihe von Äußerungen deutscher Theologen und Philosophen, die sich an einem Brückenschlag zwischen Nationalsozialismus und katholischem Christentum versuchen. In der Schriftenreihe „Reich und Kirche" äußern sich Theologen wie Michael Schmaus und Josef Lortz über die Möglichkeiten der „Begegnung zwischen katholischem Christentum und nationalsozialistischer Weltanschauung" und über einen „Katholischen Zugang zum Nationalsozialismus".

Vor allem die Annahme, daß der Nationalsozialismus an „die Stelle des mechanistischen Weltbildes die organische Weltanschauung, an die Stelle der liberalistischen und individualistischen Lebenshaltung die Bindung an das Gegebene, die Erde, die Gemeinschaft" setze, erscheint ihnen als Verheißung und fasziniert sie. In seiner Schrift „Das Arbeitsrecht des Neuen Reichs und die Enzyklika ‚Quadragesimo anno'" unterstreicht der Philosoph Josef Pieper damals die Übereinstimmung des Grundgedankens der Enzyklika mit dem „sozialpolitischen Wollen des nationalsozialistischen Staates". Der Grundgedanke sei die Überwindung des Klassenkampfes zugunsten der einträchtigen Zusammenarbeit der Stände. „Der nationalsozialistische Staat und die Enzyklika ‚Quadragesimo anno' wollen die Ausräumung des Klassengegensatzes und die Wiederherstellung der Volksordnung durch die Entproletarisierung des Proletariats", so Pieper.

Der Theologe Karl Adam hat sich öffentlich zu ähnlichen Themen geäußert. So 1933 in einem Artikel „Deutsches Volkstum und katholisches Christentum" und 1934 in einer Stuttgarter Rede. Bereits 1933 beklagt er die „soziale Zerklüftung" und den „ins Uferlose anschwellenden Partei- und Klassenhaß". Er bedauert, was er die „Entfremdung des Geistes" nennt; er kritisiert die „Sterilität von Wissenschaft und Kunst". Das alles verlange nach einer „Verwurzelung unseres Geistes im lebendigen Volkstum, nach jenen Urmächten, die unser Volkstum schufen und formten: Blut und Geist, Blut und Religion, deutsches Blut und Christentum". In Hitler sieht Adam einen „Volkskanzler, in dem das Volk sein Bestes wiedererkannte und erlebte". Volkstum und Christentum verhielten sich zueinander wie Natur und Übernatur. Es gebe eine organische Verbindung aus Natur und Übernatur, deutschem Volkstum und katholischem Christentum. Man habe gewissermaßen den sittlichen Kern, die sittliche Idee des Nationalsozialismus samt seiner ihn treibenden Dynamik zu begreifen: die Idee der Volksgemeinschaft.

Der Aachener Vortrag vom 10. Dezember 1939 erweitert diese und andere Gedanken. Es gebe ein „deutsches Ethos – eine bestimmte sittliche Einstellung gegenüber deutscher Wirklichkeit". „Der sittliche Imperativ des deutschen Ethos nehme seine fordernde, zwingende Gewalt aus den Forderungen des deutschen Blutes, des deutschen Schicksals" (Hans Kreidler: „Karl Adam und der Nationalsozialismus"). Es gelte den deutschen Einschlag in Lehre, Disziplin und Kultur wieder sichtbar zu machen. Adams Vorschlag gipfelt in der Forderung nach dem „Waffendienst für katholische Theologen", der deutschen Sprache in der Liturgie und der Verehrung besonders der deutschen Heiligen.

Lichtenbergs Schreiben an Adam befaßt sich vor allem mit jenen Stellen der Rede, in denen er verhängnisvolle Unklarheiten sieht. Er greift einzelne Punkte des Aachener Vortrags auf. Adam hatte gesagt: „Wir Katholiken wissen uns als Glieder dieses Reiches und erblicken unsere höchste irdische Aufgabe in unserem Dienst am Reich. Eine neue Formulierung war bisher enthalten in der Antwort auf die erste Katechismusfrage: ‚Wozu bist du auf Erden?', mit anderen Worten: ‚Welches ist deine höchste irdische Aufgabe?' Die Antwort lautete bisher: ‚Um den Willen Gottes zu erfüllen und dadurch selig zu werden.' Es ist der ideale Fall möglich, daß diese beiden Formulierungen nicht in Kollision geraten, nämlich wenn das Dritte Reich den Forderungen des Apostels entspricht, die er in Röm 13, 3f an die Obrigkeit stellt: ‚Die Obrigkeit ist nicht für das gute, sondern für das böse Werk zum Schrecken. Willst du von der Gewalt nicht bedroht werden, so tue recht, und du wirst Lob von ihr erhalten. Sie ist für dich Gottes Gehilfin zum Guten.' Und wie ist es in den Fällen, in denen die Obrigkeit nicht ‚Gottes Gehilfin zum Guten' ist? In diesen Fällen muß man Gott mehr gehorchen als den Menschen."

Adam behauptet: „Erst wenn wir uns darauf besinnen, was Weltanschauung und was Christentum im letzten besagen will, gewinnen wir einen festen Ort, einen festen Standpunkt, von dem aus alle (anderen) anklingenden Fragen zu lösen sind." Lichtenbergs Antwort: „Hier wird die Grundfrage nach dem Verhältnis von Weltanschauung und Christentum aufgeworfen und die Hoffnung ausgesprochen, durch die richtige Beantwortung dieser Frage ‚einen festen Ort, einen festen Standpunkt zu gewinnen, von dem aus alle anderen anklingenden Fragen zu lösen sind'. Ich erinnere mich daran, daß Kardinal Fischer von Köln beim Internationalen Eucharistischen Kongreß in Köln A.D. 1909 davor warnte, den Terminus ‚Katholischer Glaube' zu ersetzen durch den Terminus ‚Katholische Weltanschauung'. Der katholische Glaube ist die objektiv geoffenbarte Wahrheit, die das katholische Subjekt sich mit Gottes Gnade so zu eigen macht, daß es ihm überflüssig erscheint, daneben noch von einer besonderen katholischen ‚Weltanschauung' zu sprechen, ja der katholische Instinkt wittert hinter diesem Ersatzwort ‚Weltanschauung' die Gefahr, den ‚festen Ort, den festen Standpunkt' zu verlieren, ‚von dem aus alle anderen anklingenden Fragen zu lösen sind'. Wo ist nun der feste Ort, der feste Standpunkt? Und welcher Weg führt uns zu diesem festen Ort?

Sie engen zunächst den Begriff der Weltanschauung ein auf die ‚uns umgebende diesseitige, phänomenale Wirklichkeit'. Dann engen Sie die deutsche Weltanschauung noch einmal ein auf die uns umgebende deutsche Wirklichkeit. So ist also schon aus der Weltanschauung eine Anschauung der deutschen Wirklichkeit geworden. Es ist also gar keine Weltanschauung mehr, sondern eine Anschauung der deutschen Wirklichkeit. Trotzdem nennen Sie diese Anschauung der deutschen Wirklichkeit immer noch Weltanschauung. Die Hoffnung, eine klare Einsicht in den Sinn einer eigenen deutschen, englischen, russischen, japanischen Weltanschauung zu bekommen, bleibt auch durch den Schlußsatz dieses Abschnittes unerfüllt, der so lautet: ‚Weil der deutsche Raum, der deutsche Boden, das deutsche Blut, das deutsche Schicksal sich von anderen Ausschnitten der Weltwirklichkeit bedeutsam abheben und eine besondere Würdigung seiner Eigenart und des damit gegebenen Aufgabenbereiches gestatten, ja fordern, darf und muß man von einer deutschen Weltanschauung reden, so wie man auch von einer englischen, russischen oder japanischen Weltanschauung reden kann ...'"

Adam behaupte weiter, in ‚unserem deutschen Vaterlande auf weite Strecken hin ein müdes, welkes Christentum vor uns' zu haben, ‚ein Christentum, derart unfruchtbar, kraftlos und leer, daß man schon von einer Agonie des Christentums reden zu dürfen glaubte und daß in diese Leere neue Weltanschauungen, unchristliche und widerchristliche Glaubensbewegungen einströmen könnten, ohne ernsthaften Widerstand zu finden.' Adam selber aber werbe – obwohl Lehrer der Theologie – für eine neue Weltanschauung, die er ihrem Wesen nach als eine politische Angelegenheit bezeichnet, die mit Theologie nichts zu tun habe, die aber in ihrer Totalität unteilbar ist, so daß von einem ‚insofern sie politische Angelegenheit ist' und ‚insofern sie unchristliche und widerchristliche Glaubensbewegung ist' nicht gesprochen werden kann'.

Lichtenberg fährt fort: „Es wird gewiß niemand behaupten, daß die menschliche Natur ‚in abstracto' Subjekt und Träger des übernatürlichen Gnadenlebens sei, denn was in Wirklichkeit nicht existiert, kann auch nichts tragen. Aber die deutsche Natur in abstracto kann ebenso wenig Subjekt und Träger des übernatürlichen Gnadenlebens sein; denn sie besteht ebenso wenig wie die menschliche Natur ‚in abstracto', und der ‚konkrete, aus Blut und Boden gewachsenen Mensch' ist gar kein Mensch, denn das, was ihn zum Menschen macht, zur menschlichen Person, das ist die Seele, und die stammt nicht aus Blut und Boden, sondern von Gott. Träger und Subjekt des übernatürlichen Gnadenlebens ist also die menschliche Person, wobei die Frage nach Blut, Boden, Rasse, Hautfarbe, Sprache eine Frage zweiten Ranges ist. Daß die katholische ‚Isolierung' von der neuen Bewegung als undeutsch, ja widerdeutsch empfunden wurde, führen Sie darauf zurück, daß es gerade der deutsche Genius gewesen war, der sich in der neuen Bewegung Bahn gebrochen hat. Nach einer weitverbreiteten Ansicht hat sich der deutsche Genius schon einmal in der Reformation Luthers Bahn gebrochen. Beide Empfindungen und Ansichten wären noch zu beweisen. Sie wünschen, es möge die Zeit nicht mehr fern sein, wo die deutschen Bischöfe im Einvernehmen mit dem Heiligen Stuhl dem deutschen Volk eine deutsche Liturgie zu schenken bereit sind, eine Liturgie, die wenigstens dort, wo sie sich an das Volk wendet und das Volk zu den heiligen Mysterien ruft, die Sprache des Volkes redet. Ein Blick in das Breslauer Rituale und in das nächstens erscheinende Rituale des jüngsten Bistums Berlin und in die zahlreichen Diözesan-, Gesang- und Gebetbücher zeigt, daß sich deutsche Bischöfe wohlbegründeten Wünschen nicht verschließen."

Drei Wochen nach Lichtenbergs Brief antwortet Adam unter dem Datum des 23. November 1940 aus Tübingen. Zunächst betont er, sein Vortrag sei nicht für die breite Öffentlichkeit bestimmt gewesen. „Auf Grund der mir gewordenen Information“ habe er angenommen, daß sich der Zuhörerkreis „aus lauter reifen Katholiken zusammensetzen werde“. Erst als sein Vortrag „in verzerrter Gestalt ohne und gegen mein Wissen in Umlauf gebracht wurde“, habe er den Schriftleiter des Kolpingblattes ermächtigt, Abschriften „zu nehmen und zu verbreiten“. Dann nimmt er zu einzelnen Punkten der Lichtenbergschen Kritik Stellung. „Die Erfüllung des göttlichen Willens ist unsere höchste Aufgabe. Gewiß! Aber dieser Wille ist auf Erden zu erfüllen. Also doch wohl dadurch, daß der Gläubige im Dienst Gottes irdische Werte schafft oder pflegt. Der höchste irdische Wert ist und bleibt für mich - wie für jeden, der seinem deutschen Blut nicht untreu werden will – die Einheit des deutschen Volkes im Neuen Reich.“

Was immer, so Adam, viele Funktionäre für eine antichristliche Kirchenpolitik trieben, das „Reich bleibt meine Obrigkeit“. Eine „aktive Gehorsamshaltung ist für uns eine um so dringendere Pflicht, als wir heute in einer ‚Volksgemeinschaft‘ stehen, von der die antiken Gemeinwesen noch nichts wußten. Wer diese Volksgemeinschaft direkt oder indirekt sabotiert, ist für mich weder Deutscher noch Christ.“ Wer könne denn überhaupt, ohne einen authentischen Entscheid der höchsten kirchlichen Stelle, „mit Sicherheit feststellen, ob die Obrigkeit hic et nunc nicht doch ‚Gottes Gehilfin‘ ist? ...

Wir zeitbedingte Menschen halten gerne etwas für gottwidrig, was uns aus unserer Verbürgerlichung aufschreckt, was uns die gewohnten Sicherungen nimmt und uns unmittelbar vor unsere Gewissensverantwortung stellt. Woher wissen wir zum Beispiel mit Gewißheit, daß die Aufhebung von Klöstern oder Schulen etc. gegen den Willen Gottes ist? Ist die alte Kirche nicht ohne staatlich legitimierten Religionsunterricht, ohne Klöster, ohne Domkapitel und theologische Fakultäten eine Märtyrerkirche gewesen?“

Im übrigen habe er, so Adam, mit einem Teil seines Vortrags weder die „katholische noch die nationalsozialistische ‚Weltanschauung‘ als solche beschreiben wollen, sondern nur jene Elemente der nationalsozialistischen Anschauung herausheben, die auch von uns Katholiken gesehen und gewertet werden können. In diesem derart herausgestellten Gemeinsamen der nationalsozialistischen und der katholischen Einstellung erblickte ich jenen festen Ort, der Ihnen zum Ärgernis wurde ...

Hochwürdigster Herr! Noch viel hätte ich über Ihr Schreiben zu sagen. Nicht deshalb macht es mich traurig, weil Ihre Mißdeutungen mich persönlich treffen, sondern deshalb, weil sie mir zeigen, daß gerade dort, wo unsere führenden Prälaten wie nirgends den Finger am Pulsschlag der Zeit haben sollten – in der Reichshauptstadt – kein Verständnis für die treibenden Gedanken meines Vortrags aufkommt, so daß man selbst dort nicht sieht oder sehen will, was dem deutschen Katholizismus not tut, wenn er in naher Zukunft nicht bloß ein Reservat der vergreisten und vergilbten Menschen, sondern lebendiger Besitz der schöpferischen und starken Menschen werden soll. So möchte ich alle Hoffnung fahren lassen, – wenn ich nicht gewiß wüßte, daß trotz allem nicht der schwache Mensch, sondern Gott im Regime sitzt. Mit deutschem Gruß. Gez. Adam."

Sieben Tage später antwortet Lichtenberg: „Die Einheit des Deutschen Volkes im neuen Reich ist ein hoher Wert. Der höchste ist es nicht. Wenn selbst der Besitz der ganzen Welt nach den Worten der Ewigen Wahrheit einen Schaden an der Seele nicht aufwiegt, wird der Seelenschaden, den die widerchristliche Tendenz der nationalsozialistischen Weltanschauung anrichtet, auch nicht durch die Einheit des Deutschen Volkes im neuen Reich aufgewogen werden. Für die sichere Entscheidung, ob bei Aufhebung von Schulen und Klöstern die weltliche Obrigkeit ‚Gottes Gehilfin zum Guten ist', ist weder Inspiration noch Kathedralentscheidung nötig. Es genügt der gesunde Menschenverstand und der Codex juris canonici."

Lichtenberg schreibt weiter: „Warum muß man von einer besonderen deutschen sittlichen Einstellung reden? Weil der Deutsche ‚von der Besonderheit seines Bodens, seines Klimas, seiner Geschichte, seines Schicksals etc. etc.' andere Aufgaben gestellt bekommen hat als ein Südseeinsulaner? Hat denn die sittliche Einstellung nur relative Bedeutung, eine andere für den Deutschen, eine andere für den Südseeinsulaner? Daß wir andere Aufgaben zu erfüllen haben als der Südseeinsulaner, ändert doch nichts an der sittlichen Einstellung zu diesen beiden Aufgaben. Aus der m.E. falschen Prämisse von der deutschen Weltanschauung folgt die falsche Konsequenz vom deutschen Ethos. Die ganze Auslassung über die deutsche Weltanschauung und deutsches Ethos rückt in eine bedenkliche Nähe zum Relativismus."

Heute erscheint es zeichenhaft, daß gerade Lichtenberg als Berliner Dompropst und enger Mitarbeiter von Preysing in Adams Programm „national-katholischer Identität" mit dem ihm zur Verfügung stehenden Instrument seiner theologischen Ausbildung und mit seinem gesunden Menschenverstand hineinleuchtet. Denn als Professor Adam und Dompropst Lichtenberg ihre Briefe wechseln, ist der Zweite Weltkrieg in vollem Gang. Hitler hat Polen überfallen und erobert, Stalin den Weg zum Einmarsch in Ostpolen geöffnet. Deutsche Divisionen haben Dänemark und Norwegen besetzt, die Niederlande, Belgien, Frankreich angegriffen und besiegt. Und hinter den Fronten beginnt die gnadenlose Ausrottung des europäischen Judentums in Form der „Endlösung".

Am 20. August 1941, fast genau zwei Monate nach dem Beginn des Rußlandfeldzugs, verfaßt Lichtenberg ein Protestschreiben an den Reichskirchenminister Hanns Kerrl. Es richtet sich gegen die nationalsozialistische Kirchenpolitik. Dort stehen auch die prophetischen Sätze: „Sie aber, Herr Reichsminister, rufen katholische Bischöfe zum Kampf gegen den Feind des Christentums und der Religion überhaupt auf als Vertreter der Staatsgewalt – und dabei ist dieser Staat selbst der fanatische und brutale Feind des Christentums, besonders der katholischen Kirche und damit der Religion überhaupt. Nur tarnt er seine Feindschaft gegen das Christentum unter der heuchlerischen Maske des ‚positiven Christentums', welches in Wahrheit positive Vergottung der Staatsgewalt ist und sich vom Bolschewismus nur unterscheidet durch feige Tarnung. Für diese diabolische Täuschung werden der Führer und die Minister des im ersten Jahrzehnt stehenden Dritten Reiches Bischöfe der bald 2000 Jahre bestehenden Kirche nicht gewinnen. Lieber werden sie Mann für Mann das Schafott besteigen, ehe sie ihr bischöfliches Gewand verbrämen mit einem verlogenen Patriotismus, der zum Untergang des deutschen Volkes und Vaterlandes führt."

Lichtenberg liest diesen Textentwurf seinen Mitarbeitern im Ordinariat vor. Der Entwurf ist gedacht als eine Anwort Bertrams. Er wird bei seiner Verhaftung und der damit verbundenen Hausdurchsuchung gefunden und dient als Anklagematerial gegen einen Mann, der es verschmäht, vom „Martyrium" zu reden, sondern der bezeugt, was er glaubt, hofft und liebt.

V Verordneter Antisemitismus führt nach Auschwitz

Am 7. November 1938, vormittags um fünf nach halb zehn, erscheint in der Deutschen Botschaft in Paris, damals Rue de Lille im 7. Arrondissement, ein junger Mann, der einen der Botschaftssekretäre zu sprechen wünscht. Nach dem Grund seines Begehrens gefragt, gibt er an, er habe ein „wichtiges Dokument" zu übergeben. Die Frau des Pförtners weist den Besucher in den linker Hand gelegenen Flur. Der Besucher klingelt dann an der den Flur abschließenden Zwischentür. Es wird ihm von einem Amtsgehilfen geöffnet. Der Besucher, dunkelhaarig, ziemlich kleinwüchsig – über dem grauen Anzug trägt er einen hellen Sportmantel – wiederholt seinen Wunsch, einen Sekretär der Botschaft zu sprechen. Er habe ein Dokument zu übergeben. Der Amtsgehilfe erbietet sich, das Dokument selber weiterzuleiten. Der junge Mann weist dies Anerbieten zurück. Das Dokument sei zu wichtig, um es aus der Hand zu geben. Der junge Mann wird in das Wartezimmer geführt: Ohne den üblichen Anmeldevordruck ausfüllen zu lassen, meldet der Gehilfe dann den Besucher beim amtierenden Botschaftssekretär Ernst Eduard vom Rath an.

Dieser läßt den Besucher herein. Wenige Minuten später hört der Amtsgehilfe aus der Richtung des Zimmers, in dem Rath den Besucher empfangen hat, Schreie und Hilferufe. Im Flur begegnet er Rath, der ihm zusammengekrümmt zuruft, er sei angeschossen worden. Daraufhin stürzt sich der Gehilfe auf den immer noch in der offenen Tür des Dienstzimmers stehenden Besucher. Dieser läßt sich, ohne den geringsten Widerstand zu leisten, festnehmen und zu dem Polizisten führen, der vor der Botschaft an diesem Tag seinen Straßendienst versieht. Der Schutzmann Francois Collet führt den Attentäter seinem Polizeikommissar vor. Bei dieser Vorführung gibt der junge Mann an, Herschel Feibel Grynszpan zu heißen. Geboren sei er am 28. März 1921 in Hannover als Sohn der Sigmund und Regina G., polnischer Staatsangehörigkeit, siebzehneinhalb Jahre alt. Über die Motive zu seiner Tat befragt, erklärt Grynszpan, er habe als Jude seine verfolgten Glaubensgenossen rächen wollen. Bei der Besichtigung des Tatorts findet Kommissar Monneret in Raths Dienstzimmer einen Trommelrevolver Kaliber 6,35, an dessen Abzugsbügel sich noch ein roter Faden des Preisetiketts befindet. Die Waffe enthält noch fünf Patronen. In der Wand findet man die Spuren von zwei Patronen.

Bei der zweiten Befragung schildert G. den Ablauf der Tat. Er gibt unter anderem folgendes zu Protokoll: „Ich wurde von dem Attaché empfangen, der mir einen Sessel links von ihm anbot. Er erkundigte sich nach den Gründen meines Besuchs. Ich sagte ihm: Sie sind ein schmutziger Deutscher, und nun übergebe ich Ihnen im Namen von 12.000 schikanierten Juden das Dokument. Ich zog den Revolver, den ich in der Innentasche meines Rockes versteckt hatte, und schoß. Im

Augenblick, wo ich die Waffe zog, erhob sich der Attaché von seinem Sessel. Ich feuerte und zielte in die Mitte des Körpers. Mein Opfer versetzte mir einen Faustschlag und verließ hilferufend das Zimmer. Die Postkarte, die sich in meiner Brieftasche befand, habe ich am Donnerstag, den 3. November erhalten. Von diesem Augenblick an hatte ich beschlossen, aus Protest ein Mitglied der Botschaft zu töten. Aus den Zeitungen wußte ich von der Unterdrückung meiner Glaubensgenossen. Das ist der einzige Grund, der meinen Schritt veranlaßt hat."

Die fragliche Postkarte trägt das Datum 31. Oktober und den Poststempel „Zbaszyn. 1. November 1938". Der Text lautet: „Lieber Herschel! Du hast gewiß von unserem großen Unglück gehört. Ich schreibe Dir, was passiert ist. Donnerstag abend waren Gerüchte im Umlauf, daß alle polnischen Juden einer Stadt ausgewiesen worden waren. Dennoch sträubten wir uns, das zu glauben. Am Donnerstag abend um 19 Uhr ist ein Schutzpolizist zu uns gekommen und hat uns erklärt, daß wir uns unter Mitnahme der Pässe zum Polizeirevier begeben sollten. So wie wir waren, sind wir alle zusammen in Begleitung des Schupos zum Polizeirevier gegangen. Dort fand sich schon unser ganzes Stadtviertel zusammen. Ein Polizeiauto hat uns sofort zum Rathaus gebracht. Alle sind dorthin gebracht worden. Man hatte uns nicht gesagt, um was es sich handelte. Aber wir haben gesehen, daß es mit uns aus war. Man hat jedem von uns einen Ausweisungsbefehl in die Hand gesteckt. Man sollte Deutschland vor dem 29. Oktober verlassen. Man hat uns nicht erlaubt, wieder nach Hause zu gehen. Ich habe gebettelt, daß man mich nach Hause gehen ließe, um wenigstens einige Sachen zu holen. Ich bin dann in Begleitung eines Schupos fortgegangen und habe die notwendigsten Kleidungsstücke in einen Koffer gepackt. Das ist alles, was ich gerettet habe. Wir haben keinen Pfennig. Fortsetzung nächstes Mal. Herzliche Grüße und Küsse von uns allen. Berta Zbaszyn 2. Baracke Grynszpan."

Die Verfasserin der Postkarte ist Herschels Schwester Berta. Beide sind Kinder der Familie Sendel und Gryfka G. Von den sechs Kindern dieser Ehe leben zu diesem Zeitpunkt noch drei. Der Vater ist gelernter Schneider. 1911 ist er mit seiner Frau nach Hannover gezogen, um den Judenverfolgungen im zaristischen Rußland zu entgehen. Nach dem Besuch der Volksschule findet der junge Herschel in Hannover keine Arbeit. Er besitzt einen polnischen Paß, denn er ist ja, wie alle seine Familienangehörigen, polnischer Staatsbürger. Seine Bemühungen um eine dauernde Aufenthaltserlaubnis weist das französische Innenministerium zurück. Dem Antrag seines Vaters aber, seinen Sohn erneut nach Deutschland einreisen zu lassen, gibt die Konsular-Abteilung der Pariser Deutschen Botschaft nicht statt. Dem französischen Ausweisungsbefehl kommt Herschel Grynszpan nicht nach.

Als ihn am 3. November die Postkarte seiner Schwester Berta erreicht, befinden sich Vater, Mutter und die beiden noch lebenden Geschwister in einem polnischen Ort nahe der deutsch-polnischen Grenze. Sie wohnen in einem Barackenlager, schlafen auf Strohsäcken und werden vier Wochen lang keine Wäsche mehr wechseln können. Ernährt werden sie von einem jüdischen Hilfskomitee. Es gibt 20 Todesfälle.

Die Grynszpans gehören zu den 15.000 bis 17.000 Juden polnischer Staats–angehörigkeit, die am 27. und 28. Oktober verhaftet und an die deutsch-polnische Grenze befördert werden. Die Abschiebung nach Polen gelingt jedoch nur im Anfang, dann schließen die polnischen Behörden die Grenze. Um den deutschen Maßnahmen der Ausbürgerung zuvorzukommen und die jüdischen Staatsangehörigen nicht aufnehmen zu müssen, hat der polnische Innenminister bereits am 6. Oktober 1938 denjenigen Polen die Staatsangehörigkeit aberkannt, die keinen besonderen und kurz befristeten Kontrollvermerk in ihren Pässen vorweisen können. Ehe der Stichtag der Paßüberprüfung abläuft, handeln die deutschen Behörden. Bis die Polen ihre Landsleute aufnehmen, irren viele Tausende polnischer Juden im Niemandsland zwischen deutscher und polnischer Grenze hin und her.

Herschel Grynszpan hat sich in einem Pariser Metallwarengeschäft seinen Revolver gekauft. Eine Stunde später betritt er die Deutsche Botschaft und schießt auf den Botschaftssekretär. Am Mittwochabend, dem 9. November 1938, stirbt Rath in der Pariser Klinik d' Alma, nachdem die Therapie der beiden von Hitler persönlich nach Paris beorderten Ärzte, darunter sein Leibarzt, nichts mehr ausrichten kann. Eine Kugel hat die Milz durchschlagen, eine andere die Magenwand an zwei Stellen verletzt.

Am 12. November 1938 findet in der Deutschen Protestantischen Kirche in Paris die Trauerfeier statt, an der als offizieller Vertreter seiner Regierung der französische Außenminister Bonnet, der deutsche Staatssekretär des Auswärtigen, Ernst Freiherr von Weizsäcker, der deutsche Botschafter, viele hohe Militärs und Beamte und der Vater des Toten teilnehmen. In einer Ansprache nennt v. Weizsäcker den Toten u. a. den „ersten Gefallenen der Diplomatie für das Dritte Reich".

Die Nachricht vom Tod des 29jährigen Rath trifft am Abend des 9. November 1938 auch in München ein. Im Alten Rathaus sind die „Alte Garde" der NSDAP und ein großer Teil der nationalsozialistischen Prominenz vertreten, um wie jedes Jahr des im Jahr 1923 gescheiterten Hitler-Putsches zu gedenken. Gegen 20 Uhr 30, als sich die Anwesenden gerade zum Essen niedersetzen wollen, wird Hitler und Goebbels die Nachricht mitgeteilt. Nach einem kurzen Gespräch zwischen beiden wendet sich der Reichspropagandaminister an die Anwesenden.

Zunächst gibt er den Tod Raths bekannt. Dann hält er eine Rede. Ihr Wortlaut erscheint weder im „Völkischen Beobachter“, noch ist ihr Inhalt aufgezeichnet worden. In einem späteren Bericht des Obersten Parteigerichts an Göring vom 13. Februar 1939 – das Gericht hat über Straftaten von Parteigenossen zu befinden, die im Zusammenhang des 8. bis 11. November 1938 begangen wurden – heißt es: „Am Abend des 9. November 1938 teilte der Reichspropagandaminister Pg. Dr. J. Goebbels den zu einem Kameradschaftsabend im Alten Rathaus zu München versammelten Parteiführungen mit, daß es in den Gauen Kurhessen und Magdeburg-Anhalt zu judenfeindlichen Kundgebungen gekommen sei. Dabei seien jüdische Geschäfte zertrümmert und Synagogen in Brand gesteckt worden. Der Führer habe auf seinen Vortrag hin entschieden, daß derartige Aktionen weder vorzubereiten noch zu organisieren seien. Soweit sie spontan entstünden, sei ihnen aber auch nicht entgegenzutreten. Die fernmündlich gegebenen Weisungen des Reichspropagandaleiters sind wohl von sämtlichen Parteiführern so verstanden worden, daß die Partei nach außen hin nicht als Urheber der Demonstration in Erscheinung treten, sie aber in Wirklichkeit organisieren und durchführen solle. Sie wurde in diesem Sinne sofort von einem großen Teil der anwesenden Parteigenossen fernmündlich an die Dienststellen ihrer Gaue weitergegeben.“

Nach der Rede von Goebbels löst sich der „Kameradschaftsabend“ auf. Die anwesenden Parteiführer geben telefonisch an die nachgeordneten Dienststellen ihrer Organisationen Weisungen im Sinn der eben gehörten Rede. Gauleiter und Gaupropagandaleiter rufen ihre Dienststellen an und versuchen, dort irgend jemanden zu erreichen, der den Parteiapparat in Bewegung setzen kann. Die ersten Anrufe gehen etwa 22 Uhr 30 heraus. Von dort erreicht man die Kreisleiter. Diese geben die Nachricht an die Ortsgruppen weiter. Goebbels' Rede ist so gehalten, daß ihr die einzelnen Teilnehmer je nach Einstellung und Temperament das entnehmen können, was sie für wichtig und angemessen halten.

Bereits unmittelbar nach der Goebbels-Rede sammelt der Stabschef der SA, Victor Lutze, seine SA-Führer um sich und gibt ihnen nähere Instruktionen für den Beginn judenfeindlicher Aktionen. Doch auch er wählt nur die Form indirekter Befehle. Genau deshalb sind den Initiativen ausführender Organe keine Schranken gesetzt. Bei der telefonischen Durchsage der Befehle fallen Äußerungen wie diese: „Nicht der Jude Gr., das ganze Judentum trage die Schuld am Tod Ernst Eduard vom Raths – das deutsche Volk nehme infolgedessen Rache am gesamten Judentum. Die Aktion werde auf Befehl des Führers durchgeführt, die Polizei sei zurückgezogen, Pistole sei mitzubringen, bei geringstem Widerstand sei von der Waffe Gebrauch zu machen. Als SA-Mann müsse nun jeder wissen, was er zu tun habe."

Da Himmler und Heydrich die fragliche Rede von Goebbels nicht gehört haben, können sie sich erst gegen 1 Uhr nachts über eine gemeinsame Entscheidung miteinander abstimmen. Heydrich erläßt einen Befehl, in dem es unter anderem heißt: „Die Staatspolizeileitstellen haben sich nach den Wünschen der Propagandaämter zu richten." Dieser Satz belegt, welche Verantwortung Goebbels für die ganze Aktion trägt. Natürlich weichen Himmler und Heydrich nur bezüglich der Taktik von Goebbels ab. Nach heutiger Kenntnis der Umstände dürfte feststehen, daß Goebbels in seiner Pogrom-Rede am Abend des 9. November 1938 im Einverständnis und nach vorheriger Absprache mit Hitler handelt. Wahrscheinlich finden die ersten Besprechungen zwischen ihm und Goebbels bereits vor der fraglichen Veranstaltung in Hitlers nahegelegener Wohnung statt.

Der Chef des Reichsicherheitshauptamtes Berlin, SS-Standartenführer Heinrich Müller, hat schon fünf Minuten vor 24 Uhr detaillierte Fernschreib-Anweisungen an die Stapostellen im Deutschen Reich ergehen lassen. Dort liest man: „1. werden in kürzester Frist in ganz Deutschland Aktionen gegen Juden, insbesondere gegen deren Synagogen, stattfinden. Sie sind nicht zu stören. Jedoch ist im Benehmen mit der Ordnungspolizei sicherzustellen, daß Plünderungen und sonstige besondere Ausschreitungen unterbunden werden können. 2. Sofern sich in Synagogen wichtiges Archivmaterial befindet, ist dies durch sofortige Maßnahmen sicherzustellen. 3. Es ist vorzubereiten die Festnahme von etwa 20.000 bis 30.000 Juden im Reiche. Es sind auszuwählen vor allem vermögende Juden. Nähere Anordnungen ergehen noch im Laufe dieser Nacht."

In einem Schnellbrief Heydrichs an Göring vom 15. November 1938 liest man: „An Synagogen wurden 191 in Brand gesteckt, weitere 76 vollständig demoliert. Ferner wurden elf Gemeindehäuser, Friedhofskapellen und dergleichen in Brand gesetzt und drei weitere vollständig zerstört. Festgenommen wurden rund 20.000 Juden, ferner sieben Arier und drei Ausländer. An Todesfällen wurden 36, an Schwerverletzten ebenfalls 36 gemeldet. Die Getöteten bzw. die Verletzten sind Juden."

Die Herkunft des Wortes „Reichskristallnacht" ist nicht mehr auszumachen. Ob es ein in jenen Tagen entstandenes „geflügeltes Wort" oder vielleicht eine verharmlosende Propagandaprägung ist, bleibt unklar. Sicher aber kommt es der antisemitischen NS-Propaganda entgegen. Denn es sind in der Nacht vom 9. auf den

10. November und später nicht etwa nur einige Fensterscheiben zu Bruch gegangen.

Wie überall in Deutschland versucht die von Goebbels gelenkte Presse das Vorgehen der angeblich spontan vorgehenden Täter zu rechtfertigen. Am 11. November veröffentlicht der „Völkische Beobachter" einen Aufruf des Reichsministers Goebbels an die Bevölkerung: „Die berechtigte und verständliche Empörung des deutschen Volkes über den letzten jüdischen Meuchelmord an einem deutschen Diplomaten in Paris hat sich in der vergangenen Nacht in umfangreichem Maße Luft verschafft. In zahlreichen Städten und Orten des Reiches wurden Vergeltungsaktionen gegen jüdische Gebäude und Geschäfte vorgenommen. Es ergeht nunmehr an die gesamte Bevölkerung die strenge Anordnung, von allen weiteren Demonstrationen und Vergeltungsaktionen gegen das Judentum, gleich welcher Art, sofort abzusehen. Die endgültige Antwort auf das jüdische Attentat in Paris wird auf dem Wege der Gesetzgebung bzw. der Verordnung dem Judentum mitgeteilt werden."

Unmittelbar unter dieser Meldung druckt die Zeitung einige ergänzende Sätze ab. Sie lauten: „Die feige Mordtat des Juden Grünspan hat im gesamten deutschen Volk eine nur allzu verständliche Empörung hervorgerufen, die sich denn auch angesichts der unvergleichlichen Gemeinheit dieser Tat und der unverfrorenen Frechheit, mit der sie ausgeführt wurde, in judenfeindlichen Kundgebungen äußerte. Wenn dabei, trotz der so berechtigten Wut aller Deutschen, keinem Juden ein Haar gekrümmt wurde, so mag man das in der Welt der Diszipliniertheit der Deutschen zugutehalten. Auf jeden Fall sollte nicht versäumt werden, nachdrücklichst darauf hinzuweisen, daß bei einer neuen Herausforderung durch das Weltjudentum das deutsche Volk kaum wieder so glimpflich mit den Verbrechern abrechnen wird."

Noch am 12. November erläßt der „Beauftragte für den Vierjahresplan", Göring, eine Anordnung, „derzufolge Juden vom 1. Januar 1939 an der Betrieb von Einzelhandelsverkaufsstellen, Versandgeschäften oder Bestellkontoren sowie der selbständige Betrieb des Handwerks untersagt wird." Juden können künftig nicht mehr selbständig einen Betrieb führen. Schäden an jüdischen Gewerbebetrieben und Wohnungen sind auf eigene Kosten zu beseitigen. „Versicherungsansprüche von Juden deutscher Staatsangehörigkeit werden zugunsten des Reiches beschlagnahmt." Den Juden in Deutschland wird eine Geldbuße von einer Milliarde Reichsmark „für den ruchlosen Mord in Paris" auferlegt. Weitere einschneidende Maßnahmen werden angekündigt. Als Vorsitzender der „Reichskulturkammer" untersagt Goebbels den Juden jeglichen Besuch öffentlicher kultureller Veranstaltungen.

Das öffentliche Abendgebet – Stein des Anstosses

Das ist der aktuelle Hintergrund, vor dem Lichtenbergs Handeln gesehen werden muß. Mitten in Berlin beginnt er noch am Abend des 9. bzw. 10. November 1938 mit seinen öffentlichen Gebeten für die verfolgten „Nichtarier und Juden". Lichtenberg, der unfähig ist, feige zu sein, spürt, daß er handeln muß. Entsetzt über die Zerstörungen im Zentrum Berlins, tritt er in der St. Hedwigs-Kathedrale betend für die Verfolgten ein und wird mit seinen Gebeten erst aufhören, als man ihn verhaftet.

Bei der Vernehmung während der Hauptverhandlung am 22. Mai 1942 befragt man Lichtenberg nach der Entstehung dieses Abendgebets. Nach Angaben der Augenzeugin im Gerichtssaal, Dr. Margarete Sommer, gibt er zu Protokoll:

Antwort: „Ich pflege seit 36 Jahren täglich in den Gemeinden, in denen ich tätig war, das Abendgebet zu sprechen. Bei diesem Abendgebet habe ich jeweils immer der besonders Bedrängten und Hilfsbedürftigen gedacht. So habe ich beispielsweise, als die Verfolgung in Mexiko ausbrach, für die verfolgten Christen in Mexiko gebetet; zur Zeit der Verfolgung in Rußland für die russischen Völker; bei der Verfolgung in Spanien für die verfolgten Christen in Spanien."

Frage: „Vielleicht können Sie uns angeben, wie es zur Entstehung des Gebetes für die Juden gekommen ist."

Antwort: „Das kann ich genau angeben. Es war im November 1938, als die Schaufenster in den Geschäften zerstört wurden und die Synagogen brannten; da ging ich an einem Morgen vor meiner Messe, d.h. zwischen 5 und 6 Uhr, durch die Straßen meiner Pfarrei. Als ich diese Zerstörung erlebte, bei der die Polizei untätig zusah, war ich empört über diesen Vandalismus, und ich fragte mich: Was kann da noch helfen, wo so etwas möglich ist in einem geordneten Staat? Und ich sagte mir: Da kann nur noch eines helfen, das Gebet. Und an diesem Abend betete ich ein erstes Mal: ‚Laßt uns beten für die verfolgten nichtarischen Christen und die Juden'."

Angela Lehmann, die der Dompropst als Gehilfin seiner Tante in seinen Haushalt aufgenommen hat, weil sie als Tochter einer kinderreichen Witwe Arbeit suchte, berichtet vom Morgen des 10. November 1938: „Ich kann mich noch an die Verwüstungen nach der Reichskristallnacht erinnern. Herr Dompropst war schon sehr früh unterwegs und berichtete uns von den Zerstörungen. Es hat ihn erschüttert. Meine Tante und ich gingen später einkaufen und konnten uns davon überzeugen. Die Fensterscheiben der Kaufhäuser waren eingeschlagen, die Auslagen geplündert. Wir sind über Glassplitter und Reste von Garnen und Knöpfen gegangen. Mit Tränen in den Augen berichteten wir Herrn Dompropst von diesem Wahnsinn. Er sagte: ‚Beten wir für die Verblendeten'."

Unter dem Eindruck der Ausschreitungen vom 9. bis 11. November 1938 sprach Lichtenberg auch sein berühmt gewordenes Gebet: „Was gestern war, wissen wir. Was morgen ist, wissen wir nicht. Aber was heute geschehen ist, haben wir erlebt. Draußen brennt der Tempel. Das ist auch ein Gotteshaus."

Der Zeitzeuge Werner Hennig erinnert sich: „Ich weiß, daß im Bistum Berlin bekannt war, daß Bernhard Lichtenberg bei dem öffentlichen Abendgebet in der St. Hedwigs-Kathedrale regelmäßig für die ‚armen verfolgten Juden' betete. Dabei kam klar seine ablehnende Haltung zur unchristlichen Rassenideologie des Nationalsozialismus zum Ausdruck."

Aber es gab auch kritische Stimmen, wie Hans Amelung: „Ich hielt sein öffentliches Beten für die Juden in der damaligen Situation des Krieges insofern für unklug, als dieses Verhalten die Nazis dazu zwingen mußte, ihn zu verhaften."

Robert Bastini sagt dazu: „Im Jahre 1938 oder 1939 war ich in der St. Hedwigs-Kathedrale und hörte an einem Sonntag die Christenlehre, die Dompropst Lichtenberg zum Evangelium vom barmherzigen Samariter hielt. Bei der Erklärung des Evangeliums stellte er dann ganz offen die Frage: ‚Darf man denn einem Juden helfen?' Bei der damaligen Verfolgung der Juden durch die Nationalsozialisten wirkte die offene Formulierung dieser Frage schockierend. Mir verschlug diese Sprache den Atem; denn es war bekannt, daß seine Predigten überwacht wurden."

Das „Hilfswerk“ und manche Berliner treten für die Juden ein

Bei seinem Eintreten für die Verfolgten begnügt sich Lichtenberg keineswegs mit Worten. Bereits am 16. August 1936 hat er in der St. Hedwigs-Kathedrale eine Kollekte für „schwer notleidende nichtarische Katholiken" gehalten. Und als Preysing das „Hilfswerk beim Bischöflichen Ordinariat Berlin" mitbegründet, ernennt er Lichtenberg Ende August 1938 zum Referenten für die „Angelegenheiten der katholischen Nichtarier". Das Hilfswerk übernimmt die Tätigkeit des vorangegangenen Caritas-Notwerks und ist bewußt als kirchliche Stelle in der Letztverantwortung des Bischofs konzipiert, um nicht durch verbandsrechtliche und steuerliche Bestimmungen eingeengt zu sein, wie es bei allen Institutionen des Caritasverbandes der Fall war.

Das Hilfswerk bezieht seine Büroräume auf dem Grundstück der Herz Jesu-Gemeinde in der Schönhauser Allee 182. Das ist nicht weit vom Berliner Scheunenviertel, in dem zahlreiche Juden wohnen, teilweise eingewanderte galizische Juden mit Talmudschulen und koscheren Geschäften, teilweise mit einem ziemlich berüchtigten Amüsierviertel. Nach einer Zählung am 17. Mai 1939 wohnen 75.344 Juden in der damaligen Reichshauptstadt, davon über 20 Prozent im Alter von 60 Jahren. „Allein von September 1938 bis März 1939 zählte das Hilfswerk ungefähr 3.500 Besucher, die in Auswanderungsfragen Beratung und Hilfe suchten. 1.810 Briefe waren in diesem Zeitraum zu erledigen. Hinzu kamen etwa 50 bis 70 Telefongespräche täglich. Die Ausreisekosten pro Person betrugen damals mindestens 400 Reichsmark. Das Hilfswerk schätzte, daß man für etwa 600 bis 1.000 ausreisewillige Personen die Ausreisekosten bezahlen müsse. Kein Wunder, daß in allen Tätigkeitsberichten die Sorge um angemessene finanzielle Mittel eine dominierende Rolle spielte. Die NS-Behörden förderten bis Anfang des Krieges sogar die Auswanderung der deutschen Juden, allerdings ohne dafür Devisen opfern zu wollen", so beschreibt Wolfgang Knauft das Hilfswerk. Mit seiner ganzen Kraft sucht Lichtenberg die pastorale und materielle Notlage der katholischen „Nichtarier" zu lindern.

Doch er begnügt sich nicht mit der Hilfe für diese Gruppe. Er sucht auch andere verfolgte Juden zu schützen und zu betreuen. Noch im Vernehmungsprotokoll der Voruntersuchung des Berliner Amtsgerichts vom 3. November 1941 äußert Lichtenberg: „Ich halte mich nicht nur für berechtigt, sondern sogar für verpflichtet, den katholischen Gläubigen zu predigen, daß sie sich nicht durch unchristliche Gesinnung beirren lassen dürfen, sondern nach dem strengen Gebot Jesu Christi ‚Du sollst deinen Nächsten lieben wie dich selbst' zu handeln haben. Dazu gehört auch der Jude."

Schwester Stephana bezeugt: „Lichtenberg war durch Ernennung des Bischofs von Berlin zum Leiter der Hilfsstelle für nichtarische Christen ernannt worden. In dieser Eigenschaft suchte er den nichtarischen Christen, aber auch den nicht getauften Juden materiell und geistlich zu helfen. Es war für ihn eine Selbstverständlichkeit, daß jeder Mensch ein Bruder Christi ist und ein Geschöpf Gottes. Deshalb trat er für die verfolgten Juden ein." Während seiner Gefangenschaft äußert Lichtenberg nachdrücklich den Wunsch, als Seelsorger für Juden, die die Taufe empfangen haben, in das Ghetto von Lodz zu gehen, nach Litzmannstadt, wie die Nationalsozialisten es nennen.

Lichtenberg und Dr. Margarete Sommer treten an ihnen vertrauenswürdige und persönlich bekannte Personen heran mit der Bitte, beim Verbergen gefährdeter Juden oder jüdischer Familien zu helfen. Dr. Marianne Pünder, Teilnehmerin der Gottesdienste in St. Hedwig, berichtet: „Frau Dr. Sommer sagte mir, daß Lichtenberg diese jüdische Familie besucht hätte und mit derselben gemeinsam überlegt habe, wie man die ganze Familie in Sicherheit bringen könne. Es ging darum, daß diese Familie unmittelbar bedroht war und sofort untertauchen mußte. Es war in dieser Zeit mit einer Gefährdung der persönlichen Sicherheit und Freiheit verbunden, schon wenn man eine Familie besuchte, die den jüdischen Stern trug. Darüber war sich Lichtenberg völlig im klaren. Von hier aus führt ein gerader Weg zum öffentlichen Gebet Lichtenbergs für die Juden. Lichtenberg war im wahren Sinne des Wortes ein Gerechter. Er trat für die hilflosen und verfolgten Juden ein, in denen er das Ebenbild Gottes sah.“

Dafür brauchte Lichtenberg Verbündete. Dr. Eberhard Lux, damals Chefarzt des St. Hedwigs-Krankenhauses, hat sich sehr für die Juden eingesetzt. Er ging auch in das Sammellager. „Oft wollten die Juden für Stunden oder Tage aus ihrer Wohnung verschwinden, weil sie fürchteten, in das Sammellager abgeholt zu werden. Diesen Menschen versuchte ich auf verschiedene Art zu helfen. Ich vermittelte ihnen Arbeit bei katholischen Familien; andere, die in dringender Not waren, wurden im St. Hedwigs-Krankenhaus versteckt: entweder als Patientin oder einfach im Luftschutzkeller oder in der Rettungsstelle unterbracht. Das war nicht ungefährlich und mußte geschehen ohne Wissen der Verwaltung des Krankenhauses. Einmal kam ein Arzt zu mir, auf dessen Station ich eine Jüdin versteckt hatte. Er hatte das bemerkt. Ich gab auch offen zu, daß ich das getan hätte. Darauf sagte er zu mir: ‚Wenn diese Jüdin bis heute abend meine Station nicht verlassen hat, werde ich Sie anzeigen‘. Ich sagte zu ihm ‚Gott möge Ihnen verzeihen‘. Zum Verständnis der Handlungsweise des Arztes will ich freilich bemerken, daß schon Mitwissen und Schweigen über einen solchen Tatbestand als staatsfeindliche Handlung angesehen wurde.“

Die Krankenhausfürsorgerin Marianne Hapig schildert: „Wenn ich während des Krieges morgens in das St. Hedwigs-Krankenhaus ging, habe ich häufig vor der Sammelstelle Lastwagen gesehen, die von der SS in brutaler Weise vollgeladen wurden. Die armen Menschen wurden wie Vieh hereingetrieben. Einmal sah ich, daß ein etwa zwölfjähriges Mädchen vom Wagen herunter wieder auf die Straße sprang. Daraufhin wurde das Kind von einem SS-Mann erschossen. Ich sah es liegen und konnte nicht helfen. Ich mußte weitergehen. Das habe ich nie vergessen. Zu mir als Fürsorgerin im St. Hedwigs-Krankenhaus kamen täglich Juden in ihrer Not. Die einen wollten sich aussprechen, andere wünschten ein Bad, viele hatten Hunger, manche wollten Gepäck unterstellen. Es gab auch Juden, die ärztliche Versorgung wünschten. Diese Bitte erforderte große Vorsicht, da ich sie nur zu vertrauenswürdigen Ärzten schicken konnte."

In diesen Jahren geht die Saat eines hemmungslosen Antisemitismus und primitivster Judenhetze auf. Massenbroschüren wie die im Zentralverlag der NSDAP, Franz Eher Nachf. München/Berlin erscheinende, mit zahlreichen Fotos ausgestattete Schrift „Der ewige Jude" stellen Juden als „Rassenschänder", Verbrecher, Schacherer, Kriegsverbrecher, Bordelljournalisten, „unappetitliche Zotendichter", „Sklavenhändler im Revuebetrieb", Diebe, Mädchenhändler, Rechtsbrecher, Kriminelle, Rauschgifthändler und Verführer dar. Die in Berlin gedruckte Schrift kann, wie es auf der Rückseite heißt, „bei einem Bezug von 10.000 Exemplaren für 80 Reichspfennig bezogen werden". Wen wundert es, daß die Dauerleser solcher Broschüren und die Betrachter ihrer Fotos und Karikaturen Menschen zu verfolgen, zu morden und in Lager zu stecken bereit sind.

Dr. Haendly, der in den fraglichen Jahren Tagebuch geführt hat, erinnert sich, „daß am Sonntag, dem 13. August 1939, ein Gespräch zwischen Bischof Preysing, Prälat Lichtenberg und mir stattfand. Prälat Lichtenberg lag damals im St. Josephs-Krankenhaus, Niederwallstraße. Gegenstand der Besprechungen war meine Beauftragung, während der Erkrankung Lichtenbergs aus den bereitstehenden caritativen Mitteln die notwendigen Gelder für hilfsbedürftige Juden, die sich an die Hilfsstelle gewandt hatten, zur Verfügung zu stellen. In dieser Angelegenheit sprach ich am 17. August 1939 mit Dr. Bernhard Kreuz, Facharzt für Epilepsie. Dieser bekannte Arzt hatte die Möglichkeit, nach England zu fahren, um dort Patienten zu behandeln. Er nahm bei dieser Gelegenheit Kurierpost für den Bischof von Westminster, Kardinal Hinsley, mit. Der Bischof von Westminster hatte in London ein Hilfswerk für die deutschen Juden gegründet."

Auch katholische Christen, die von der Existenz des Hilfswerks nichts wissen, werden als Helfer für verfolgte Juden tätig. Wolfgang Knauft schildert: „So verbarg die Ordensschwester Norberta Oblösser, Heimleiterin des Charlottenburger Frauenbundhauses, bis Kriegsende zwei Jüdinnen in ihrem Haus. Die katholische Hauswartsfrau Maria Perlitz wagte es, in ihrem Haus in der Flotowstraße 3 im Bezirk Tiergarten gleich zwei jüdische Familien in halb ausgebombten Räumen zu verstecken. Verwandte auf dem Lande schickten ihr regelmäßig Lebensmittelpakete für die Untergetauchten. Susanne Witte, später Diözesanvorsitzende der Elisabeth-Konferenzen, nahm 1943 eine gläubige Jüdin in ihre Zweizimmer-Wohnung in der Putlitzstraße 17 auf. Einzelne Gemeindemitglieder von St. Paulus steckten ihr immer wieder Lebensmittelmarken zu. Um diese Jüdin auch in ihrer zeitweiligen Abwesenheit sicher unterzubringen, nahm Susanne Witte Verbindung mit dem Priesterdichter Ernst Thrasolt auf. Es war ihr zu Ohren gekommen, daß er in seinem Haus am Ortsrand von Lübars Juden verbarg. Thrasolt nahm Susanne Wittes Schützling für drei Tage auf, obwohl bereits zwei untergetauchte Jüdinnen bei ihm wohnten. Das schönste Erlebnis der ganzen Zeit war für die tieffromme Jüdin die Sabbatfeier, die der katholische Priester für die beherbergten Frauen hielt.

Sogar im Luftschutzkeller unter der Herz Jesu-Kirche neben dem Theresien-Lyzeum, also in unmittelbarer Nähe der Diensträume des Hilfswerks, wurde mit Wissen von Dr. Margarete Sommer von 1942 bis Kriegsende ein jüdischer Mann versteckt. In seinem Lebenslauf vom 22. August 1945 ließ er diese Tatsache allerdings unerwähnt und schrieb nur, er habe illegal im Sommer in öffentlichen Parkanlagen und Wäldern geschlafen, im Winter in öffentlichen Bunkern, Luftschutzräumen und Böden etc. Von 1944 bis Kriegsende hat Kaplan Horst Rothkegel den Untergetauchten mit Essen und Trinken, Kleidung und Wäsche versorgt. Frau Dr. Sommer beschaffte wiederholt Lebensmittelmarken für ihn.“

Lichtenberg ist besonders um die Seelsorge an denjenigen bemüht, die kurz vor dem Abtransport stehen. Dem Hilfswerk gelingt die Verschickung von Kindern nach England in 31 Fällen, nach den Niederlanden in vier Fällen. Zumeist reisen die Kinder einzeln in das rettende Ausland. Der erste Transport mit Juden aus Berlin verläßt am 18. Oktober 1941 die Reichshauptstadt mit dem Zielort Lodz; er umfaßt ungefähr 1.000 Personen. „Jedes Mal, sobald dem Hilfswerk bekannt wurde, daß katholische Juden in das Ghetto verschleppt werden sollten, wurden sie sofort von einem Priester aufgesucht, der sie stark zu machen suchte für diesen schweren und oft letzten Gang“, so Wolfgang Knauft. Die Verständigung geschieht auf dem Weg getarnter Telefongespräche, da die Gestapo die Telefone und den Briefverkehr des Hilfswerks überwacht. Zwischen der Mitteilung der Abholung und der tatsächlichen Evakuierung liegen oft nicht mehr als zwei Stunden. Deshalb hat das Hilfswerk eine Gruppe freiwilliger Helfer geschult, die den Betreffenden aufsuchen und ihm „in seiner Verzweiflung und Kopflosigkeit“ beim Packen helfen und alles sonst Nötige abnehmen.

Dr. Margarete Sommer faßt alle verfügbaren Informationen zusammen in einem umfangreichen Bericht über die „Abwanderung der Juden aus dem Deutschen Reich“, wie es die offizielle Sprachregelung nannte. Ihr vertraulicher Bericht geht dem Vorsitzenden der Fuldaer Bischofskonferenz, Kardinal Bertram, zu. Einen weiteren Bericht übermittelt das Hilfswerk durch Kurier an den Vatikan. Dort heißt es, es seien bereits ca. 50.000 Personen abtransportiert, darunter zehn Transporte aus Berlin mit etwa 12.200 deportierten Juden. Zielorte seien Lodz, Riga, Kowno und Minsk. Die Unterbringung geschehe in ungeheizten Räumen mit völlig ungenügender Grundfläche. Man liege auf bloßer Erde. Es gebe eine völlig unzureichende Ernährung, keine Kanalisation, keine Wasserleitung und größte Seuchengefahr. Die Sterbeziffer betrage in den ersten Wochen 25 Tote pro Tag, im Januar 1942 sterben 200 pro Tag.

Am 23. Oktober 1941 ordnet Himmler an, daß die Auswanderung von Juden mit sofortiger Wirkung zu verhindern ist. Es ist der gleiche Tag, an dem Bernhard Lichtenberg verhaftet wird. Ein Grund seiner Verhaftung ist auch das vom Reichspropagandaministerium verbreitete Flugblatt „Wenn du dieses Zeichen siehst ..."

Dr. Haendly erinnert sich: „Das Blatt wurde in allen Haushalten verteilt, kam also auch in die Hand von Bernhard Lichtenberg. Er hat dann, wie er mir später erzählte, beim Hausmeister angefragt, woher das Blatt käme. Er erfuhr, daß es abgegeben worden sei zur Verteilung an die einzelnen Haushalte. Für den Sonntag, welcher der Verteilung dieses Hetzblattes folgte, bereitete Prälat Lichtenberg eine Kanzelvermeldung vor. Er las den Entwurf bei Tisch vor. Anwesend waren, außer mir, Pater Haw und Dr. Joachim Giers. Lichtenberg war erregt und in seiner Entrüstung entschlossen, diese Hetze nicht schweigend hinzunehmen.

Ich persönlich hielt die Formulierung der Kanzelvermeldung nicht für opportun und gab zu bedenken, daß unsere Gläubigen in der Kirche dieser Ermahnung nicht bedürften: ‚Liebe Deinen Nächsten wie Dich selbst'. Denn die Erfüllung dieses Gebotes war erwiesen durch das Ausbleiben der Ausschreitungen und die zahllosen Beweise der Hilfsbereitschaft gegenüber den Trägern des Davidsternes. Lichtenberg ging jedoch auf meinen Einwand nicht ein und betonte, er sei nicht gesonnen, diese antichristliche Aufforderung zu Haß und Mord schweigend hinzunehmen . Er blieb bei seinem Vorsatz, am kommenden Sonntag die Kanzelvermeldung öffentlich zu verlesen. In mir blieb ein Gefühl des Unbehagens, weil durch die Vermeldung die anwesenden Gläubigen bei der Aufforderung, Nächstenliebe zu üben, dieselbe wie einen Tadel empfinden würden, als ob sie das bisher noch nicht getan hätten. Am Donnerstag der gleichen Woche sagte Prälat Lichtenberg zu uns, seinen Tischgenossen, wir sollten am morgigen Freitag beim Mittagessen nicht auf ihn warten, er sei zur Gestapo am Alexanderplatz bestellt.

Damals erwarteten wir nicht, daß die kommende Vernehmung einen so dramatischen Ausgang nehmen würde. Am Freitag mittag gingen wir zu Tisch. Am frühen Nachmittag rief Schwester Stephana mich über das Haustelefon an und sagte, Prälat Lichtenberg sei wieder da, nicht allein, er sei aber verhaftet. Als wir zur Propstei kamen, war Lichtenberg schon abgeführt. Schwester Stephana führte uns in das Amtszimmer des Dompropstes, wo die Hausdurchsuchung stattgefunden hatte. Sie teilte mir mit, daß die Gestapo mehrere Gegenstände beschlagnahmt hätte."

ALS HELFER DER JUDEN BESCHIMPFT

In zahlreichen Empfehlungsschreiben verwendet sich Lichtenberg für bedrängte „Nichtarier": „Berlin, 14. Mai 1940. Der nichtarische Herr Kurt Kühnauer, katholischer Religion, mit einer Katholikin katholisch getraut. Vater von vier Kindern, kriegsverletzt, sucht Arbeit, um neben seiner Rente etwas für seine vier Kinder zu verdienen. Der Unterzeichnete wäre den Pfarrämtern dankbar, wenn es gelänge, ihm eine entsprechende Arbeit zu verschaffen. Lichtenberg, Dompropst, Apostolischer Protonotar." – „Dompropst Lichtenberg im Bischöflichen Ordinariat Berlin bittet jene Stellen, die Herrn Erich Adler, geb. 12. III. 1891, nichtarischer Konvertit vom Jahre 1922, zur Auswanderung verhelfen wollen, auch darum bemüht zu sein, daß seine katholische Ehefrau ihn begleiten kann, da er sie nicht allein in Deutschland zurücklassen will. Msgr. Lichtenberg."

Die Jüdin Charlotte Simonstein stellt Lichtenberg als Hilfskraft im Pfarrbüro von St. Hedwig an, obwohl sie es aus vielerlei Gründen schwer hat, den ihr gestellten Aufgaben nachzukommen. Lichtenberg bittet seine Mitarbeiterinnen im Pfarramt, mit ihr Geduld zu haben, zeigt dabei auf das Kreuz und sagt: „Ich wünsche Ihnen viel Geduld. Gelobt sei Jesus Christus". Als Frau Simonstein einige Tage nicht zur Arbeit erscheint, sucht Schwester Stephana ihre Wohnung auf. Dort findet sie Mutter und Tochter tot im Bett liegend vor. „Auf dem Tisch lagen das Geld für die Wohnungsmiete und die Beerdigungskosten. Auf einem Zettel standen die Bitte um Gebet und um Verständnis für ihren Schritt." Charlotte Simonstein ist nur eine von vielen, die in Erwartung des unvermeidlichen Abtransports den Tod suchen.

Am 6. September 1940 richtet Lichtenberg an den Berliner Luftschutzleiter eine Eingabe, die sich mit der rassischen Trennung von Juden und Nichtjuden in Luftschutzräumen befaßt. Am 14. September erhält er folgende Antwort: „Am 14.12.1939 verfügte der örtliche Luftschutzleiter, daß in Wohnhäusern der deutschen Bevölkerung das Zusammensein mit Juden in Luftschutzräumen grundsätzlich nicht zugemutet werden soll. Juden haben ihre eigenen Keller als Luftschutzraum herzurichten und aufzusuchen. Stehen ihnen keine eigenen Kellerräume zur Verfügung oder ist der Raum in keiner Weise als LS-Raum herrichtbar, ist, soweit mehrere Luftschutzräume vorhanden sind, eine gesonderte Unterbringung der Juden mit getrenntem Notabort vorzunehmen. Ist auch das nicht möglich, so haben sie die Luftschutzräume von Juden, die unmittelbar in benachbarten Wohnhäusern sind, aufzusuchen (kurzer Anmarschweg). Sind alle obigen Möglichkeiten erschöpft, kann den Juden der Eintritt zum Luftschutzkeller ihres Wohnhauses verwehrt werden. Ein Verbleiben in den Wohnungen ist nicht statthaft. Obige Bestimmungen gelten auch für nicht exterritoriale Juden mit ausländischer Staatsangehörigkeit. ... Auf öffentliche LS-Räume finden die Bestimmungen keine Anwendung. Bei Mischehen (Kinder der Mischehen) ist es dem deutschen Ehegatten freigestellt, welchen LS-Raum er aufsucht. Natürlich ist das Aufsuchen eines jüdischen LS-Raumes wohl das Zweckmäßigste. Der RLB-Ortsgruppenführer i.V. Martin, Adjutant."

Lichtenberg entwirft am 23. September 1940 ein Antwortschreiben. Darin heißt es: „Der örtliche Luftschutzleiter verfügt, daß in Wohnhäusern der deutschen Bevölkerung das Zusammensein mit Juden in Luftschutzräumen grundsätzlich nicht zugemutet werden soll. Es wird in dem Schreiben darauf hingewiesen, daß diese Verfügung mit allen Konsequenzen, die sich daraus ergeben, auf öffentliche LS-Räume keine Anwendung findet. Darin spricht sich die richtige Erkenntnis aus, daß in unmittelbarer Lebensgefahr keine langwierigen Erörterungen am Platz sind, daß es vielmehr heißt: Rette sich, wer kann! Das allgemeine Volksempfinden macht in diesem Falle keinen Unterschied zwischen öffentlichen und privaten LS-Räumen. Es wird deshalb hiermit beantragt, die Verfügung des örtlichen Luftschutzleiters vom 14.12.1939 aufzuheben. L." Aus diesen Zeilen spricht die bittere Ironie des Mannes, der für derartige Maßnahmen des Staates nicht das geringste Verständnis hat und dem die „rassische Trennung" selbst in Luftschutzräumen als Groteske erscheinen muß.

Noch bei seinem Zwischenaufenthalt im Arbeitserziehungslager Wuhlheide auf dem Weg nach Dachau hält man Lichtenberg entgegen, er sei „gar kein Deutscher, vielmehr ein Jude". Wachtmeister Graczyk, der als Polizist Häftlinge zur Arbeit zu begleiten hat, sieht, ohne ihn zu kennen, Lichtenberg vor dem Aufnahmebüro des Lagers stehen.

„Ich konnte die Person nicht erkennen. Ich schaute nochmals hin, und es fiel mir dann auf, daß der Mann sichtlich schwerkrank sein mußte Er ging gebeugt. Auch machte er den Eindruck eines Geistlichen. Er war mit einem schwarzen

Mantel mit einem Samtkragen bekleidet, nicht rasiert, stark bewachsen, in der Hand hatte er einen kleinen Koffer. Die Aufnahme hatte der leitende SS-Mann anscheinend schon erledigt. Doch hörte ich noch, wie der SS-Mann den Geistlichen fragte: ‚Wer bist du denn?' Darauf antwortete der Geistliche: ‚Ich bin ein Deutscher'. Darauf der SS-Wachtmeister: ‚Ein Jude bist Du, aber kein Deutscher!' Jetzt rief der SS-Wachtmeister den Kapo herbei und murmelte etwas zu ihm. Daraufhin faßte der Kapo den Geistlichen bei der Hand und führte den Geistlichen zu der Kammer, die der Wachtstube gegenüber lag. Der SS-Wachtmeister schloß die Tür auf, und alle drei gingen in die Kammer, d.h. den Geistlichen schob man hinein.

Ich befand mich inzwischen im Waschraum hinter der offenen Tür und hörte nun ein Poltern in der Kammer. Daraufhin ging ich aus dem Waschraum heraus und schlich mich an die Kammertür, die nicht ganz geschlossen war, um hineinsehen zu können. Aber der SS-Wachtmeister bemerkte mich, machte eine Handbewegung zu mir und schloß die Tür ganz. Nun konnte ich bereits nichts mehr sehen und hören. Ich wartete nun im Waschraum noch, und nach etwa zehn Minuten kamen der SS-Mann und der Kapo aus der Kammer heraus, schlossen sie ab, und der Geistliche blieb allein drin. Die Kammer war nicht für Häftlinge eingerichtet. Es war sozusagen eine Rumpelkammer. Auch Mohrrüben und Kartoffeln waren dort untergebracht. Auch entsinne ich mich, ein Bettgestell darin gesehen zu haben ... An dem betreffenden Sonnabend hatte ich abends und den darauffolgenden Sonntag dienstfrei. Sonntag abends begann mein Dienst aufs neue. Ich erfuhr, daß der Geistliche noch dort sei. Montag früh ging ich wie gewohnt wieder mit meinen Häftlingen zur Arbeit. Als ich dann zurückkam, erfuhr ich, daß der Geistliche in einem Wagen abgeholt worden sei. Mehrere Tage später war die Nachricht laut geworden, daß der Prälat Lichtenberg in Hof verstorben sei! Jetzt erst wußte ich, daß der Geistliche, der damals im Arbeitserziehungslager Wuhlheide zwei Tage und zwei Nächte in der Rumpelkammer verbringen mußte, der Prälat Lichtenberg gewesen ist."

Auch der Schlußbericht der Gestapo hebt noch einmal die „abträgliche Einstellung" Lichtenbergs zum nationalsozialistischen Regime und seiner Rassenpolitik hervor. Am 1. März 1943 wird auch die St. Hedwigs-Kathedrale Berlin bei einem Bombenangriff auf Berlin zerstört. Wenige Stunden später ist Dr. Marianne Pünder bei Bischof Preysing. „Er sagte zu meinem Ausdruck des Bedauerns zum Verlust der Bischofskirche: ‚Das wiegt wenig gegenüber der Deportierung von 2.000 Juden in der vergangenen Nacht.'"

VI In Gefängniszellen bis zum Opfergang nach Dachau

Am 25. Oktober 1941 beginnen die Vernehmungen Lichtenbergs durch die Geheime Staatspolizei; sie enden fünf Tage später. Am 3. November verfaßt die Gestapo ihren Schlußbericht über das Ergebnis der Vernehmungen. Am gleichen Tag überstellt man Lichtenberg dem Vernehmungsrichter beim Amtsgericht Berlin.

Im Schlußbericht kommt auch das Ergebnis der Wohnungsdurchsuchung zur Sprache. Dort heißt es u. a.: „Bei der Durchsuchung in der Wohnung des L. wurde auch ein Exemplar des Führerbuches ‚Mein Kampf' vorgefunden, in welchem Lichtenberg den Gedankengängen des Führers abträgliche Bemerkungen an den Rand geschrieben hat. Zu dieser Angelegenheit wurde L. im einzelnen eingehend vernommen, und es hat sich ergeben, daß er ein aktiver Gegner des Staates ist, der gewillt ist, seine Einstellung auch in Predigten von der Kanzel herab nicht zu verbergen. U. a. erklärte er: ‚Da das Buch ‚Mein Kampf' die Grundlage der nationalsozialistischen Weltanschauung ist, muß ich als katholischer Priester diese Weltanschauung ablehnen und lehne sie auch de facto ab.' Die abträgliche Einstellung des L. zum nationalsozialistischen Staat und zu den Maßnahmen, die von diesem getroffen werden, kommt in seiner Vernehmung zum Ausdruck. Desgleichen kommt diese Einstellung in den weiteren Vernehmungen zum Ausdruck."

Obgleich seine Anmerkungen zu Hitlers „Mein Kampf" bei der Beurteilung seines Verhältnisses zum Nationalsozialismus eine wichtige Rolle spielen, werden sie nicht Gegenstand des Gerichtsverfahrens. Der Generalstaatsanwalt will das Verfahren in diesem Punkt nicht weiterverfolgen. Er teilt dem Reichsminister für Justiz am 2. Dezember 1942 mit: „Bei der Durchsuchung der Wohnung des Beschuldigten wurde auch ein Exemplar des Buches ‚Mein Kampf' vorgefunden. Dieses Werk hat der Beschuldigte, wie er angibt, vor etwa acht Jahren bei der Durcharbeitung mit Randbemerkungen versehen, mit denen er den Führer und seine politischen Auffassungen kritisierte. Da jedoch nicht festgestellt ist, daß der Beschuldigte das ihm gehörige Buch mit seinen Randbemerkungen dritten Personen zugänglich gemacht hat, kann der Beschuldigte insoweit nicht strafrechtlich belangt werden, weil es an einer Mitteilung seiner Äußerungen an andere fehlt. Insoweit beabsichtige ich daher, das Verfahren gegen ihn einzustellen."

Es ist aber sehr wahrscheinlich, daß gerade Lichtenbergs Äußerungen zu Hitlers „Mein Kampf" den Haß gegen seine Person verstärkt und zu seiner späteren Einlieferung in das Konzentrationslager Dachau beigetragen haben. Der Katechismus der „nationalsozialistischen Bewegung" – einer Kampf-Religion des versimpelten Sozialdarwinismus und Rassismus – stößt mit dem Glaubensbekenntnis und der Lebenserfahrung Lichtenbergs zusammen.

LICHTENBERG STEHT UNERSCHROCKEN ZU SEINER ÜBERZEUGUNG

Es ist aufschlußreich, das ganze Gestapo-Verhör zu dokumentieren. Die angesprochenen Stellen aus „Mein Kampf" sind kursiv gedruckt.

Vorgeführt erscheint Prälat Bernhard Lichtenberg, Personalien aktenkundig und erklärt auf Vorhalt zu den Randbemerkungen, die er im Buch des Führers ‚Mein Kampf' gemacht hat, im einzelnen folgendes:

Vorhalt: Auf Seite 456 des Buches im zweiten Absatz, den ich Ihnen eben vorgelesen habe, haben Sie die Randbemerkung gemacht: ‚Das wird eine Prügelei werden.' Was haben Sie dazu zu sagen?

Seite 456: „... Dieses Selbstvertrauen aber muß schon von der Kindheit auf dem jungen Volksgenossen anerzogen werden. Seine gesamte Erziehung und Ausbildung muß darauf angelegt werden, ihm die Überzeugung zu geben, anderen unbedingt überlegen zu sein. Er muß in seiner körperlichen Kraft und Gewandtheit den Glauben an die Unbesiegbarkeit seines ganzen Volkstums wiedergewinnen. Denn was die deutsche Armee einst zum Siege führte, war die Summe des Vertrauens, das jeder einzelne zu sich und alle gemeinsam zu ihrer Führung besaß."

Antwort: Diese Randbemerkung bezieht sich darauf, daß, wenn das Deutsche Volk zu der Überzeugung gebracht werden soll, anderen Völkern unbedingt überlegen zu sein, dann ein solcher Hochmut im ganzen Volk entstehen wird, daß sich die anderen Völker das nicht bieten lassen werden und es zu Kriegen kommen wird.

Vorhalt: Ich habe Ihnen den Text auf Seite 473 des Buches zum ersten Absatz vorgelesen, zu dem Sie die Randbemerkung geschrieben haben: ‚Woher weiß er das?'

Seite 472/73: „Man liebt die deutsche Republik und läßt sie leben, weil man einen besseren Verbündeten für die Versklavungsarbeit an unserem Volke gar nicht finden könnte. Nur dieser Tatsache allein verdankt dieses herrliche Gebilde sein heutiges Bestehen."

Antwort: Diese Randbemerkung will sagen, ich bitte den Verfasser um einen Beweis für die Behauptung, daß die Deutsche Republik der beste Verbündete für die Versklavungsarbeit am Deutschen Volk ist.

Vorhalt: Auf Seite 474 des Buches im dritten Absatz, den ich Ihnen eben vorgelesen habe, steht die Randbemerkung ‚Und doch!' Was haben Sie sich dabei gedacht?

S. 474: „Hurraschreien bezeugt nichts und gibt kein Recht, sich national zu nennen, wenn dahinter nicht die große liebende Sorge für die Erhaltung eines allgemeinen, gesunden Volkstums steht."

Antwort: Es ist sehr schwer, nach acht Jahren zu sagen, was ich mir bei der Bemerkung ‚Und doch!' gedacht habe. Wenn ich aber den Zusammenhang der Stelle mit der Bemerkung ‚Und doch!' vergleiche, so habe ich den Eindruck, daß ich damals gedacht habe: ‚Und doch wird viel Hurra geschrien, und es ist wenig dahinter.'

Vorhalt: Auf der Seite 476 des Buches im zweiten Absatz haben Sie die Randbemerkung gemacht ‚Großartige Phrase'. Was haben Sie sich dabei gedacht?

S. 476: „Denn alle körperliche und geistige Ausbildung würde im letzten Grunde dennoch wertlos bleiben, wenn sie nicht einem Wesen zugute käme, das grundsätzlich bereit und entschlossen ist, sich selbst und seine Eigenart zu erhalten."

Antwort: Der Selbsterhaltungstrieb des Menschen ist nicht identisch mit dem Trieb, seine Eigenart, die manchmal eine Unart sein kann, zu erhalten: ‚Folge der Natur, Deiner Natur, aber Deiner gereinigten Natur'. Aus diesem Grunde erscheint mir dieser Satz als Phrase, das heißt, als ein nicht inhaltsvoller Satz.

Vorhalt: Auf der Seite 500 des Buches haben Sie im vierten Absatz an Stelle des Wortes ‚der' das Wort ‚meiner' gesetzt. Desgleichen im fünften Absatz für den Satzauszug – die besten Köpfe der Volksgemeinschaft – das Wort ‚mich' eingefügt. Was hat das zu bedeuten?

S. 500: „Und der völkische Staat hat demgemäß die gesamte, besonders aber die oberste, also die politische Leitung restlos vom parlamentarischen Prinzip der Majoritäts-, also Massenbestimmung zu befreien, um an dessen Stelle das Recht der Person einwandfrei sicherzustellen ... Daraus ergibt sich folgende Erkenntnis: Die beste Staatsverfassung und Staatsform ist diejenige, die mit natürlicher Sicherheit die besten Köpfe der Volksgemeinschaft zu führender Bedeutung und zu leitendem Einfluß bringt."

Antwort: Damit ist der Führer gemeint. Wie sich aus der oft gehörten Bemerkung ergibt ‚Hitler ist Deutschland' und aus der Tatsache, daß bei Reichstagungen nur der Führer spricht, alle übrigen hören und dann auseinandergehen, herrscht in der Tat nur ein Kopf in Deutschland. Weil das meine persönliche Erkenntnis ist, habe ich diese Einfügungen gemacht.

Vorhalt: Auf der Seite 501 des Buches im fünften Absatz, den ich Ihnen vorgelesen habe, haben Sie die Randbemerkung ‚aha' gemacht. Welcher Sinn liegt darin?

Seite 501: „Die Parlamente an sich sind notwendig, weil ja vor allem in ihnen die Köpfe die Möglichkeit haben, sich langsam emporzuheben, denen man später besondere verantwortliche Aufgaben überweisen kann."

Antwort: Durch diese Randbemerkung wollte ich zum Ausdruck bringen, daß auch der Führer erkannt hat, daß die Parlamente doch nicht überflüssig sind.

Vorhalt: Aus Seite 536 des Buches haben Sie zu dem Satz ‚im Rudel fühlt er sich immer ...' usw. – den ich Ihnen vorgelesen habe, die Randbemerkung gemacht ‚Vernichtende Kritik'. Ihre Erklärung dafür bitte.

Seite 535/36: „Die Massenversammlung ist auch schon deshalb notwendig, weil in ihr der einzelne, der sich zunächst als werdender Anhänger einer jungen Bewegung vereinnahmt fühlt und leicht der Angst verfällt, allein zu sein, zum ersten Mal das Bild einer größeren Gemeinschaft erhält, was bei den meisten Menschen kräftigend und ermutigend ist ... Im Rudel fühlt er sich immer noch etwas geborgen, und wenn auch in der Wirklichkeit tausend Gründe dagegen sprächen."

Antwort: Das heißt, diese Bemerkung bezieht sich auf Menschen, die sich im Rudel sicher fühlen, die nicht nach dem Grundsatz handeln ‚Selbst ist der Mann'. Ich halte den Wert solcher Massenveranstaltungen für sehr problematisch. Wenn einer im Rudel ist, ist er ‚mutig', wenn er alleine ist, ist er oft feige. Ich habe diese Randbemerkung eben gemacht, weil ich anderer Überzeugung bin, als der Verfasser dieses Buches sie zum Ausdruck bringt. 151

Vorhalt: Auf der Seite 583 des Buches haben Sie zu dem zweiten Absatz, den ich Ihnen vorgelesen habe, die Randbemerkung ‚Falsches Bild' gemacht. Was ist dazu zu sagen?

Seite 583: „So ergibt das Ende des Krieges folgendes Bild: Die mittlere breite Schicht der Nation hat ihren Zoll an pflichtgemäßen Blutopfern gebracht; das Extrem der Besten hat sich in vorbildlichem Heldentum fast restlos aufgeopfert; das Extrem der Schlechten, unterstützt durch unsinnigste Gesetze einerseits und durch die Nichtanwendung der Kriegsartikel andererseits, ist leider ebenso restlos erhalten geblieben."

Antwort: Nach den neuesten Ergebnissen der physikalischen Forschung kann man nicht einmal auf dem Gebiete der Naturgesetze von eiserner Notwendigkeit reden. Erst recht nicht auf dem Gebiet der Geschichte, so daß allgemeine Urteile auf dem geschichtlichen Gebiet, denn der Krieg gehört der Geschichte an, gewöhnlich falsch sind. Es entsteht also meiner Empfindung nach ein falsches Bild, wenn der Verfasser behauptet, daß das Extrem der Besten sich in vorbildlichem Heldentum fast restlos aufgeopfert hat und das Extrem der Schlechten ebenso restlos erhalten geblieben ist.

Vorhalt: Zum ersten Absatz auf der Seite 589 des Buches, den ich Ihnen vorgelesen habe, steht die Randbemerkung ‚heute?' Was hat das zu bedeuten?

Seite 588/89: „In diesen Wochen mußte die Revolution in Deutschland wenigstens äußerlich erscheinen, wenn sie nicht Gefahr laufen wollte, von einigen deutschen Divisionen blitzschnell zusammengehauen zu werden ... Davor zitterten die jüdischen Drahtzieher mehr als vor irgendetwas anderem. Und gerade um dies zu verhindern, mußte man der Revolution eine gewisse Mäßigung auferlegen, sie durfte nicht in Bolschewismus ausarten, sondern mußte, wie die Dinge nun einmal lagen, ‚Ruhe und Ordnung' heucheln."

Antwort: Diese Bemerkung hat folgende Bedeutung: Ich habe Anstoß daran genommen, daß die Mäßigung, mit der der Sozialdemokrat Ebert unser Vaterland vor Bolschewismus bewahrt hat, in diesem Buch nur als heuchlerische Absicht gekennzeichnet wird. Wahrscheinlich fiel mir bei dieser Gelegenheit ein, daß der Führer in seiner Potsdamer Programmrede erklärt hat, daß das positive Christentum das Fundament des Staates sein sollte und wie bitter enttäuscht wir Christen darüber sind, daß das Christentum vernichtet werden soll. Übrigens ist es sehr schwer, nach acht Jahren zu sagen, was man sich bei so kurzen Bemerkungen wie ‚doch' und ‚heute' gedacht hat.

Vorhalt: Auf der Seite 606 des Buches haben Sie zu dem Passus im letzten Absatz – ‚Das Recht geht mit der Macht' – die Randbemerkung gemacht ‚und Ihr?' Ihre Stellungnahme bitte.

Seite 606: „Wie sagte man doch zu Leipzig: ‚Das Recht geht mit der Macht.'"

Antwort: Und Ihr, das heißt, und geht nicht auch bei Euch das Recht mit der Macht? Gibt es denn eine Möglichkeit, gegen eine Verfügung der Geheimen Staatspolizei irgendein Rechtsmittel einzulegen? Mit dieser Randbemerkung wollte ich meine innere Überzeugung zum Ausdruck bringen, die in persönlichen Erfahrungen begründet ist, daß wir heute oft in einem Zustand der Willkür leben.

Vorhalt: Auf der Seite 609 des Buches haben Sie die Randbemerkung ‚Rechtfertigung des Tyrannenmordes' gemacht. Welche Bedeutung hat diese Bemerkung?

S. 609: „... und sich statt dessen die Meinung bildet, es könnte das Schicksal eines Volkes wirklich durch eine einzige Mordtat plötzlich im günstigen Sinne entschieden werden. Solch eine Meinung kann ihre geschichtliche Berechtigung haben, nämlich dann, wenn ein Volk unter der Tyrannei irgendeines genialen Unterdrückers schmachtet, von dem man weiß, daß nur seine überragende Persönlichkeit allein die innere Festigkeit und Furchtbarkeit des feindlichen Druckes gewährleistet. In solch einem Fall mag aus einem Volk ein opferwilliger Mann plötzlich hervorspringen, um den Todesstahl in die Brust des verhaßten Einzelnen zu stoßen. Und nur das republikanische Gemüt schuldbewußter kleiner Lumpen wird eine solche Tat als das Verabscheuungswürdigste ansehen, während der größte Freiheitssänger unseres Volkes sich unterstanden hat, in seinem ‚Tell' eine Verherrlichung solchen Handelns zu geben."

Antwort: D. h., hier rechtfertigt der Verfasser den Tyrannenmord. Die Bemerkung habe ich geschrieben, weil es interessant ist, daß der Verfasser des Buches soweit geht, daß er den Tyrannenmord rechtfertigt. Ich rechtfertige ihn nicht.

Vorhalt: Auf Seite 638 des Buches haben Sie die Randbemerkung ‚und Ihr!' gemacht. Welches ist die Bedeutung dieser Bemerkung im Zusammenhang mit den Gedankengängen, die auf dieser Seite niedergeschrieben sind?

Seite 638: „Die mindere Freude am Reichsgedanken ist nicht dem Verluste von Hoheitsrechten seitens der Länder zuzuschreiben, sondern ist vielmehr das Resultat der jammervollen Repräsentation, die das deutsche Volk derzeit durch seinen Staat erfährt. Trotz aller Reichsbanner- und Verfassungsfeiern ist das heutige Reich dem Herzen des Volkes in allen Schichten fremd geblieben, und republikanische Schulgesetze können wohl von einer Verletzung republikanischer Einrichtungen abschrecken, sich aber niemals auch nur die Liebe eines einzigen Deutschen erwerben."

Antwort: Das heißt: ‚Und Ihr' Nationalsozialisten, haltet Ihr auch einmal eine Gewissensforschung über Eure Ehrlichkeit.

Vorhalt: Auf Seite 639 haben Sie zu den Ihnen eben vorgelesenen Gedankengängen – in der übergroßen Sorge usw. – die Randbemerkung gemacht ‚Selbstkritik'. Aus dieser Bemerkung ist doch ein offener Vergleich zwischen früher und heute zu erkennen. Wie stellen Sie sich dazu?

Seite 639: „In der übergroßen Sorge, die Republik vor ihren eigenen Bürgern durch Paragraphen und Zuchthaus zu schützen, liegt die vernichtendste Kritik und Herabsetzung der gesamten Institution selbst."

Antwort: Durch diese Bemerkung will ich die heutigen Machthaber zu einer

Kritik ihrer eigenen Institution veranlassen, z. B. der keinem irdischen Richter verantwortlichen Geheimen Staatspolizei, der Konzentrationslager und zu der Kritik, ob sie sich dadurch die Liebe der Deutschen erwerben.

Vorhalt: Auf der Seite 640 sind die Randbemerkungen ‚Selbstkritik', ‚sehr richtig' und nochmals ‚Selbstkritik' verzeichnet. Ich lese Ihnen den Text dieser Seite jetzt vor und bitte Sie, sich dazu zu äußern, welchen Sinn diese Randbemerkungen zum Text haben.

Seite 640: „Der kraftvolle Nationalstaat braucht nach innen weniger Gesetze infolge der größeren Liebe und Anhänglichkeit seiner Bürger, der internationale Sklavenstaat kann nur durch Gewalt seine Untertanen zum Frondienst anhalten."

Antwort: Auf diesen Vorhalt habe ich nur mit der Frage zu antworten: Auf welchem Gebiet besitzt die katholische Kirche heute noch die ihr durch das Konkordat garantierte Freiheit?

Vorhalt: Zu dem Satz auf derselben Seite 640 – Denn es ist eine der unverschämtesten Frechheiten des heutigen Regimes, von ‚freien Bürgern' zu sprechen – haben Sie die Randbemerkung ‚sehr richtig' gemacht. Aus der Bemerkung ist zu erkennen, daß Sie den Sinn dieses Satzes auf das heutige Staatsregiment bezogen haben. Ist das so?

Seite 640: „Denn es ist eine der unverschämtesten Frechheiten des heutigen Regimes, von ‚freien Bürgern' zu reden. Solche besaß nur das alte Deutschland. Die Republik als Sklavenkolonie des Auslandes hat keine Bürger, sondern bestenfalls Untertanen."

Antwort: Ich mache mir die Ausdrucksweise des Verfassers nicht zu eigen, aber ich stelle fest, daß die katholische Kirche unter dem heutigen Staatsregime die Freiheit verloren hat.

Vorhalt: Auf der Seite 644 im letzten Absatz, den ich Ihnen eben vorgelesen habe, steht die Randbemerkung ‚und heute?' Ihre Erklärung dazu bitte.

Seite 644: „Ein großer Teil der heutigen Zentralisationswut fällt auf das Konto jener Parteien, die einst die Bahn dem Tüchtigen freizumachen versprachen, dabei aber bei Besetzung von Ämtern und Posten ausschließlich die Parteizugehörigkeit im Auge hatten."

Antwort: ‚Und heute' bedeutet eine Frage, die nur durch statistische Erhebung bei allen Reichs- und anderen Ämtern beantwortet werden kann und die lauten müßte: Wieviel Staatsbeamte und städtische Beamte gibt es in Deutschland und wie viele dieser Beamten sind Mitglieder der Partei.

Vorhalt: Auf der Seite 685 steht zu dem vorletzten Absatz noch einmal die Randbemerkung ‚und heute'.

Seite 685: „Die einen wissen, was sie wollen. Die anderen machen mit, entweder weil sie es wissen oder doch zu feige sind, dem Erkannten und als schädlich Empfundenen rücksichtslos entgegenzutreten. Die übrigen aber fügen sich aus Unverständnis und Dummheit."

Antwort: Da die Menschennatur immer dieselbe bleibt und sich durch die Machtübernahme im Jahre 1933 nicht geändert hat, wird es heute nicht viel anders sein wie ehemals.

Vorhalt: Seite 700 des Buches weist zum letzten Absatz die Randbemerkung ‚Unerhört' auf. Ich habe Ihnen den bezüglichen Absatz vorgelesen und bitte, Ihre Erläuterung dazu zu geben.

Seite 700: „So ist der Jude heute der große Hetzer zur restlosen Zerstörung Deutschlands. Wo immer wir in der Welt Angriffe gegen Deutschland lesen, sind Juden ihre Fabrikanten, gleichwie ja auch im Frieden und während des Krieges die jüdische Börsen- und Marxistenpresse den Haß gegen Deutschland planmäßig schürte, so lange, bis Staat um Staat die Neutralität aufgab und unter Verzicht auf die wahren Interessen der Völker in den Dienst der Weltkriegskoalition eintrat."

Antwort: Dieser Ausruf ‚unerhört' sollte bedeuten, daß ich über die Menge und Schwere der Behauptungen staune.

Vorhalt: Auf Seite 711 steht zum zweiten Absatz die Randbemerkung ‚das machst Du ja' und zum Schluß dieses Absatzes die Bemerkung ‚Täuschet euch nicht'. Ich lese Ihnen diesen Absatz vor und bitte Sie, sich dazu zu äußern.

Seite 711: „Wenn die deutsche Nation dem Zustand ihrer drohenden Ausrottung in Europa begegnen will, dann hat sie nicht in den Fehler der Vorkriegszeit zu verfallen und sich Gott und die Welt zum Feind zu machen, sondern dann wird sie den gefährlichsten Gegner erkennen müssen, um mit der gesamten konzentrierten Kraft auf ihn einzuschlagen."

Antwort: Wenn der Fehler der Vorkriegszeit darin besteht, daß man sich Gott und die Welt zum Feinde machte, so dürfen die jetzigen Machthaber sich die ernste Frage vorlegen, ob sie sich Gott durch die Ausrottung des Christentums zum Freunde machen. Und über die Frage, ob es nicht für unser Vaterland besser wäre, wenn es auch in der Welt mehr Freunde hätte. Dieses ist der Sinn der ersten Bemerkung. Die Randbemerkung ‚Täuschet euch nicht' soll heißen, daß auch Hitler kein unfehlbarer Prophet ist.

Vorhalt: Auf Seite 735 des Buches haben Sie zum letzten Absatz, den ich Ihnen eben vorgelesen habe, sicher in bezug auf das Wort ‚Hurrapatriotismus' die Randbemerkung ‚Heil' gemacht. Wollen Sie sich dazu äußern, bitte.

Antwort: Das bedeutet, wie es früher Hurrapatriotismus gab, so kann es heute einen ‚Heilpatriotismus' geben.

Vorhalt: Auf der Seite 743 ist zum ersten Absatz am Ende die Bemerkung ‚Prophet' und zum Ende des dritten Absatzes die Bemerkung ‚also doch Alexander' geschrieben. Ihre Erklärung dafür bitte.

Seite 743: „Wir sind vom Schicksal dazu ausersehen, Zeugen einer Katastrophe zu werden, die die gewaltigste Bestätigung für die Richtigkeit der völkischen Rassentheorie sein wird. – Unsere Aufgabe, die Mission der nationalsozialistischen Bewegung, aber ist, unser eigenes Volk zu jener politischen Einsicht zu bringen, daß es sein Zukunftsziel nicht im berauschenden Eindruck eines neuen Alexanderzuges erfüllt sieht, sondern vielmehr in der emsigen Arbeit des deutschen Pfluges, dem das Schwert nur den Boden zu geben hat."

Antwort: Die erste Bemerkung soll folgendes bedeuten: Ich kenne nur von Gott und nicht vom Schicksal gesandte Propheten und halte Hitler nicht für einen von Gott gesandten Propheten. Es bleibt also dahingestellt, ob diese Gedankengänge einmal in Erfüllung gehen werden. Wahrscheinlich habe ich bei der zweiten Bemerkung ‚also doch Alexander' daran gedacht, daß man zwar einem Alexander ähnlich sein kann in dem berauschenden Eindruck eines Feldzuges, daß aber dann der allwissende und allmächtige Gott die Arbeit des friedlichen Pfluges anderen Händen übergeben kann.

Abschließend möchte ich bemerken, daß die von mir in dem Buch ‚Mein Kampf' gemachten Randbemerkungen beweisen, daß ich mich mit einer oberflächlichen Lektüre dieses Buches nicht begnügt habe. Zusammenfassend stelle ich fest, daß das intensive Studium dieses Buches in mir die Überzeugung gefestigt hat, daß die nationalsozialistische Weltanschauung mit den Lehren und Geboten der katholischen Kirche unvereinbar ist.

Selbst gelesen. Handschriftliche Unterschrift: Bernhard Lichtenberg.

Die dokumentierten Antworten Bernhard Lichtenbergs im Verhör zeugen von Geistesgegenwart, Offenheit und Mut. Hier redet jemand, der Realitäten beim Namen nennt und nicht etwa seine Haut retten will. Aus seinen Äußerungen spricht aber auch der politische Mensch Lichtenberg, der Demokrat, der frühere Abgeordnete und Parlamentarier. Unmißverständlich stellt er sich noch vor einen Toten, den früheren Reichspräsidenten und Sozialdemokraten Friedrich Ebert. Und er kann allein an Hand der Zitate aufweisen, wie sehr sich der Autor des Buches „Mein Kampf“ durch die politische Praxis des Dritten Reiches selbst widerlegt hat. Lichtenberg wagt es, „großartige Phrasen“ dieser Programmschrift und Pseudobiographie als das zu bezeichnen, was sie sind, nämlich „nicht inhaltsvolle Sätze“. Mit lakonischer Kürze kennzeichnet Lichtenberg die Alleinherrschaft des Mannes, der vorgeblich das Recht der Person gegen die „Massenbestimmung“ durchsetzen wollte. Und mit schneidender Ironie trifft er den Kern der massenwirksamen NS-Ideologie. Sie zielt auf mangelnde Zivilcourage und anpasserische Feigheit des vereinzelten Menschen. Lichtenberg stellt fest, daß „der Führer“ genau den Fehlern verfällt, die er in seinem Buch vermieden sehen möchte. Das gilt auch für das Faktum siegesberauschten Feldherrentums in der Nachahmung Alexanders des Großen. Und er warnt vor den Konsequenzen: Gott regiert und kann die Früchte berauschender Siege auch andere ernten lassen. Der Theologe Lichtenberg weist darauf hin, was es bedeutet, sich Gott und Welt zum Feind zu machen. Ungerührt legt er auch den Finger auf die schwarz auf weiß dastehenden Sätze des Führers zur Rechtfertigung des Tyrannenmordes.

Genauso wie Bischof Galen in seiner Predigt vom 13. Juli 1941, für die ihm Lichtenberg schriftlich gedankt hat, prangert er die Schutzlosigkeit des deutschen Staatsbürgers vor der Geheimen Staatspolizei und ihren Konzentrationslagern an. Er läßt keinerlei Zweifel daran, daß der NS-Staat die Kirche daran hindert, ihrem geistlichen und geschichtlichen Auftrag in Freiheit nachzukommen. Erneut bekräftigt er seine acht Jahre zurückliegende Sicht. Er nimmt kein Jota von den damals gemachten Randbemerkungen zurück.

Die Gestapo hält Lichtenberg für unverbesserlich

Am 3. November 1941 erfolgt Lichtenbergs Einlieferung in die Untersuchungshaftanstalt Moabit. Ihm wird die Zelle 367 im Block C I zugewiesen. Fünf Tage später wird die „Beschwerde des Beschuldigten gegen den Haftbefehl des Amtsgerichts vom 3. November 1941“ zurückgewiesen. Durch sein Gebet für Juden und Häftlinge habe der Angeklagte Angelegenheiten des Staates zum Gegenstand einer Erörterung gemacht und „den öffentlichen Frieden gestört“. Die Anwendung des „Heimtücke“-Paragraphen sei zwar mit hoher Wahrscheinlichkeit gegeben, bedürfe jedoch noch weiterer Aufklärung. Man könne den Beschuldigten auch deshalb nicht in Freiheit entlassen, weil er nach seinen Äußerungen „die Freiheit zur Wiederholung seiner Straftaten mißbrauchen" werde.

Am 4. November 1941 hat Preysing einen zweiten Antrag auf Haftverschonung Lichtenbergs gestellt, in dem er zusammen mit einem ärztlichen Attest auf die schlechte gesundheitliche Verfassung des Untersuchungshäftlings hinweist. Der Antrag wird zurückgewiesen. Am 24. des gleichen Monats teilt der Anstaltsarzt der Untersuchungshaftanstalt Moabit folgendes mit: „An der Haftfähigkeit des L. bestehen z. Zt. keine Bedenken." Zwischen dem 9. Dezember 1941 und dem 29. Mai 1942 muß Lichtenberg im Lazarett der Haftanstalt stationär behandelt werden.

Fünfmal wird sein Bischof den Dompropst in seiner Haftzeit besuchen, das erste Mal am 4. Mai 1942, das zweite Mal am 19. Dezember 1942. In seiner Gedenkpredigt am 9. September 1945 in Berlin-Neukölln hat Preysing auch von seinen Besuchen in Moabit und Tegel berichtet: „In seiner Zelle eingesperrt, mit Tütenkleben beschäftigt, litt er wie alle seine Genossen unter starkem Hunger. Wenn er im Mülleimer eine Mohrrübe fand, hob er sie auf, zerschnitt sie in drei Teile, um zum Frühstück, zu Mittag und zum Abendessen etwas mehr zu erhalten. Aber er blieb ungebrochen. Ich habe ihn mehrmals besucht. Er hatte auch im Gefängnis weiterhin seine apostolische Tätigkeit fortgesetzt, einem Polen geistlichen Beistand geleistet, ebenso auch einem Flamen. Während der furchtbaren Bombenangriffe betete er den Rosenkranz, und ein andersgläubiger Zellengenosse betete von Herzen gern mit. So stark aber war sein Arbeitsdrang, daß er, wenn er seine Anzahl Tüten – ich glaube, es waren 170 – geklebt hatte, zur Feder griff und Predigt um Predigt entwarf. Sein Gesundheitszustand verschlechterte sich immer mehr, bis endlich die zwei Jahre abgelaufen waren und er nach Recht und Gesetz hätte in Freiheit gesetzt werden sollen. Ich besuchte ihn kurz vor diesem Termin. Durch das Entgegenkommen des Gefängnisinspektors konnte ich ihn kurze Zeit allein sprechen. Ich hatte ihn wissen lassen, daß, wenn die Gestapo die Versicherung von ihm verlangte, während des Krieges nicht mehr auf die Kanzel zu gehen, meinerseits dagegen kein Bedenken bestünde. Ich wußte ja, daß es eben doch für ihn ganz unmöglich wäre. Aber als ich zu ihm hinkam, sagte er mir nach der ersten Wiedersehensfreude, ob ich ihm eine solche Erklärung auferlegen wolle, und schien dadurch bedrückt. Ich sagte ihm, daß es mir fernliege, ihm etwas aufzuerlegen, was er mit seiner ganzen Haltung nicht vertreten zu können glaube, worauf er mit jugendlichem Feuer zu mir sagte: ‚Nein, was kann einem Besseres geschehen, als für seinen heiligen Glauben zu sterben, und wenn es heute sein sollte, ja, in dieser Stunde'. Ich brachte ihm die Grüße des Heiligen Vaters, der ihm sein tiefes Mitgefühl und seine väterliche Anerkennung aussprechen ließ. Das machte ihn überglücklich."

Am 17. Februar stellt der Bischof einen vergeblichen Antrag an den Generalstaatsanwalt beim Landgericht Berlin, Lichtenberg die tägliche Zelebration des „heiligen Meßopfers in der Zelle" zu gestatten. „Alle dazu benötigten Gegenstände würden im Gewährungsfalle von der Domküsterei von St. Hedwig geliefert werden." Der Generalstaatsanwalt teilt dem Reichsminister für Justiz am 22. Februar 1942 u.a. mit: „Ich beabsichtige, das Gesuch abschlägig zu bescheiden, falls ich nicht mit einer anderen Weisung versehen werde. Die Darbringung des heiligen Meßopfers in der Zelle ist m.E. mit den Erfordernissen der Ordnung im Gefängnis nicht zu vereinbaren."

Immerhin gestattet man dem Häftling, am Sonntag der heiligen Messe beizuwohnen und zu kommunizieren. „Auch ich konnte meiner Sonntagspflicht nachkommen, der Heiligen Messe beiwohnen, eine Predigt hören über die Nutzlosigkeit ängstlicher Sorge und die heilige Kommunion empfangen", wie er Schwester Stephana mitteilt. Nach der Anordnung der Strafverfolgung durch den Justizminister wird Lichtenberg am 29. Mai 1942 in das Strafgefängnis Berlin Tegel, Zelle VI 232 eingeliefert, nachdem der Anstaltsarzt von Moabit ihn für transport- und haftfähig erklärt hat. Mehr als sechs Monate hat Lichtenberg in der Untersuchungshaft zugebracht.

Das weitläufige Strafgefängnis Tegel mit Gefangenenblocks, Verwaltungsgebäuden, Höfen beherbergt damals 2.500 bis 3.000 kriminelle und politische Gefangene. Unter ihnen befinden sich zahlreiche Angehörige der Berliner Intelligenz: Juristen, Professoren, Geistliche, Politiker – deutsche Staatsangehörige und Ausländer. Unter den politischen Häftlingen ist Lichtenberg eine bekannte Persönlichkeit. Superintendent Lic. Martin Albertz berichtet: „Ich war bereits längere Zeit wegen des Prüfungs- und Lehramtes der Bekennenden Kirche von Berlin-Brandenburg in Gefängnishaft in Tegel, als mir von verschiedenen Seiten in unserer Arbeitszelle mitgeteilt wurde, daß der Dompropst Lichtenberg eingeliefert sei. Die Gefangenen, die sonst ziemlich rauh und hart zu urteilen pflegten, waren alle bewegt von der Unmenschlichkeit der Justiz, daß sie einen solchen kranken Mann überhaupt ins Gefängnis eingeliefert hatten. Das Mitleid, das man mit ihm hatte, wandelte sich bald in große Hochachtung, als man ihn näher kennenlernte. Er als katholischer Dompropst und ich als Mitglied der Leitung der Bekennenden Kirche wurden sorgfältig voneinander getrennt gehalten. Das hinderte natürlich nicht, daß wir Beziehungen miteinander aufnahmen. Ich habe in meiner Eigenschaft als

Gefängnisbibliothekar ihm manches gute Buch beschaffen können und gelegentlich haben wir auch Bibelsprüche als Grüße ausgetauscht."

Als sich die Tegeler Gefängnistore hinter dem Verurteilten schließen, ist er der Härte des Häftlingsalltags ausgeliefert, auch den Prozeduren der Gefängnisbürokratie und den Willkürurteilen der offenbar auf höhere Weisung handelnden Gefängnisärzte. Nicht jedem Vollzugsbeamten freilich sind Regungen des Mitleids und der Nächstenhilfe fremd. So berichtet Schwester Stephana von dem mit Lichtenberg häufig befaßten Gefängnis-Oberinspektor Priegnitz. Sie habe ihm eine Madonnenfigur für Lichtenberg übergeben, damit er über Weihnachten etwas ihn Tröstendes in seiner Zelle hätte. Obgleich er fürchtet, Unannehmlichkeiten mit der Gefängnisleitung zu bekommen, sagt Priegnitz „nach kurzem inneren Ringen" zu, die Figur dem Propst „am Heiligen Abend persönlich zu übergeben." „Herr Oberinspektor Priegnitz war ein gläubiger evangelischer Christ, der mich wiederholt um das Gebet für seinen im Felde stehenden Sohn bat."

Lichtenberg leidet besonders unter der Kälte. Die Bitte, seinen Mantel zu behalten, wird ihm verweigert. Die Heizung ist unzulänglich. Doch am meisten setzt dem großgewachsenen Häftling der Hunger zu. Bischof Preysing versucht, ihm Lebensmittel zukommen zu lassen. D.h., er stellt am 22. März 1943 einen Antrag auf die Gewährung von Zusatzkost. Der Leiter des Strafgefängnisses Tegel macht am 23. März 1943 folgenden Vermerk: „Das Hinbringen von zusätzlichen Lebensmitteln habe ich der überbringenden katholischen Schwester abgelehnt." Die Tagesration in Tegel besteht damals aus 150 Gramm Brot und einem halben Liter schwarzen Kaffee morgens und abends und aus einem Liter fettlosen, wasserreichen Eintopfs. Zweimal zum Abend gibt es etwas Wurst. An Stelle des Schwarzbrots erhält Lichtenberg später Weißbrot.

Im März 1943 machte Domkapitular Dr. Banasch einen Besuch im Gefängnis, um dem gefangenen Dompropst Fotos von den Ruinen seiner kurz zuvor zerstörten St. Hedwigs-Kirche zu zeigen. „Mit dem Gruß ‚Gelobt sei Jesus Christus' betrat Lichtenberg den Raum. Er trug die übliche Zebra-Gefängniskleidung und hatte sich einen struppigen Vollbart wachsen lassen ... An Hand der Fotos berichtete ich ihm vom Ende der Hedwigs-Kirche. Wehmütig, mit Tränen in den Augen, hörte der Dompropst zu. Beim Fortgehen fragte ich ihn: ‚Wie steht es denn mit der Kost hier, wirst du denn satt?' ‚Nicht ganz', sagte er, ‚ich hab halt immer Hunger'. Man sah es ihm an, er wurde immer weniger. Es sei alles ausgezeichnet zubereitet, aber man werde nicht satt, fügte er hinzu. Mit einem Mal wird er lebhaft, ja, freudig: ‚Wissen Sie, Herr Inspektor (sagt er zu dem offenbar beim Gespräch Aufsicht führenden Gefängnisbeamten), gestern habe ich eine große Freude gehabt; der Wilhelm, der Wachtmeister, ist ein ganz famoser Mann. Er hat mir aus dem Müllkasten eine Mohrrübe gebracht, die hat mir so gut geschmeckt. Ich habe sie mir auf zweimal eingeteilt."

Der 25 Minuten dauernde Rundgang im Hof im Kreis der Gefangenen ist die einzige Bewegung in freier Luft, die Lichtenberg wie den meisten Inhaftierten gestattet wird. Monatlich kann er je einen Brief schreiben und empfangen. Deshalb richtet er oft Sammelbriefe an unterschiedliche Adressen, bestellt Grüße, gibt Anregungen und Weisungen, spricht seinen Dank an Bekannte und Mitarbeiter aus oder er bittet, die von ihm zur Zeit nicht genutzte Wohnung „ausgebombten" Bekannten zur Verfügung zu stellen, Geld an Bedürftige zu überweisen und Eltern Gefallener sein Mitgefühl auszusprechen. Zu den Briefen an seinen Bischof gehört auch ein Schreiben aus Tegel vom 5. Juli 1942. Oberinspektor Priegnitz war mit der Postzensur dieses Briefes beauftragt. Er ließ ihn wie manchen anderen ungekürzt passieren.

Der Schluß dieses Schreibens, in dem Lichtenberg seine Zellenexistenz als die eines Karthäusermönchs und Novizen bezeichnet, erinnert an das schlesische Ohlau und den Beginn seines Lebens als Seelsorger: „Vor 43 Jahren saßen wir in Ohlau beim Morgenkaffee im Juli. Da kam eine Brief von Breslau mit der Ernennung zum dritten Kaplan an der St. Jakobus-Kirche in Neiße. War das ein Jubel! Inzwischen bin ich Karthäusermönch geworden und habe noch das zweite Noviziatsjahr durchzumachen. Frühmorgens helfe ich Unserer Lieben Frau beim Aufräumen, dann dem heiligen Josef in der Werkstatt. Links von mir steht der Kleistertopf, rechts 1.150 wohl sortierte und geklebte Couverts. Morgen ist Heilige Messe und heilige Kommunion. Unser erster Dompropst würde sagen: ‚Und so weiter und so fort'. Nun danke ich noch einmal herzlich für den Brief vom 22. Juni, den ich nur mit Freudentränen lesen konnte und bitte um anhaltendes Gebet für den strafgefangenen Dompropst Bernhard Lichtenberg, Karthäusermönch. – Mutter Grete möge lesen: 2 Kor 1, 5-11."

Zum täglichen Arbeitspensum gehört das Kleben und Sortieren von Briefumschlägen. Wenn diese Arbeit getan ist, befaßt sich der Dompropst mit Gebet und Bibellektüre. In einem Brief an Schwester Stephana heißt es am Schluß: „Und ohne Unterlaß beten, bisweilen auch für den nichtswürdigen Gefangenen in Christo B. L." Am 8. April 1942 schreibt Lichtenberg an Frau Dr. Sommer: „So will ich also die Gnade ausnutzen, und das fürbittende Gebet wird mir dabei helfen." Unter dem Datum des 13. Februar 1943 heißt es: „Hochwürdigster Herr Bischof von Osnabrück, das sei des Gefangenen kostbarer Schmuck: In der Hoffnung fröhlich, beharrlich im Gebet. In der Trübsal geduldig, früh und spät!" Am 21. November

1942 endet ein Brief mit den Worten: „Herrn Generalvikar und meinem guten Bischof, allen herzlichste Grüße und der Bitte um das Gebet für den nichtswürdigen Gefangenen Bernhard Lichtenberg, Karthäuser-Novize, Zelle 232." Am 8. Mai 1943 beschließt Lichtenberg einen Brief mit den Worten: „Mit der Bitte um Gebet ohne Unterlaß dankbarst ergebenster Dompropst." Und im „Lebenslauf des Strafgefangenen 717 Lichtenberg, Bernhard" findet sich unter Punkt 27 „Was gedenken Sie nach Ihrer Entlassung zu tun?" die Lichtenbergsche handschriftliche Antwort: „Ich gedenke, Gottes Willen zu erfüllen und meinem priesterlichen Berufe bis zum letzten Atemzug treu zu bleiben."

In den verschiedenen Anträgen Lichtenbergs bzw. seines Anwalts Dr. Stenig begegnet man den Bitten um Aushändigung seines Kreuzes und des Rosenkranzes. Bitten um entsprechende Bücher zur Arbeit an einem „wissenschaftlichen Werk" und diejenige um Rosenkranz und Kreuz werden vom Vorsteher des Gefängnisses II in Tegel zunächst abgelehnt, dann genehmigt. Lichtenberg darf die Rießler-Storrsche Bibelübersetzung benutzen, außerdem eine Bibelkonkordanz, ein Lateinisch-deutsches Lexikon, Wilmers Handbuch der katholischen Religion und das Missale Romanum. Auch wird ihm die Benutzung von Füllfederhalter und Schreibheften zugestanden. Tinte und Papier werden bei Bedarf ergänzt. In einem Bericht der Schwester Stephana an Preysing über die Verfassung des Häftlings vom 8. Juli 1942 stehen die Sätze: „Der H. H. Dompropst machte fast den Eindruck, als könne man das Pauluswort (2 Kor 7,4) auf ihn anwenden: ‚ich fließe über vor Freude in all meiner Trübsal!' Inzwischen sei er auch in den Besitz seiner Bücher gelangt, habe die Ausarbeitung der Predigten begonnen und sei z. Zt. bei der siebten: ‚Christus wird euch freimachen'. Den letzten Satz sagte er mit Betonung und fügte hinzu: ‚Dieses Thema ist ja aktuell!' Sehr viel Kraft und Trost schöpft er aus der Lektüre der Heiligen Schrift und meinte, wenn auch alle Bücher der Welt verbrennen würden, was er nicht etwa wünsche, es würde aber die Heilige Schrift gerettet, so wäre nichts verloren. Während der ganzen Besuchszeit war der H.H. Dompropst sehr lebhaft im Sprechen und sehr froh. Er hat sich anscheinend durch die bittere äußere Schale des Leidens hindurchgerungen bis zum inneren Kern, der süß ist, wie St. Paulus sagt: ‚Denn gleich wie die Leiden Christi sich reichlich über uns ergießen, so strömt auch durch Christus reichlicher Trost auf uns' ... Gern erteilte mir der H. H. Dompropst zum Schluß den erbetenen priesterlichen Segen, gab nochmals herzliche Grüße an alle mit und verschwand mit einem kräftigen ‚Gelobt sei Jesus Christus' wieder hinter der Eisentür. H. H. Dompropst war in Sträflingskleidung, einem blauen Drillichanzug; der Bart, ein Spitzbart, war schon ganz ansehnlich. Gesundheitlich scheint es ihm verhältnismäßig gut zu gehen. Da die Anstaltskleidung nicht die der Lazarettinsassen war, schließe ich, daß er nicht mehr im Lazarett ist und somit wohl die Freude hat, am sonntäglichen Gottesdienst teilzunehmen, was ja im Lazarett nicht möglich war."

Oft hat Lichtenberg über die Heiligen als „das Werk des Heiligen Geistes" gepredigt. Dieses Thema nimmt er im Gefängnis wieder auf. Er schreibt über die Heiligen und über ihre Übung der Tugenden ohne „selbstsüchtigen Beweggrund, in Selbstverleugnung, Schmach, Verfolgung und Verkennung". Er befaßt sich mit der Form kirchlicher Heiligsprechung. Ein Heiliger sei jemand, „in dem sich die ganze Größe, Schönheit, Herrlichkeit des übernatürlichen Lebens und der evangelischen Vollkommenheit offenbart". Es handle sich dabei um das „Ergebnis dessen, was Gottes Macht und des Menschen Wille fertigbringen". Der Heilige Geist „erziehe, leite und gieße Licht in die Erkenntnis", verleihe dem Willen „Schwungkraft" und mache die Heiligen „zu Werkzeugen seiner Pläne, behandle sie mit göttlicher Freigiebigkeit" und „zeichne sie schon im Leben durch Wunder aus". Das „Principium mundi" (Prinzip der Welt) sei: „Selig die Habenden", und dessen einziger Zweck „Habsucht und Egoismus". Die Beati pauperes hingegen verfolgten das „Principium Sanctitatis". Sie suchten „innerlich losgeschält zu leben", nicht bloß „von allem Äußeren", auch „von sich selbst", so daß der Heilige „nichts besitzt als Gott, an nichts hängt als an Gott". Deshalb seien die Heiligen „schon hier reich, weil sie Gott besitzen".

Die „Weltkinder" „quälen sich ab mit dem Hunger nach Ehre und Gold". „Die nach Gerechtigkeit Dürstenden aber werden („saturabuntur") beim ewigen Hochzeitsmahl gesättigt werden". Die Heiligen sind die „beati misericordes", die gegen die Mitmenschen Barmherzigen; die Unheiligen aber vertreten das „Principium mundi"; sie sind „hart, kalt oder sentimental". Die Weltmenschen folgen „ihrer Natur und der Naturnotwendigkeit", die Heiligen befolgen das Beispiel Christi und seiner „jungfräulichen Mutter". Als die „Reinen schauen sie Gott schon hier". – „Beati qui persecutionem patiuntur." Selig diejenigen, „die um der Gerechtigkeit willen verfolgt werden, obwohl die Welt andere Gründe sucht": „alle, die fromm leben wollen." Und warum werden sie verfolgt? „Weil die Welt das heilige Leben haßt." Doch „wer das nicht aushalten kann, ist Christi nicht wert. Wer aber aushält, dessen Tugend ist vollendet." Die „Eiche im Sturm schlägt festere Wurzeln": „quoniam merces vestra copiosa est in coelis." „Denn reichlicher Lohn wird euch zuteil im Himmel."

Bernhard Lichtenberg geht bereits als schwerkranker Mann ins Gefängnis. Die mangelhafte Ernährung und nicht wenige Aufregungen verschlechtern seinen Zustand. Die Aufnahmeuntersuchung in Tegel bescheinigt zwar seine Vollzugstauglichkeit, jedoch auch, daß er zu anstrengender Arbeit nicht fähig ist. Er bedürfe ständiger ärztlicher Behandlung. Wegen seiner Angina pectoris und fiebrigen Nierenerkrankung wird er bereits am dritten Tag nach seiner Einlieferung in die Haftanstalt ins Gefängnislazarett überführt. Nach einem zweiten Ohnmachtsanfall Anfang März 1943 verbleibt Lichtenberg vom 19. März bis zum 19. April erneut zur stationären Behandlung im Lazarett der Haftanstalt. Im Krankenblatt heißt es damals: „Pat. klagt über Schwäche, Herzbeschwerden und blutdurchsetzten Auswurf. Temp. 39 beschl. 110 Schläge in der Minute, deswegen erfolgt Lazarettaufnahme. 20.3.43. Über den Lungen bds. verkürzter Klopfschall und bds. Knisterrasseln. Unter dem rechten Schlüsselbein rauhes Atemgeräusch. Herztätigkeit beschleunigt, regelmäßig sputum rostfarben. 25.3.1943: fühlt sich schwach. Flimmern vor den Augen. 24.4.1943 Herzbeschwerden. Armbadewanne von Kammer genehmigt." Schon am 20. März 1943 geht vom Anstaltsarzt ein Eilbrief an den in Oppeln wohnenden Bruder Johannes Lichtenberg ab: „Der Strafgef. Bernhard Lichtenberg Gef. B 717 ist schwerkrank." Zu diesem Zeitpunkt wiegt Lichtenberg bei einer Körpergröße von 1,76 nur noch 62 Kilogramm. Während der Haft hat er 32 Kilogramm Gewicht verloren. Vom 17. September bis zum 29. Oktober 1943 muß die fortschreitende Nieren- und Harnwegserkrankung – verbunden mit einer Herzdekompensation – erneut stationär behandelt werden. Wieder werden die Angehörigen benachrichtigt. Am 21. Oktober 1943 erstellt der Anstaltsarzt ein Attest über den Gesundheitszustand des als „schwerkrank" gemeldeten Häftlings Lichtenberg, das an die Geheime Staatspolizei weitergeleitet wird.

Acht Tage vorher hat die Staatspolizeileitstelle Berlin beim Berliner Landgericht einen Antrag auf die „Rücksistierung" Lichtenbergs – d.h. die erneute Überführung in die Schutzhaft – gestellt. Am 28. Oktober teilt das Reichssicherheitshauptamt dem Generalstaatsanwalt beim Landgericht Berlin mit, daß es „seine Einweisung in ein Konzentrationslager verfügt" habe. Auf den Gesundheitszustand Lichtenbergs wird bei dieser Entscheidung keinerlei Rücksicht genommen. Vier Tage nach dem Tod Lichtenbergs im Stadtkrankenhaus Hof/Saale wird Preysing in einem Schreiben an den Reichsjustizminister darauf hinweisen, daß die Vorstellungen Weihbischof Wienkens bei der Geheimen Staatspolizei, bei Lichtenberg handle es sich um einen schwerkranken Mann, dem gegenüber man von einem eventuellen Transport nach Dachau absehen müsse, nichts gefruchtet hätten. Alle mündlich vorgetragenen Anträge seien abgelehnt worden. „Dies Vorgehen hat ursächlich den raschen Tod des an sich schon schwerkranken Mannes bewirkt. Es liegt mir daran, diese Tatsache amtlich festzustellen. Dr. Konrad Graf von Preysing. Bischof von Berlin." (Schreiben an den Reichsjustizminister)

In den Besucherlisten und auf „Sprechzetteln" des Generalstaatsanwalts begegnet man neben den Namen des Bischofs und Schwester Stephanas zum Beispiel dem Namen des Bruders Johannes Lichtenberg, den Namen des damals in Potsdam wohnenden Archivrats Dr. Schäfer, des Regens Alois Piossek und des Kaplans Dr. Haendly. Dr. Haendly erinnert sich: „Lichtenberg interessierte sich für den Unterricht, für den Gang der Seelsorge, für die Jugendarbeit, für die Gottesdienste, und er war ganz der Pfarrer, der sich nach wie vor für seine Gemeinde engagiert. Lichtenberg – ein heiliger Mann, dem Unrecht geschah, der aber bereit war, dieses Unrecht zu tragen. Er hat gesagt, alles aus Liebe zu tun, alles aus Liebe zu leiden. Das war seine priesterliche Grundhaltung, die er auch im Gefängnis beibehalten hat." Es sei sehr schwer gewesen, nach einem Besuch bei Lichtenberg wieder von ihm zu gehen. „Sich von einem unschuldigen Mann zu verabschieden, in die Freiheit zurückzugehen – und er sitzt in der Zelle, und die Schlüssel drehen sich geräuschvoll im Schloß, und man geht wieder, und wir, die wir gehen, können ihm nicht helfen."

Doch der verhaftete, kranke Lichtenberg kümmert sich weiterhin um Menschen, die bereits vor der Haft seine Hilfe in Anspruch genommen haben. So bedenkt er das Wiener Haus der Barmherzigen Schwestern des Vinzenz von Paul, in dem unheilbare Kinder und ältere Menschen wohnen, mit seinen Gaben aus der „häuslichen Schatulle". „Es ist mir sehr lieb, wenn Sie sich für die Verschickung der beiden Lichtenberge interessieren, sich auch mit dem Pfarramt im Schwarzwald in Verbindung setzen. In welchem Krankenhaus liegt denn die Mutter? Für die Kosten der Verschickung komme ich gerne auf. In welchem Krankenhause ist denn mein lieber Zellenkamerad aus Plötzensee? Grüßen Sie ihn herzlich und überweisen Sie die großmütig den Armen zur Verfügung gestellte Rente – sobald er das Krankenhaus verläßt – dem zuständigen Pfarramt, damit man ihn von dort aus im Auge behält, er verdient es. Herrn Pfarrer Horn bitte ich als Gast zu behandeln und herzlich zu grüßen ...

Ich bin so froh, daß zu Hause alles in besten Händen liegt und daß die lieben Exulanten bei uns wohnen und von Ihnen gut gepflegt werden. Sie haben Vollmacht, über mein Geld zu verfügen. Geben Sie fleißig Almosen! Meine Brüder wollen mich besuchen kommen. Geben Sie jedem 50 Mark Reisegeld. Bitte auch des Caritasbeitrages zu gedenken. Fremde Geistliche bewirten! Auch stellvertretende Prediger. Und ohne Unterlaß beten, bisweilen auch für den nichtswürdigen Gefangenen in Christo B. L." Lichtenberg kümmert sich auch um die „gärtnerische Herrichtung" der Grabstätte seines verstorbenen Bruders Alfred August. „Bruder Hans bitte ich 50 Mark Reisegeld zu schicken, Bubi ein schönes Buch, er soll mir dafür eine heilige Kommunion schenken." Und er möchte wissen, was aus seinem ehemaligen Mithäftling, dem Polen Paul Spikoska, geworden ist. Er kommt, wie sich später herausstellt, im Mai 1943 im Konzentrationslager Sachsenhausen um.

Die wechselnden Zellen sehen seine innere Freude und seinen Starkmut, aber auch die Schreckensstunden der Lichtenbergschen Herzängste und Verlassenheiten, seine Tränen und seine schwindende Kraft. „Lieber Gott, gib Beharrlichkeit bis ans Ende! Wie Gott will, ich halte still!" – „Ach Gott, erbarme dich St. Hedwigs. Aber wie Gott will, der Dompropst hält still!" – „Es geschehe, werde gelobt und in Ewigkeit hoch gepriesen der süßeste, heiligste und gerechteste Wille Gottes, unerforschlich in seinen Höhen und Tiefen, jetzt und in alle Ewigkeit!" Sätze wie diese begleiten Bernhard Lichtenbergs Briefe bis zum Ende seiner Haft.

Entlassen und erneut in Schutzhaft

Der letzte Brief vor seiner Entlassung ist an Schwester Stephana gerichtet. Er lautet: „Berlin-Tegel, 27. September 1943. + Gelobt sei Jesus Christus in Ewigkeit. Amen. Ehrwürdige Schwester Oberin, der liebe Gott hat mich zum dritten Mal ins Lazarett des Gefängnisses geschickt. So muß ich meinen wahrscheinlich letzten Gefängnisbrief im Bett schreiben. Wenn ich von hier aus die letzten zwei Jahre überblicke, will und muß ich Gott aus ganzer Seele danken, auch allen, die Seinen heiligen Willen an mir zur Ausführung brachten. Es ist mein fester Entschluß, die Exerzitienvorsätze zur Ausführung zu bringen, die ich vor Jahren nach den dreißigtägigen Exerzitien gefaßt habe, nämlich: ich will alles, was mir widerfährt, Freudiges und Schmerzliches, Erhebendes und Niederdrückendes im Lichte der Ewigkeit ansehen, ich will meine Seele besitzen in ihrer Geduld, ich will in keinem Worte und in keinem Werke sündigen und alles aus Liebe tun und alles aus Liebe leiden. – Lebensmut habe ich noch für 20 Jahre, aber wenn der liebe Gott will, daß ich heute noch sterbe, so soll Sein Wille geschehen. 1000 Grüße meinem hochwürdigsten Bischof, dem Domkapitel, dem Pfarrhaus, der Pfarrwohnung, der St. Hedwigs-Gemeinde, allen, die für mich gebetet und mir geschrieben und mich dadurch getröstet haben. – Es geschehe, werde gelobt und in Ewigkeit gepriesen der süßeste, heiligste und gerechteste Wille Gottes, unerforschlich in Seinen Höhen und Tiefen, jetzt und in alle Ewigkeit. Amen. – Der Gefangene im Herrn Bernhard Lichtenberg, Dompropst von St. Hedwig."

Wenige Tage später richten in Erwartung der Entlassung Verwandte und Freunde noch einmal einen Sammelbrief an den Häftling: „Heut' in fünf Wochen können wir, so Gott will, ein gesundes und den Umständen angemessenes, frohes Wiedersehen feiern ... Ich grüße Dich von Herzen und wünsche Dir recht baldige richtige Genesung Dein M. Prange ... Auf frohes baldiges Wiedersehen Dein Banasch ... Ehrfurchtsvolle Grüße und alles Gute für eine baldige Wiedergenesung Ihr Schwerdtfeger ... Die heute versammelte Vinzenz-Konferenz beehrt sich, Herrn Prälaten neben den besten Grüßen die vorzüglichsten Wünsche zur Wiedergenesung zu senden und wartet sehnsüchtigst auf ein baldiges Wiedersehen ... Den Grüßen und Wünschen der Vinz.-Konf. schließe ich mich von ganzem Herzen an ... 1 Petr 5, 10 u. 11. Ihr J. Mörsdorf, Kur."

Doch längst ist über das weitere Schicksal des Berliner Dompropstes entschieden. Oberinspektor Priegnitz hat der Staatspolizeistelle Berlin am 24. September das Folgende mitzuteilen: „L. soll am 22.10.1943 18 Uhr in der Sache St. A. Pk KMs 2, 42 entlassen werden. Lichtenberg beabsichtigt, in w. v. Wohnung zu nehmen. Lichtenberg ist durch Urteil beim Landgericht Bln. in Berlin vom 22.5.1942 wegen Heimtücke zu 2 Jahren Gefängnis verurteilt worden. Die Strafe wird seit 22. Mai 1942 verbüßt ... Führung war einwandfrei, sein Fleiß befriedigend. Politisch hat er sich nicht bemerkbar gemacht. Der Gefangene ist im übrigen nicht bestraft. Ein Abschrift des Strafregisterauszuges liegt bei." Bei der Entlassung werden Lichtenberg 27,67 RM eigenes Geld und ein Arbeitslohn von 31,31 RM in bar ausgezahlt.

Am 23. Oktober 1943 teilt das Strafgefängnis Tegel der Staatsanwaltschaft Berlin den „Abgang" des Gefangenen mit:

Familienname:	Lichtenberg
Zuletzt ausgeübter Beruf:	Dompropst
Geburtstag:	3. 12. 75
Geburtsort:	Ohlau
Staatsangehörigkeit:	dtsch.
Rassen- und Volkszugehörigkeit:	kath.
Familienstand:	ledig
Zahl der Kinder:	–
Letzte Wohnung vor der Aufnahme zum Vollzuge:	Bln.

ist am 23. 10. 1943 18.00 Uhr entlassen und der Staatspoliz. Leitstelle Abt. IV B 1 L 3387, 41 zugeführt worden.

Grund des Abganges: Strafe verbüßt.

Unterschrift (handschriftlich, unleserlich)

Die Eintragung in der „Schutzhaft"-Kartei vom 25. Oktober 1943 schließt mit folgenden Bemerkungen: „Glaubensbekenntnis: röm.-kath. rücksistiert nach Strafverbüßung. In Schutzhaft genommen am 25.10.1943. Grund der Schutzhaft: Staatsfeindliches Verhalten. Gr. (Handschriftlicher Eintrag: Sch. u. K. Z. beantragt)."

„Ich will nichts anderes haben, als was mein Heiland will. Drum hält der Strafgefangene bis an das Ende still." Das hat Bernhard Lichtenberg am 17. Januar 1943 in einem Brief an Schwester Stephana geschrieben. Und weiter: „Und was der Heiland will, das steht schon lange fest: Apk 2,10f. Die Stelle lautet: ‚Fürchte dich nicht vor dem, was du noch erleiden mußt. Der Teufel wird einige von euch ins Gefängnis werfen, um euch auf die Probe zu stellen, und ihr werdet in Bedrängnis sein ... Sei treu bis in den Tod, dann werde ich dir den Kranz des Lebens geben. Wer Ohren hat, der höre, was der Geist Gottes den Gemeinden sagt: Wer siegt, dem kann der zweite Tod nichts anhaben ... Wer siegt, dem werde ich von dem verborgenen Manna geben. Ich werde ihm einen weißen Stein geben, auf dem Stein steht ein neuer Name, den nur der kennt, der ihn empfängt'."

Der bischöfliche Sekretär Schwerdtfeger hat verschiedene Mitteilungen von Zeugen über Lichtenbergs letzte Lebenstage und seinen Tod zu einem Bericht zusammengefaßt. Sie gehen zurück auf Pfarrer Gehringer in Hof, Oberwachtmeister Fuß vom Hofer Gefängnis, die Diakonissenschwester Auguste und die Leichenbesorgerin Frau Schmidt aus Hof: „Prälat Lichtenberg wurde auf dem Transport in das Konzentrationslager Dachau am Mittwoch, 3. November 1943, zusammen mit ca. 200 anderen Gefangenen in Hof ausgeladen. Hof ist eine Umschlag- und Sammelstelle, wo die verschiedensten Gefangenen zu neuen Gruppen (genannt Schübe) zusammengestellt und auch verpflegt werden. Auf Lastautos werden die Gefangenen, die auch außerhalb der Waggons und des Gefängnisses für gewöhnlich zwei zu zwei durch Handschellen aneinander gefesselt werden, vom Bahnhof Hof zum Gefängnis (Innenstadt), einem ehemaligen Klarissenkloster, transportiert, wo sie meist nur einen Tag oder weniger zum Weitertransport in die verschiedensten Lager und Zuchthäuser Thüringens, Sachsens und Bayerns verbleiben.

Der Oberwachtmeister Fuß beobachtete vom Fenster des Eingangstores zum Gefängnis aus, wie ein Geistlicher (es war Prälat Lichtenberg) in der letzten Reihe der 200 Gefangenen zusammen mit einem beinamputierten Häftling über die Schwelle ging. Er trug über dem Abbé-Rock einen schwarzen Mantel und einen schwarzen Hut. Im Gefängnis, das nur zu einem kleinen Teil für die Unterbringung der sogenannten Schubgefangenen bestimmt ist und infolge der seit einiger Zeit erhöhten Anzahl der Gefangenen räumlich unzureichend ist, wurde der Dompropst in einer Zelle, die für gewöhnlich vier bis sechs Gefangenen Raum bietet, zusammen mit 25 anderen Häftlingen untergebracht. In der Zelle befinden sich keine Matratzen, da diese wegen Fleckfiebergefahr vor längerer Zeit ausgeräumt werden mußten, sondern die Gefangenen müssen auf dem mit Holz ausgelegten Boden liegen. In der Zelle des Prälaten Lichtenberg befand sich jedoch eine Holzpritsche, die ihm von den Mitgefangenen eingeräumt worden war, da man von seinem krankhaften Zustand wußte.

Der bezeichnete Oberwachtmeister erkannte aus den eingesehenen Akten, daß es sich bei dem Geistlichen um den Berliner Dompropst handelte. Ausdrücklich war in den begleitenden Akten neben dem Vermerk wegen Kanzelmißbrauchs zwei Jahre Gefängnis und wegen Gefährdung der Öffentlichkeit Unterbringung in Dachau angeordnet worden. Der ‚Schubgefangene Lichtenberg' solle beobachtet und am Reiseziel erforderlicherweise sofort in das Lagerlazarett eingeliefert werden. Oberwachtmeister Fuß nahm sich des ihm von den Mitgefangenen als schwerkrank bezeichneten Dompropstes an. Als er in die Zelle trat, fand er ihn auf der Pritsche liegend an und fragte ihn, ob er so krank sei, daß er am Weitertransport, der für Donnerstagnacht angesetzt war, nicht teilnehmen könne. Prälat Lichtenberg antwortete, daß er keine Ausnahme und weiter nach Dachau transportiert werden wolle. Der Oberwachtmeister brachte den Gefangenen die zugeteilte Verpflegung in Form von Brot und Kaffee und erlebte, wie einige Mitgefangene sich über den laut betenden Prälaten belustigten mit den Worten wie: ‚Jetzt betet er wieder den Rosenkranz'. Sogleich fuhr der Wachtmeister die Spötter mit harten Worten laut an, daß sie doch auf den kranken Mann Rücksicht nehmen sollten. Während dieser Auseinandersetzung richtete sich Prälat Lichtenberg auf seiner Pritsche auf in der Absicht und Meinung, den Wachtmeister gegenüber den Gefangenen mit in Schutz nehmen zu müssen. Prälat Lichtenberg erhielt Kaffee und Brot, trank jedoch nur wenig und aß nichts, auch vermutlich später nicht das Brötchen, das der Beamte ihm in vier kleine Stückchen zerschnitt und gesondert zusteckte.

Da der Gesundheitszustand des Kranken dem Oberwachtmeister sehr bedenklich vorkam, ging er während des Abends nochmals in die Zelle, und zwar diesmal in Begleitung eines zweiten Beamten, um bei dem Kranken Fieber zu messen. Gleich nach der Öffnung des Abbé-Rocks bemerkte er, daß Prälat L. hohe Temperatur hatte; das Thermometer zeigte 40 Grad und mehr. Dabei stellte er fernerhin fest, daß der Rock des Dompropstes, herrührend von vermutlich mehrfachem Erbrechen, über und über besudelt war. Auch der später von den Unterzeichneten in Empfang genommene Mantel wies die gleichen Anzeichen auf. Nach langem Zögern glaubte der Beamte, die Verantwortung allein nicht mehr tragen zu können, und rief in den Morgenstunden des Donnerstag (4. Nov.) gegen halb fünf Uhr früh den Gefängnisarzt an, dem er von dem Vorgefallenen Mitteilung machte. Dieser, sehr indigniert von der nächtlichen Störung, wollte anfangs nicht kommen, erschien dann aber doch nach 7 Uhr im Gefängnis und untersuchte den kranken Dompropst. Auf Grund seiner Feststellungen sah er sich veranlaßt, die Überführung in das städtische Krankenhaus Hof anzuordnen, die um 10 Uhr erfolgte.

Das Krankenhaus, ein großer, moderner und sehr freundlicher Bau am Stadtrand, jetzt teils als Lazarett verwendet, wird von Diakonissen geleitet, die sich des kranken Patienten L. mit aller Sorgfalt annahmen. Der Kranke wurde zunächst gebadet und dann gründlich untersucht. Der Arzt führte das gleichbleibend hohe Fieber auf eine Herzerkrankung zurück und hielt darüber hinaus eine Lungenentzündung für gegeben. Eine Herzuntersuchung war umständehalber nicht möglich. Die Diakonissenschwester Auguste, die den Kranken zu betreuen hatte, wunderte sich über die auffallende Bescheidenheit des Patienten. Sie fragte den im Fieber liegenden Kranken nach seiner Herkunft. Er gab an, in Berlin Dompropst zu sein, wohne Hinter der Katholischen Kirche 4, und habe eine zweijährige Gefängnisstrafe hinter sich. Weitere Angaben, auch über die Erlebnisse der vergangenen Tage, machte der Kranke nicht. Er aß fast nichts, hatte ständig großen Durst und verlangte zu trinken. Als er seine Bitte jedesmal erfüllt bekam, bedankte er sich vielfach bei der Krankenschwester durch Händedruck und wiederholte immer und immer die Worte: ‚Ihr lieben guten Menschen! Was seid ihr doch für liebe gute Menschen'. Als die Schwester ihm entgegnete: ‚Sie wissen doch gar nichts von uns, ob wir gut sind; Sie kennen uns doch gar nicht', antwortete ihr Prälat Lichtenberg: ‚Ich kenn euch schon lange'. Anscheinend hatte er die zivile Umgebung und auch die Diakonissen trotz seiner durch das Fieber bedingten Bewußtseinstrübung erkannt.

Eine katholische Ärztin, Dr. Martha Grewer, die von der Einlieferung des Dompropstes Kenntnis erhalten hatte und sich gleichfalls um ihn bemühte, machte telefonisch dem katholischen Pfarrer von Hof, Geistlichen Rat Gehringer, Mitteilung: „Pfarrer Gehringer eilte gegen 14 Uhr trotz anderweitiger Verpflichtungen sofort ins Krankenhaus und traf den Dompropst bei getrübtem und zeitweise mangelndem Bewußtsein an. Er wiederholte die gleichen Angaben über Herkunft und Stellung, die er schon der Schwester Auguste gemacht hatte, und begann sofort, die kirchlichen Sterbegebete laut mitzusprechen. Eine vollständige Beichte war nicht möglich, doch empfing der Kranke alle Sterbesakramente, einschließlich des Apostolischen Segens für die Sterbestunde.

Die weiteren Stunden bis zum nächsten Tag verbrachte der Kranke in durch das Fieber aufgeregtem Zustand, er wälzte sich auf seinem Lager und hörte in der Zeit des Bewußtseins nicht auf, laut zu beten. ‚Er betete in einem fort laut, deutlich, zum Teil lateinisch, zum Teil deutsch', berichtet Schwester Auguste. Der Pfarrer Gehringer, der den Kranken in den kommenden Tagen noch öfter zu besuchen vorhatte, war am Freitag durchgehend durch seelsorgliche Verpflichtungen verhindert. Um 6 Uhr, Freitag, 5. November, einem Herz-Jesu-Freitag, schlief der Dompropst, der in den letzten Stunden sehr ruhig geworden war, ohne Todeskämpfe und vermutlich schmerzlos zum ewigen Frieden ein."

BARMHERZIGKEIT UND VERZEIHEN – LICHTENBERGS VERMÄCHTNIS

Der den kranken Häftling einweisende Landgerichtsarzt gibt den schriftlichen Hinweis an das Stadtkrankenhaus, der Gefangene sei in einer Zelle unterzubringen. Chefarzt Dr. Wilhelm Mohr von der Inneren Abteilung des Stadtkrankenhauses erhält die Meldung von der Einweisung Lichtenbergs durch seine erste Assistentin, Frau Dr. Grewer. „Sie fragte mich: ‚Was sollen wir tun? Wir können ihn doch nicht in eine Zelle stecken'. Daraufhin entschied ich, daß Bernhard Lichtenberg nicht in eine vergitterte und gesicherte Zelle gebracht würde, sondern in ein Einzelzimmer. Auf Grund meiner Untersuchung und des medizinischen Befundes, soweit ich feststellen konnte, halte ich es für absolut unverantwortlich, daß dieser schwerkranke Mann auf den Transport von Berlin in das Konzentrationslager Dachau gebracht wurde. Die Verantwortlichen in Berlin mußten den Zustand des Kranken erkannt haben. Allein, wenn man die Entfernung von Berlin nach Hof berücksichtigt."

Frau Dr. Grewer berichtet weiter: „Beim Fühlen des Pulses öffnete er die Augen, schaute mich groß an und wiederholte mehrfach den Satz: ‚O ihr lieben guten Menschen'. Seine Soutane war oben geöffnet, ziemlich beschmutzt, er atmete schnell, und der Puls ging sehr schnell. Plötzlich sagte einer dieser Männer: ‚Er muß in einer Zelle untergebracht werden'. Und ich dachte bei mir: ‚Er kommt nicht in eine Zelle'. Um Zeit zu gewinnen und zu entscheiden, wo wir ihn unterbringen könnten, ging ich zu meinem Chefarzt Dr. Mohr und berichtete ihm den Vorfall. Wir kamen zu dem Beschluß, ihn auf der Privatstation in einem Einzelzimmer unterzubringen. Dr. Mohr ging mit mir herunter und sagte den Männern:

'Wir werden ihn schon richtig unterbringen'. Darauf gingen die Männer weg und überließen uns den Kranken.

Wir brachten den Patienten oben in ein Einzelzimmer. Sofort fand eine Untersuchung statt. Schwester Auguste versuchte, ihn zu entkleiden. Ich half ihr dabei. Wir haben ihn dann aufgerichtet, damit eine Untersuchung der Brustorgane stattfinden konnte. Diese Untersuchung führte Dr. Mohr durch. Wir vermuteten, daß es sich um eine Lungenentzündung handele mit einem Kreislaufkollaps. Eine eingehende klinische Untersuchung war nicht möglich. Während der Untersuchung kam Bernhard Lichtenberg immer wieder zu Bewußtsein. Er wiederholte dann die Sätze: 'O ihr lieben guten Menschen'. Dazwischen sprach er murmelnd vor sich hin. Folgende Worte sind mir noch in Erinnerung: 'Barmherzigkeit und Verzeihen'. Ich habe den Patienten wegen seines ernsten Zustandes öfter kontrolliert. Zuletzt an diesem Tage etwa gegen 22 Uhr. Sein Zustand blieb unverändert. Am anderen Morgen fand die Visite statt. Wir bemerkten, daß sein Zustand sich langsam verschlechterte. Der Patient wurde unruhiger. Dies bemerkte ich im Laufe des Tages. Ich bin immer wieder einmal zu ihm ins Zimmer gegangen. Zwischen 16 und 17 Uhr habe ich Bernhard Lichtenberg zum letzten Mal lebend gesehen. Etwa eine Stunde später, um 18 Uhr, wurde ich durch ein Klingelzeichen nach oben gerufen in das Zimmer, wo Bernhard Lichtenberg lag. Schwester Auguste war bei ihm. Er war gerade gestorben. Schwester Auguste sagte mir: 'Dompropst Lichtenberg ist zufrieden, still und ohne Todeskampf gestorben'. Die Nachricht von seinem Tode ging im Krankenhaus wie ein Lauffeuer herum. Ich persönlich dachte bei seinem Tode, daß ihm, der schon so viel erlitten hatte und aller Voraussicht nach in Dachau noch Schlimmeres hätte erleiden müssen, hier in unserem Krankenhaus durch uns die letzten Stunden seines Lebens erleichtert werden konnten. Darüber war ich dankbar. Die Schwestern und Angestellten waren über den Tod Bernhard Lichtenbergs erschüttert. Viele sagten: 'Es ist ihm das Schlimmste erspart geblieben'. Mir ist aufgefallen, daß Bernhard Lichtenberg während seiner schweren Krankheit nie geklagt hat. Sein Antlitz trug einen zufriedenen Ausdruck. Ich habe keinerlei Anzeichen einer Verbitterung oder des Hasses bei ihm bemerkt. Ich hatte den Eindruck eines heiligmäßigen Sterbens."

Tatsächlich steht am Ende des Lichtenbergschen Lebens die vollkommene Ergebung in Gottes Willen, eine Passion, die alle Aktivitäten des so tätigen Seelsorgers ablöst und in einen anderen Zustand überführt. Der geplagte und verfolgte Kämpfer für Gerechtigkeit, Gottes- und Menschenliebe darf ausruhen, und zuletzt sagt auch sein Leib Ja zu seinem Sterben. Am Ende aller Demütigungen steht Würde. Der Priester Lichtenberg ist sich und seiner Berufung treu geblieben. Der

Leib zerbricht, doch die Seele ist im Frieden. Der Leib stirbt, doch „der Gerechte lebt".

Ungewöhnlich erscheint auch, daß Bernhard Lichtenberg das ihm zugedachte Konzentrationslager nicht mehr erreicht und gewissermaßen „in via" stirbt, unterwegs und in einem Krankenhaus, wo ihn die Sorge und das Wohlwollen von zwei Ärzten und die liebevolle Betreuung evangelischer Schwestern umgibt. Und als Lichtenberg gestorben ist, meldet sich keine Stimme, die seine – eine durchaus übliche Gepflogenheit – Leiche fordert, um sie zu verbrennen und die Asche den Angehörigen zuzustellen. Auch der Transport des Toten nach Berlin wird zugelassen. Die notwendigen Formalitäten können mit dem Gefängnisbüro erledigt werden. Am 8. November trifft der Bruder des Verstorbenen, Johannes Lichtenberg, in Hof ein, sucht den in der Kapelle des Krankenhauses aufgebahrten Toten auf und läßt einen Fotografen Lichtbilder anfertigen.

Unter den hinterlassenen Sachen im Gefängnis werden Rosenkranz und Sterbekreuz gefunden. Man legt sie dem Toten in die Hände. Am Morgen des 8. November 1943 treffen der Offizial Piossek und der bischöfliche Sekretär Schwerdtfeger in Hof ein. Sie legen Lichtenberg die aus Berlin mitgebrachten Gewänder an: Albe, Zingulum und violettes Meßgewand. Am Abend des gleichen Tages um 18 Uhr nimmt der Ortspfarrer die Aussegnung der Leiche vor. Der Bruder verweilt längere Zeit am Sarg und sagt abschiednehmend: „Du Guter, im Namen aller danke ich dir für deine Güte."

Das Gefängnis in Hof händigt Lichtenbergs Aktentasche aus. In ihr befinden sich sein Brevier, eine Reihe anderer Bücher und verschiedene Aufzeichnungen. Polizei und Staatsanwaltschaft haben inzwischen die Leiche freigegeben. Die Bestatterin sorgt für die Überführung des Toten zum Bahnhof Hof. Am 11. November vormittags trifft der Sarg mit dem Zug auf dem Anhalter Bahnhof in Berlin ein. Auf dem Weg zur Leichenhalle des Friedhofs von St. Hedwig in der Liesenstraße fährt der Wagen mit dem toten Dompropst über die Behrenstraße und an der Kathedrale St. Hedwig vorbei, die nur noch eine Ruine ist.

Am 14. November 1943 erscheint in der „Deutschen Allgemeinen Zeitung" in Berlin folgende Anzeige:

Nach 43-jähriger, reichgesegneter priesterlicher Wirksamkeit in der Reichshauptstadt ging Gottes treuer Diener, der

Hochwürdigste Dompropst und Ordinariatsrat Msgr.

Bernhard Lichtenberg

Apostolischer Protonotar a.i.p

völlig ergeben in Gottes hl. Willen, heim in die Ewigkeit. Er starb im Stadtkrankenhaus zu Hof a.S. am 5. Nov. im Alter von fast 68 Jahren, im 45 Jahres seines Priestertums. Wir verlieren in ihm unseren innigstgeliebten Bruder, Schwager u. Onkel, unseren besten und aufrichtigsten Freund.

Johannes Lichtenberg a.D. und Familie, Oppeln
Franz Lichtenberg, Rechtsanwalt und Notar, und Familie, Münsterberg
Frau Frieda Lichtenberg und Familie, Berlin-Spandau
Mit den Angehörigen trauern um ihren langjährigen, unermüdlichen Mitarbeiter das
Domkapitel zur heiligen Hedwig
das Bischöfliche Ordinariat
das Bistums-Konsistorium Berlin und
der Kirchenvorstand von St. Hedwig.
Die feierlichen Exequien beginnen Dienstag, 16. Nov. 1/2 9 Uhr, in der St. Sebastian-Kirche, Gartenplatz, mit dem Totenoffizium; 10 Uhr Pontifikalrequiem, anschl. Beisetzung auf dem St. Hedwigs-Friedhof, Liesenstr."

Robert Bastini berichtet: „Ich war selbst zugegen, als der Sarg in Gegenwart von etwa 12 Personen am Tage vor seiner Beisetzung geöffnet wurde. Die Leiche war mit einem violetten Gewand bekleidet. Das Antlitz des Toten erschien mir fremd, sei es wegen des in der Haft gewachsenen grauen Vollbartes, sei es wegen der Folgen der Entbehrungen der Haftzeit. Dennoch machte das Antlitz den Eindruck eines Menschen, der im Frieden Gottes entschlafen ist." Schwester Stephana, die von der Überführung des Leichnams in die Begräbniskapelle des Friedhofs erzählt, schreibt: „Es ist mir noch besonders deutlich in Erinnerung, wie am Sonntag, den 14. November, unser Ordensstifter P. Johannes Haw in Gegenwart vieler Ordensschwestern und anderer Gläubiger am offenen Sarg mit bewegter Stimme betete: ‚Lasset uns beten! Neun ‚Ehre sei dem Vater' zum Danke für alle Gnaden, die der liebe Gott seinem treuen Diener erwiesen hat.' Er hatte die Absicht, wohl ganz allein mit seinem Rosenkranz und Medaillen den Toten zu berühren; denn er sagte, es dürfte an der Zeit sein, daß wir die Kapelle wieder verlassen. Aber es kam niemand dieser Aufforderung nach. So sah ich, daß er zunächst an den Sarg trat und mit seinem Rosenkranz die Stirn des ehrwürdigen Toten berührte. Darauf traten alle nach vorne zu ihm hin, gaben ihm Andachtsgegenstände, wie etwa einen Rosenkranz, ein Kreuz, eine Medaille, und er berührte mit allen ihm überreichten Devotionalien die Stirn des Toten. Alle Anwesenden waren sehr ergriffen. Es herrschte eine weihevolle Stille."

Schwerdtfeger berichtet: „Im Hinblick auf die hochgespannte politische Lage sah der Bischof der Beisetzungsfeier mit spürbarer Sorge entgegen und hegte sogar die Befürchtung, daß die Feier noch durch äußere Gewalt verhindert werden könnte".

Am Requiem in der überfüllten Kirche St. Sebastian nehmen 185 Geistliche teil. Es wird vom Bischof zelebriert. Er verliest seine Traueransprache, in der es u.a. heißt: „Wir betten heute zur letzten Ruhe unseren lieben Dompropst Bernhard Lichtenberg. Es fließen viele Tränen an dieser Bahre, Tränen, die der Herr einst geweint hat, indem er selbst um seinen toten Freund Lazarus weinte. Um ihn trauern seine Angehörigen, denen er Zeit seines Lebens ein liebender, fürsorgender Verwandter war. Um ihn trauert der Bischof, dem er ein nie ermüdender, treuer Mitarbeiter war. Um ihn trauert der Klerus der Diözese Berlin, von denen so viele ihm in seinem vierzigjährigen Wirken in Berlin nahegekommen sind und denen er priesterliches Beispiel war. Um ihn trauern Ungezählte, denen er in leiblicher Not beigestanden ist, Ungezählte, die seinem Wort Trost, Aufrichtung, Versöhnung mit Gott verdanken. Wenn wir das geistige Bild unseres verstorbenen Dompropstes uns vor Augen stellen, so kommt uns unwillkürlich das Wort des heiligen Paulus in die Erinnerung: ‚Christus ist mir Leben, und Sterben ist mir Gewinn'. Ihm war eine glückliche, reine Kindheit in katholischer Atmosphäre in seinem Elternhaus beschieden. Wozu dort der Keim gelegt worden war, das hat er in unaufhörlicher Arbeit an sich selbst weiter entwickelt, so daß wir ohne Vermessenheit auch von ihm das Wort gebrauchen können: ‚Christus ist mir Leben'. Ein Mann ohne jede selbstische Regung; ein Mann, dem die Verlockung des Goldes oder der irdischen Ehre nichts bedeutet; ein Mann, der furchtlos den Weg der Pflicht ging; ein Mann, dem die Wahrheit, für die Christus gestorben ist, heilig war, und der jedes Opfer zu bringen bereit war und gebracht hat.

Ihr alle wißt, wie rastlos er in der Seelsorge hier gearbeitet hat, wie während seiner langen Pfarrtätigkeit in Charlottenburg sich durch seine Initiative Kirche um Kirche erhob, wie er jahrzehntelang in Deutschland auf und ab reiste, um die nötigen Mittel dafür zu sammeln. Ihr wißt, daß jeder Ruf bei Tag und bei Nacht ihn bereit traf, wenn es galt, Seelen für den Herrn zu gewinnen, wenn es galt, die Tröstungen der Religion auszuspenden.

Bernhard Lichtenberg war von Christus ergriffen; daher kam auch seine kindliche Liebe zur Kirche, der Stiftung des Heilands, seine freudige Unterwerfung unter den Heiligen Vater und das Gefühl persönlicher Verbundenheit mit ihm und seinem Bischof. Wie war er überwältigt vor Glück, als ich ihm bei einem Besuch kurz vor seinem Tode eine Botschaft des Heiligen Vaters bringen konnte, in der ihm Pius XII. sein inniges Mitgefühl und eine väterliche Anerkennung aussprechen ließ. Von diesem Ergriffensein von Christus kam auch seine innige Marienverehrung. So wie der Heiland in den großen Augenblicken seines Lebens seine Mutter bei sich haben wollte, so ließ sich auch für Lichtenberg das Ergriffensein von Christus nicht trennen von der innigen Verehrung der himmlischen Mutter. Ihr wißt, daß er seinem Beruf als guter und getreuer Knecht bis sein Lebensende treu geblieben ist.

Wir stehen an seiner Bahre und trauern, aber nicht wie solche, die keine Hoffnung haben. In die ernsten Klänge des ‚De profundis' mischt sich hier wie mit sieghafter Gewalt der jubelnde Gesang: ‚In Paradisum deducant eum angeli' – in das Paradies mögen ihn die Engel führen. Und so hoffen wir alle, daß Christus ihm ewiges Leben geworden ist und Sterben unermeßlicher Gewinn. Amen."

Nach dem Requiem findet die Beisetzung auf dem St. Hedwigs-Friedhof in der nahen Liesenstraße statt. Der Bischof hält selbst die Exequien und nimmt die Einsegnung des Leichnams vor. An der Beisetzung nehmen mehr als viertausend Menschen teil, obgleich die Situation in Berlin zwischen Bombenangriffen und politischem Terror gespannt und bedrückend ist. Anton Majewski schildert, er habe „noch nie eine solche Beerdigung erlebt, auch nicht bei Bischöfen. Es war eine Demonstration gegen den Mord an Bernhard Lichtenberg und ein Bekenntnis für den katholischen Glauben." Der Tod war damals „das Tagesgespräch in Berlin". Dr. Haendly bezeugt: „Ich hatte bis dahin noch nicht erlebt, daß so viele Menschen auf Straßen und öffentlichen Verkehrsmitteln zu einem Trauergottesdienst zusammenkommen. Die Trauerfeierlichkeiten bekamen durch die Anwesenheit der Gläubigen den Charakter einer Kundgebung für Bernhard Lichtenberg. Die Spontaneität und die Ausdauer, mit der die Gläubigen am Grabe Bernhard Lichtenbergs verweilten, ist mir damals besonders aufgefallen. Bis zu diesem Tage habe ich noch nie erlebt, daß gläubige Katholiken am Grabe eines Verstorbenen Osterlieder gesungen haben." Für Schwester Stephana war die Beisetzung keine Trauerfeier, „sondern ein klares Bekenntnis der Katholiken Berlins zu ihrem Glauben. Das zeigt sich auch darin, daß keine Begräbnislieder gesungen wurden, sondern daß, nachdem die Beisetzung erfolgt war, spontan die Menge der Gläubigen die vertrauten katholischen Bekenntnislieder sang: ‚Triumph, der Tod ist überwunden', ‚Großer Gott wir loben Dich' und andere Kirchenlieder. Auch auf dem Heimweg hörte ich noch die Gläubigen singen."

Walter Adolph äußert: „Die Nachricht vom Tode Lichtenbergs habe ich vom Bischof und seinem Generalvikar erfahren. Sie wirkte tief erschütternd. In Gesprächen danach hat der Bischof von Berlin wiederholt mir gegenüber gesagt, er halte Bernhard Lichtenberg für einen Heiligen. Er hoffe, daß die Kirche auch dieses Urteil bestätigen werde. Für Bischof Preysing stand es außer Zweifel, daß Bernhard Lichtenberg um Christi willen sein Leben aufgeopfert hat." Bischof Preysing unterrichtet Pius XII. am 17. November 1943 über Heimgang und Beerdigung des Dompropstes. Am 21. März 1944 antwortet Papst Pius XII.: „Von diesen Mitarbeitern ist Prälat Lichtenberg inzwischen zur ewigen Ruhe eingegangen. Wir haben von den schmerzlichen Begleitumständen seiner letzten Tage mit tiefer Wehmut, aber auch mit dem Gefühl inneren Trostes Kenntnis genommen. Der Heimgegangene gehört sicher zu jenen, die mit dem heiligen Paulus an ihrem Fleische ergänzen, was von Christi Leiden noch aussteht zum Besten seines Leibes, der Kirche, in diesem Falle vor allem der kirchlichen Gemeinschaft deiner Diözese."

Während der Beerdigung erkundigt sich ein Gestapobeamter beim Küster der St. Hedwigs-Kathedrale nach dem Verbleib der Leiche. Will man die Bestattung noch im letzten Augenblick verhindern?

Bevor am 13. August 1961 die Mauer Berlin in zwei Hälften trennt und der Friedhof in der Liesenstraße zum Grenzfriedhof wird, besuchen ständig Menschen sein Grab und schmücken es mit Blumen. Das Andenken Lichtenbergs bleibt lebendig, und „die Gläubigen rufen ihn um Fürbitte an", bezeugt Alois Stellmacher.

Am 4. November 1950 wird die Grabstätte Lichtenbergs auf dem St. Hedwigs-Friedhof in der Liesenstraße eingeweiht. 1962 bemüht sich das Berliner Ordinariat, die sterblichen Überreste Lichtenbergs in die Gedenkkirche der deutschen Katholiken Maria Regina Martyrum zur Ehren der Blutzeugen für Glaubens- und Gewissensfreiheit in den Jahren 1933 bis 1945 nach Charlottenburg-Nord zu überführen. Dort befindet sich bereits das Grab des von den Nationalsozialisten ermordeten Dr. Erich Klausener. Die Ost-Berliner Behörden verweigern diese Erlaubnis mit dem Hinweis, daß auch „die Katholiken des Demokratischen Berlin und der Deutschen Demokratischen Republik, in deren Bereich der Dompropst gewirkt habe, ein Anrecht darauf hätten, die Grabstätte dieses bedeutenden Mannes besuchen zu können". Am 26. August 1965 werden die sterblichen Überreste in Anwesenheit des Berliner Weihbischofs Heinrich Theissing exhumiert, in einen Zinksarg umgebettet und in die Krypta der St. Hedwigs-Kathedrale überführt. Bald werden auch Straßen und Schulen in Berlin nach seinem Namen benannt.

Der Seligsprechungsprozess wird eröffnet

Zahlreiche Zeugnisse bestätigen den allgemeinen Ruf der Heiligkeit und des Martyriums Bernhard Lichtenbergs nach seinem Tod. Ebenso zahlreich sind die Bitten der Kardinäle, Bischöfe, Ordensoberen und Gläubigen, die den „Diener Gottes" zur Ehre der Altäre erhoben sehen möchten. Deshalb eröffnet der Berliner Bischof Dr. Alfred Bengsch am 18. April 1965 das Vorverfahren zum Seligsprechungsprozeß. Am 16. Juni 1980 richtet die damalige Berliner Bischofskonferenz unter dem Vorsitz des Bischofs von Dresden-Meißen, Gerhard Schaffran, erneut die Bitte um Seligsprechung Lichtenbergs an den Heiligen Vater und die Kongregation für Selig- und Heiligsprechungen in Rom. Am 3. Juni 1983 übermittelt Joachim Kardinal Meisner als damaliger Bischof von Berlin dem Heiligen Vater die „Litterae postulatoriae", in denen die Bitten um Lichtenbergs Seligsprechung wiederholt und näher begründet werden. Der Papst kommt der Bitte des Kardinals nach, „die Dokumentation in der Causa Bernhard Lichtenberg, Berlin wegen des besonderen Charakters des ‚Gestapo-Stils' in deutscher Sprache abfassen zu dürfen". Am 2. Juli 1994 wird in Rom das Dekret unterzeichnet, mit dem Papst Johannes Paul II. das Ergebnis des Seligsprechungsprozesses über das Martyrium des Berliner Priesters Bernhard Lichtenberg anerkennt. Das Dekret äußert sich wie folgt:

„Seiner Berufung und seiner Aufgabe getreu widmete sich der Priester Bernhard Lichtenberg mit großer Liebe dem Dienst der Herde Christi, verkündete beherzt die Glaubenswahrheiten und, um die Rechte Gottes, der Kirche und des Menschen zu verteidigen, erlitt er eine heftige und ungerechte Verfolgung, die Ursache seines Todes war und bewirkte, daß er die Krone des Martyriums erlangte."

Den Weg zur Anerkennung des Martyriums stellt das Dekret folgendermaßen dar: „Wahr ist, daß der Tod des Dieners Gottes sogleich für ein Martyrium gehalten wurde und diese Meinung auch in den folgenden Jahren andauerte. Deswegen eröffnete der Bischof von Berlin das Verfahren der Seligsprechung und führte in den Jahren 1967 bis 1973 die vorgeschriebenen Untersuchungen und Zeugenvernehmungen durch, deren Gültigkeit durch ein Dekret der Kongregation für die Heiligsprechung bestätigt wurde, das 1988 veröffentlicht worden ist. Nach Erstellung der Vorlage wurde geprüft, ob über das Martyrium und seine Ursache Übereinstimmung besteht. Mit positivem Ergebnis wurde am 30. März 1993 eine besondere Sitzung der beratenden Theologen abgehalten. Daraufhin haben die Kardinäle und Bischöfe, die zur Prüfung des Martyriums des Priesters Bernhard Lichtenberg zusammengerufen waren, nach Darlegung der Vorlage durch Alfons Maria Kardinal Stickler bekannt, jener Priester habe freiwillig sein Leben für den Glauben geopfert und sein Tod sei die Folge der Drangsale und Mißhandlungen, die er in Gefangenschaft erlitten hat und deshalb habe er als wahrer Martyrer zu gelten. Über dies alles wurde Johannes Paul II. von dem unterzeichnenden Kardinalpräfekten unterrichtet und ordnete entsprechend den Empfehlungen der Kongregation für die Heiligsprechungen an, daß das Dekret über das Martyrium des Dieners Gottes ausgefertigt werde.

Nachdem das geschehen ist, erklärte der Heilige Vater am heutigen Tag vor den zusammengerufenen Mitgliedern und Mitarbeitern der Kongregation: ‚Es besteht Gewißheit über das Martyrium und dessen Ursache des im Jahre 1943 getöteten Diener Gottes Bernhard Lichtenberg, Priester der Diözese Berlin'. Seine Heiligkeit wollte, daß dieses Dekret veröffentlicht und unter die Akten der Kongregation über die Heiligsprechungen aufgenommen wird. Gegeben zu Rom, am 2. Juli 1994."

Auf die Akten des Seligsprechungsprozesses hat der Papst das Wort „Urgentissime" – „von höchster Dringlichkeit" geschrieben. Noch im September 1995 kündigt Rom an, daß die Seligsprechung am 23. Juni 1996 in Berlin stattfinden soll. Der Papst wird deshalb zum ersten Mal in die deutsche Hauptstadt reisen. Damit bekräftigt er, was die Berliner Bischofskonferenz am 16. Juni 1980 unterstrichen hat. Sie wünschte damals, daß das Verfahren „positiv abgeschlossen" werde, weil „gerade in den Verhältnissen, in denen die Kirche hier leben und wirken muß, das Beispiel des Dieners Gottes Bernhard Lichtenberg von hoher Aktualität ist". Johannes Paul II. wird nicht in eine geteilte, sondern in eine wiedervereinigte Stadt kommen, in der die katholische Kirche ihre geschichtlich gewachsene Aufgabe zu erfüllen hat. Bernhard Lichtenberg – einer ihrer bedeutendsten Zeugen – wird ihr dabei zur Seite stehen.

VII

Anhang

Die Eltern August und Emilie Lichtenberg, geborene Hubrich.

Ohlau: Im erhalten gebliebenen Eckhaus Ring/Mälzerstraße wurde Bernhard Lichtenberg geboren. Dort unterhielt sein Vater eine Delikatessenhandlung und Weinstube.

Luftbild (ca. 1936) von Rathaus, Ring und evangelischer Kirche Ohlau/Niederschlesien.

1898 erbaute Oderbrücke, die den Verkehr mit den Nachbarkreisen ermöglichte.

Die Oderschleuse in Ohlau.

Bis 1918 gehörten die Soldaten des 4. Husarenregiments zum Ohlauer Stadtbild.

Westtürme und Hauptportal des Breslauer Doms. Hier empfing Lichtenberg am 21. Juni 1899 seine Priesterweihe.

Pfarrer B. Lichtenberg mit seinen Kaplänen in Herz-Jesu/Berlin-Charlottenburg.

Nordseite des Breslauer Alumnats. Hier wohnte der Seminarist 1898 bis 1899.

Dompropst Bernhard Lichtenberg.

Heiter und lebensfreudig: Lichtenberg auf Reisen.

Bischof Dr. Christian Schreiber mit dem ersten Domkapitel (Lichtenberg rechts stehend hinter Bischof Schreiber).

Fronleichnamsprozession im Pfarrbezirk St. Hedwig (Lichtenberg rechts neben Bischof Schreiber).

Lichtenberg auf einem Märkischen Katholikentag.

Bischof Dr. Christian Schreiber (links oben).

Bischof Dr. Nikolaus Bares (rechts oben).

Bernhard Lichtenberg neben seinem Bischof Dr. Christian Schreiber im Kreis von Priestern.

Beisetzung des ersten Berliner Bischofs, Dr. Christian Schreiber, am 6.9.1933.Trauerzug auf dem Opernplatz.

Adolf Kardinal Bertram (1859 bis 1945), Vorsitzender der Fuldaer Bischofskonferenz – Vertreter einer zurückhaltenden Kirchenpolitik.

Konrad Graf von Preysing (1935 bis 1950 Bischof von Berlin).

Papst Pius XI. (1922 bis 1939), erließ 1937 die Enzyklika „Mit brennender Sorge".

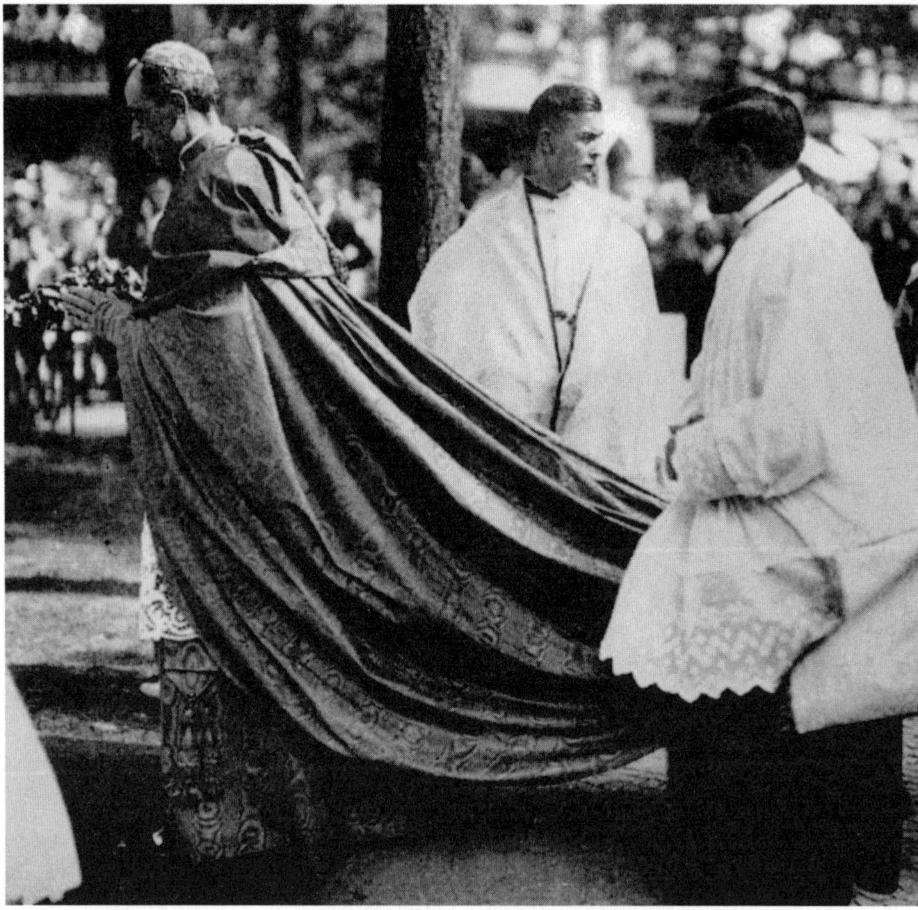

Der damalige Nuntius Eugenio Pacelli (1939 bis 1958 Papst Pius XII.) auf dem Märkischen Katholikentag 1926 in Berlin.

Dr. Erich Klausener, Ministerialdirektor und Leiter der „Katholischen Aktion" – am 30. Juni 1934 in Görings Auftrag erschossen.

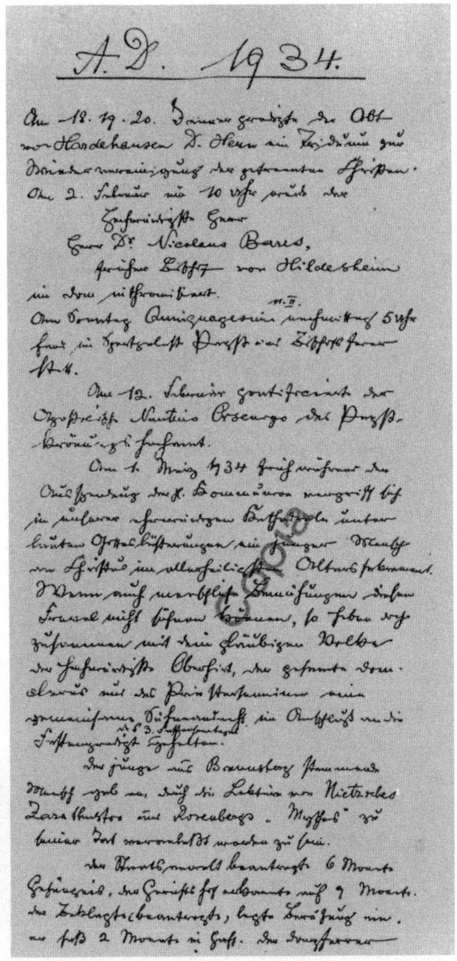

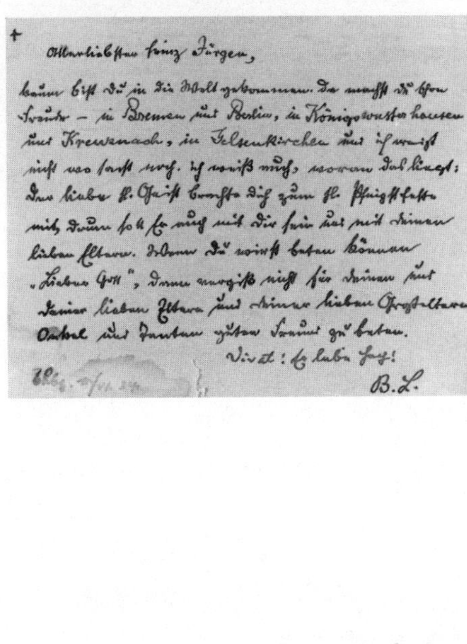

St. Hedwigs-Kathedrale, Berlin-Mitte (Einweihung 1773) in den dreißiger Jahren. Seit 1932 Lichtenbergs Wirkungsstätte.

Dompropst Bernhard Lichtenberg vor St. Hedwig.

Seite der von Lichtenberg handgeschriebenen Pfarrchronik St. Hedwig mit dem Hinweis auf die Inthronisation des Bischofs Dr. Nikolaus Bares und eines „Triduums zur Wiedervereinigung getrennter Christen".

Billet des Pfarrers Lichtenberg zur Geburt eines Kindes.

An St. Mauritius in Lichtenberg begann Bernhard Lichtenberg 1900 seine Seelsorgetätigkeit in Berlin (oben links).

Die bereits 1858 gegründete Gemeinde Herz Jesu in Charlottenburg erhielt 1877 eine größere Kirche, die sich bald als zu klein erwies. Hier war Bernhard Lichtenberg Pfarrer von 1913 bis 1931 (oben rechts).

St. Michael (erbaut 1861) in Berlin-Mitte am Engelbecken; hier wirkte Lichtenberg seit 1903 als Kaplan.

Viehische Totenschändung!!

Prälat Lichtenberg verhöhnt unsere Gefallenen!

Separatisten-Zentrum für den Remarque-Film

Raus mit Monsignore Lichtenberg!

Vom Deutschen Offiziers-Bund wird uns geschrieben:

„Der Deutsche Offiziers-Bund gibt seiner Empörung darüber Ausdruck, daß ein hoher katholischer Würdenträger, der Monsignore Lichtenberg, sich durch die Rücksicht auf die Würde seines Amts nicht hat abhalten lassen, zum Besuch des s. Zt. verbotenen, jetzt auf marxistisches Betreiben hinten herum wieder eingeschmuggelten Hetzfilmes „Im Westen nichts Neues“ öffentlich aufzufordern und zwar unerhörterweise mit einem Hinweis darauf, daß eine Vorführung am 28. Juni stattfinden soll, ausgerechnet an dem Tag der Unterzeichnung des Schmachvertrages von Versailles.

Die Verfilmung des widerlichen Machwerkes Remarques stellt sich als eine Verhöhnung des Heldengeistes dar, der unsere Jugend zum Einsatz ihres Lebens für die heilige Sache unseres Vaterlandes begeistert hat. Wer einen Film, in dem die heldenmütigen Freiwilligen des Weltkrieges als Feiglinge und das unvergleichliche pflichttreue und ehrliebende Unteroffizierkörps der alten Wehrmacht als Bewegung gehetzt haben, haben Sie es nun fertig gebracht, in der Nr. 26 vom 28. 6. 31 für eine Vorführung des berüchtigten anti-deutschen Hetzfilms „Im Westen nichts Neues“ Reklame zu machen und zwar ausgerechnet zum 28. 6., dem Jahrestag von Versailles.

Sie haben sich damit in die Reihe derer gestellt, die bewußt die Ehre des deutschen Frontsoldaten in gemeinster Weise in den Schmutz ziehen, und die keinen Anspruch mehr darauf erheben können, von einem Deutschen, der vor den 2 Millionen, die für ihr Vaterland gefallen sind, sein Haupt in Ehrfurcht neigt, geachtet zu werden. Mit diesen Leuten lehne ich jede Gemeinschaft ab und ich dulde nicht, daß meine Familie mit deren Gemeinheiten belästigt wird.

Ich bitte Sie daher, mich in Zukunft mit der Uebersendung Ihres sogen. „Kirchenblattes“ zu verschonen.

Dr. Schmeißer.“

Artikelüberschrift aus der nationalsozialistischen Zeitung „Der Angriff“ vom 26. Juni 1931.

Leserzuschrift aus „Der Angriff“ (1931).

Die soziale Not der dreißiger Jahre – Männer vor einem Obdachlosenasyl.

Nationalsozialistisches Wahllokal in Berlin.

Immer stärker machten sich die „NS-Sturmbrigaden“ im Berliner Straßenbild bemerkbar.

Versuchter Stimmenfang.

Goebbels' Abrechnung mit den Sexualverbrechern und ihren Hintermännern

Letzte Warnung!

„Wenn die Kirche sich zu schwach erweist, wird der Staat die Sexualpest ausrotten"

Am Freitagabend veranstaltete in der Deutschlandhalle die Nationalsozialistische Deutsche Arbeiterpartei, Gau Berlin, eine Großkundgebung, die mit einer grundlegenden Rede des Gauleiters, Pg. Dr. Goebbels, den mehr als 20 000 Kundgebungsteilnehmern und darüber hinaus den Millionen deutscher Männer und Frauen, die daheim am Radioapparat saßen, das langersehnte erlösende Wort brachte: Die allen Deutschen aus dem Herzen gesprochene Entgegnung auf die Reden und Taten jener politisierenden Geistlichen, an deren Spitze sich jenseits des Ozeans jüngst der Kardinal Mundelein gestellt hat. Wahrheiten und Tatsachen sprechen gegen Lügen und Schamlosigkeiten, wohlabgewogene offene Erklärungen und eine Fülle von amtlichem Material gegen einen Schmutzhaufen von Erbärmlichkeit und widerliche Lasterhaftigkeit. Nach den zahlreichen Gerichtsverhandlungen gegen perverse Patres, lasterhafte Ordensbrüder und politisierende Herren im geistlichen Rock, die in letzter Zeit die gesamte Öffentlichkeit erregt und angeekelt haben, kam an diesem Abend aus dem Munde Dr. Goebbels die in allen Einzelheiten begründete, nur allzu notwendige deutliche deutsche Antwort.

Wahrheiten und Tatsachen gegen Lügen und Schamlosigkeiten

Die Großkundgebung der NSDAP. in der Deutschlandhalle

his Berlin, 29. Mai.

Berlins Alte Garde, Tausende von Männern und Frauen aller Stände und Berufe aus allen Gegenden der Reichshauptstadt, junge und alte Volksgenossen sind in der Deutschlandhalle versammelt. Sie wollen Dr. Goebbels hören, hier persönlich von Angesicht zu Angesicht, wie die Millionen im Reich an den Lautsprechern seinen Worten lauschen. Sie wollen seine Antwort auf die freche Rede, auf die unverschämte falsche Anklage Kardinal Mundeleins hören. Und Dr. Goebbels spricht fürwahr all das aus, was uns seit Wochen und Monaten, wenn nicht schon länger, bewegt und erregt. . .

Standartenführer Fuhsel spielt mit seinen Kameraden von der SA.-Gruppe Berlin-Brandenburg alte Märsche, Kampflieder der Bewegung, deutsche Volksweisen, verkürzt den seit Stunden wartenden Volksgenossen die Zeit, bis Reichsminister Dr. Goebbels in Begleitung des Gauleiterstellvertreters Pg. Görlitzer, des SA.-Obergruppenführers von Jagow, des Berliner Polizeipräsidenten Graf Helldorff und des Landesstellenleiters Pg. Wächter die im Glanze unzähliger Lichter erstrahlende fahnengeschmückte Halle betritt.

In den Jubel der Begrüßung schallen kurze Kommandos. Unter Marschklängen ziehen die Fahnen der Berliner Bewegung, die ruhmreichen blutbefleckten Standarten unserer Sturmabteilungen, die Banner aller Formationen in der Reichshauptstadt in die gewaltige, bis auf den letzten Platz gefüllte Halle. Kurz grüßt der Gauleiterstellvertreter, Staatsrat Pg. Görlitzer, und eröffnet die Kundgebung.

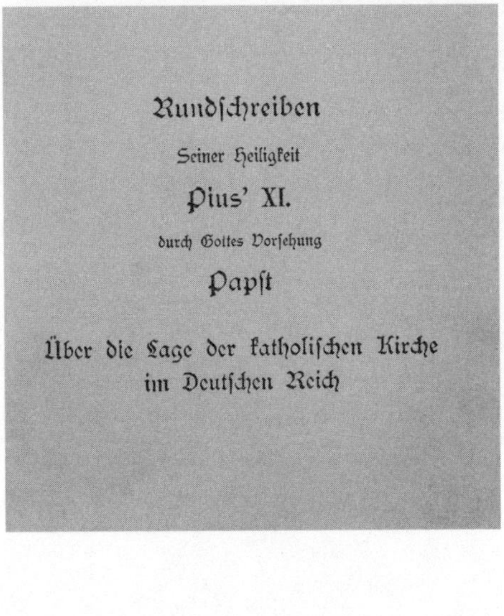

Rundschreiben

Seiner Heiligkeit

Pius' XI.

durch Gottes Vorsehung

Papst

Über die Lage der katholischen Kirche im Deutschen Reich

„Völkischer Beobachter" vom 30. Mai 1937: Goebbels-Rede in der Deutschlandhalle.

Titelseite der Enzyklika „Mit brennender Sorge" vom 14. März 1937.

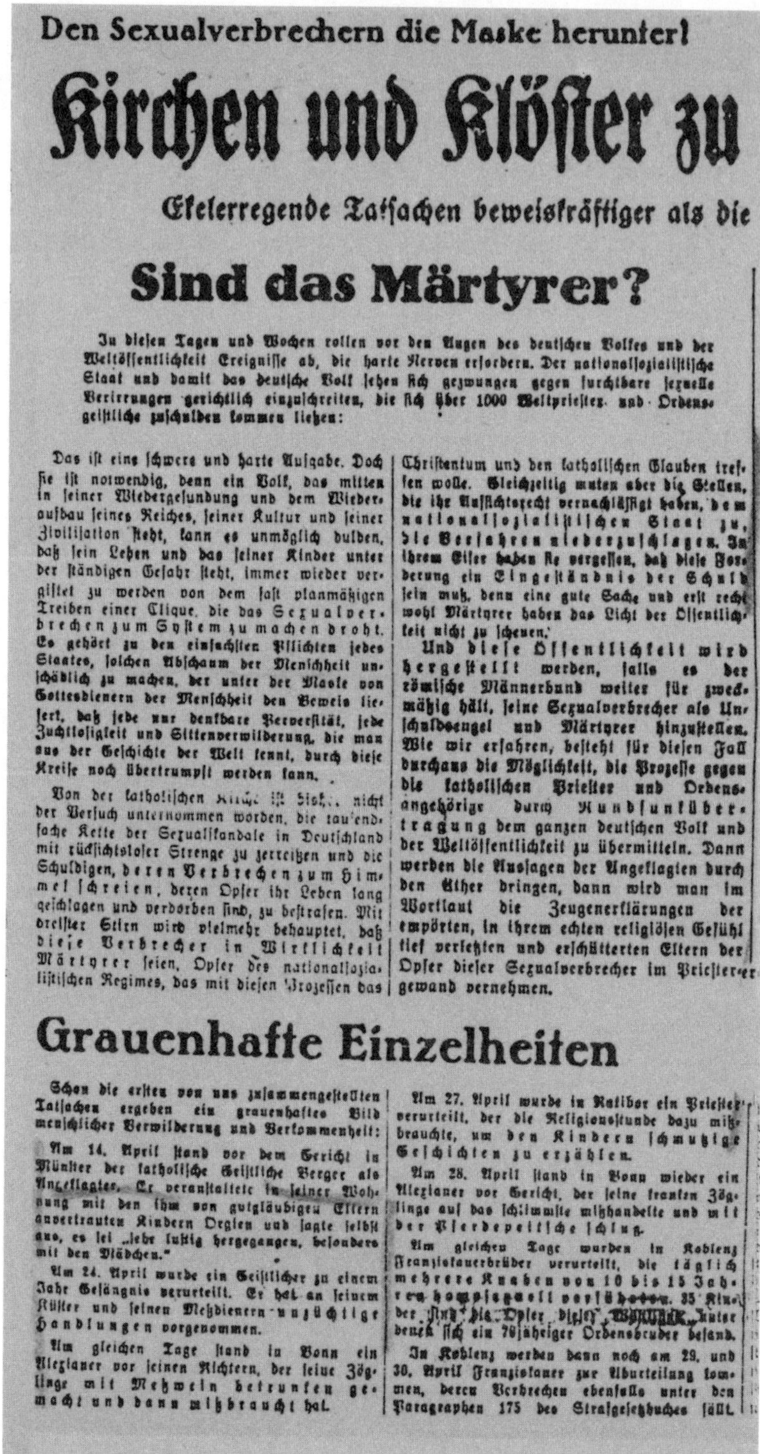

Den Sexualverbrechern die Maske herunter!

Kirchen und Klöster zu

Ekelerregende Tatsachen beweiskräftiger als die

Sind das Märtyrer?

Zu diesen Tagen und Wochen rollen vor den Augen des deutschen Volkes und der Weltöffentlichkeit Ereignisse ab, die harte Nerven erfordern. Der nationalsozialistische Staat und damit das deutsche Volk sehen sich gezwungen gegen furchtbare sexuelle Verirrungen gerichtlich einzuschreiten, die sich über 1000 Weltpriester und Ordensgeistliche zuschulden kommen ließen:

Das ist eine schwere und harte Aufgabe. Doch sie ist notwendig, denn ein Volk, das mitten in seiner Wiedergesundung und dem Wiederaufbau seines Reiches, seiner Kultur und seiner Zivilisation steht, kann es unmöglich dulden, daß sein Leben und das seiner Kinder unter der ständigen Gefahr steht, immer wieder vergiftet zu werden von dem fast planmäßigen Treiben einer Clique, die das Sexualverbrechen zum System zu machen droht. Es gehört zu den einfachsten Pflichten jedes Staates, solchen Abschaum der Menschheit unschädlich zu machen, der unter der Maske von Gottesdienern der Menschheit den Beweis liefert, daß jede nur denkbare Perversität, jede Zuchtlosigkeit und Sittenverwilderung, die man aus der Geschichte der Welt kennt, durch diese Kreise noch übertrumpft werden kann.

Von der katholischen Kirche ist bisher nicht der Versuch unternommen worden, die tausendfache Kette der Sexualskandale in Deutschland mit rücksichtsloser Strenge zu zerreißen und die Schuldigen, deren Verbrechen zum Himmel schreien, deren Opfer ihr Leben lang geschlagen und verdorben sind, zu bestrafen. Mit dreister Stirn wird vielmehr behauptet, daß diese Verbrecher in Wirklichkeit Märtyrer seien, Opfer des nationalsozialistischen Regimes, das mit diesen Prozessen das Christentum und den katholischen Glauben treffen wolle. Gleichzeitig muten aber die Stellen, die ihr Aufsichtsrecht vernachlässigt haben, dem nationalsozialistischen Staat zu, die Verfahren niederzuschlagen. In ihrem Eifer haben sie vergessen, daß diese Forderung ein Eingeständnis der Schuld sein muß, denn eine gute Sache und erst recht wohl Märtyrer haben das Licht der Öffentlichkeit nicht zu scheuen.

Und diese Öffentlichkeit wird hergestellt werden, falls es der römische Männerbund weiter für zweckmäßig hält, seine Sexualverbrecher als Unschuldsengel und Märtyrer hinzustellen. Wie wir erfahren, besteht für diesen Fall durchaus die Möglichkeit, die Prozesse gegen die katholischen Priester und Ordensangehörige durch Rundfunkübertragung dem ganzen deutschen Volk und der Weltöffentlichkeit zu übermitteln. Dann werden die Aussagen der Angeklagten durch den Äther dringen, dann wird man im Wortlaut die Zeugenerklärungen der empörten, in ihrem echten religiösen Gefühl tief verletzten und erschütterten Eltern der Opfer dieser Sexualverbrecher im Priestergewand vernehmen.

Grauenhafte Einzelheiten

Schon die ersten von uns zusammengestellten Tatsachen ergeben ein grauenhaftes Bild menschlicher Verwilderung und Verkommenheit:

Am 14. April stand vor dem Gericht in Münster der katholische Geistliche Berger als Angeklagter. Er veranstaltete in seiner Wohnung mit den ihm von gutgläubigen Eltern anvertrauten Kindern Orgien und sagte selbst aus, es sei „lebe lustig hergegangen, besonders mit den Mädchen.“

Am 24. April wurde ein Geistlicher zu einem Jahr Gefängnis verurteilt. Er hat an seinem Küster und seinen Meßdienern unzüchtige Handlungen vorgenommen.

Am gleichen Tage stand in Bonn ein Alexianer vor seinen Richtern, der seine Zöglinge mit Meßwein betrunken gemacht und dann mißbraucht hat.

Am 27. April wurde in Ratibor ein Priester verurteilt, der die Religionsstunde dazu mißbrauchte, um den Kindern schmutzige Geschichten zu erzählen.

Am 28. April stand in Bonn wieder ein Alexianer vor Gericht, der seine kranken Zöglinge auf das schlimmste mißhandelte und mit der Pferdepeitsche schlug.

Am gleichen Tage wurden in Koblenz Franziskanerbrüder verurteilt, die täglich mehrere Knaben von 10 bis 15 Jahren homosexuell verführt haben. 35 Kinder sind die Opfer dieser Wüstlinge, unter denen sich ein 70jähriger Ordensbruder befand.

In Koblenz werden dann noch am 29. und 30. April Franziskaner zur Aburteilung kommen, deren Verbrechen ebenfalls unter den Paragraphen 175 des Strafgesetzbuches fällt.

Seite 198/199: „Völkischer Beobachter“ vom 30. April 1937: tendenziöser Bericht über sogenannte Klosterprozesse.

Lasterstätten erniedrigt

Versuchsmanöver des politischen Katholizismus

Sechs dieser Verbrecher haben sich in nicht wiederzugebender Weise an den ihnen anvertrauten Kindern vergangen. Eines der Opfer wurde regelrecht zu Tode geschlagen.

Einer dieser Franziskaner übte das schmutzige Gewerbe aus, seine straffälligen Kumpane, die mit dem Paragraph 175 in Konflikt kamen, über die Grenze transportieren zu wollen.

Brutstätte der Homosexualität

Tausend Priester und Ordensbrüder sind in den vier Jahren nationalsozialistischer Herrschaft unter der Anklage eines der gemeinsten Verbrechen vor Gericht gestellt. Wie hoch mag die Zahl dieser Verbrechen gewesen sein, als noch in Deutschland das Zentrum, mit dem gottlosen Marxismus zu einer Koalition vereint, seine Fittiche über diese Kreise hielt, wo also die Verdunkelung und Vertuschung mit zur Staatsraison gehörte? Auch die Wahrscheinlichkeitsrechnung muß hier versagen. Sicher aber ist, daß die Klöster regelrechte Brutstätten der Homosexualität geworden sind, und ebenso sicher ist es, daß diese Brutstätten mit harter Faust und eisernem Besen rücksichtslos ausgeräumt werden.

Hier gibt es kein Kompromiß, und die Kreise, die die dreiste Stirn haben, uns das Verbrechen als Handelsobjekt anzubieten, mögen es sich gesagt sein lassen, daß die neue Sittlichkeit der nationalsozialistischen Bewegung Gesetze und Auffassungen im deutschen Volk geschaffen hat, die sich mit dieser faulen Geschäftsauffassung wie Feuer und Wasser entgegenstehen.

Sakristei zum Bordell verwandelt

Im deutschen Volk brennt die Flamme eines neuen Menschentums. Hier wird das Christentum der Tat gelebt, das sich in den über eine Milliarde umfassenden Beträgen des Winterhilfswerks und des Hilfswerks für „Mutter und Kind" und anderer sozialer Maßnahmen für ewige Zeit ausgeprägt hat. Hier wächst eine stolze, freie und ehrliebende Jugend auf. Sie verbittet es sich, ausgerechnet von den Kreisen, deren Vertreter als Sexualverbrecher auf der Anklagebank sitzen, beschimpft zu werden, weil sie Sport treibt, weil sie in der Ausbildung edler Körpereigenschaften und eines gesunden Geistes dem Ziel der Vollkommenheit dient. Sie lehnt instinktsicher die Moralpredigten dieser Leute ab, die muffig, dumm und pervers der Natur die Unnatur entgegensetzen wollen. Das deutsche Volk und besonders seine Jugend wissen, was sie von Leuten zu halten haben, die die Sakristei zum Bordell verwandeln, deren Perversität vor der heiligsten Handlung der katholischen Kirche, der sogenannten Kommunion, nicht zurückschreckt und die unzählige Kinder genau so verstümmeln, wie damals, als noch die Geißel der Inquisition über die abendländische Welt geschwungen wurde.

Die kirchlichen Räume und Bezirke sind — diese Feststellung läßt sich leider nicht umgehen — in über tausend nachgewiesenen Fällen zu Stätten geworden, die nicht mehr Gott, sondern dem Laster geweiht waren. Hier wurden Gott und Christus verhöhnt. Hier gab man den Zöglingen Meßwein zu trinken, dann mißbrauchten die Sexualverbrecher ihre wehrlosen, zum Teil stark minderbegabten Opfer in unbeschreiblicher Weise. Liegt da nicht der Gedanke nahe, daß diese Leute das Gesetz zur Verhütung des erbkranken Nachwuchses deshalb verbissen und zäh bekämpfen, weil sonst eines Tages die Opfer ihrer Perversität fehlen könnten?

Faules und korruptes System

Welche verantwortungsbewußten Eltern könnten es jetzt noch verantworten, ihre Jungen und Mädchen einer Organisation zu treuen Händen zu geben, von der über tausend Männer Sexualverbrecher sind? Wir wissen, daß die Erregung gerade in den Kreisen der katholischen Elternschaft über die Vorfälle in den Kirchen und Klöstern ungeheuer groß ist. Es geht ja nicht um Einzelfälle, sondern immer mehr setzt sich der Gedanke durch, daß hier ein ganzes System faul und korrupt ist. Wir wissen ferner, daß unter dieser Kette von Skandalfällen der anständige Teil der katholischen Priesterschaft leidet. Doch gerade das soll diesen anständigen Männern ein Ansporn sein, sich am Kampf gegen die Träger des Lasters in jeder Form aktiv zu beteiligen, sich einzuordnen in die große Erziehungsgemeinschaft am deutschen Volke und an der deutschen Jugend in echter Seelsorge.

Dem nationalsozialistischen Staat ist dieser Kampf gegen das Laster aufgezwungen worden. Er hat lange genug Geduld gezeigt und darauf gewartet, daß die kirchlichen Instanzen von sich aus durchgreifen und aufräumen. Das ist nicht geschehen. Man hielt es für wesentlicher, das deutsche Volk mit Enzykliken des Papstes und Hirtenbriefen zu behelligen und aufzuhetzen gegen die Bewegung, die das Laster vernichtet, die Kirchen und Klöster reinigt und die dem deutschen Volk die Idee seiner ewigen Sendung im Dienst an Gott gab.

Das deutsche Volk kennt seine Feinde. Kossaint, der jetzt ins Zuchthaus wandert, war der politische Prototyp. Er paktierte mit Moskau. Und Moskaus Saat ginge auf, wenn die Peststätten der Klöster und entweihten Sakristeien mit ihrem Giftgas einmal das ganze deutsche Volk zersetzt hätten.

Dem ist ein Riegel vorgeschoben. Die Idee hat über die Verkommenheit gesiegt. Das Laster wird vernichtet, damit Deutschland leben kann.

Vier Jahre Zuchthaus für Pater Aigner / Das Urteil im neunten Devisenprozeß

Vor dem Berliner Schnellschöffengericht begann am Montag der Devisenprozeß gegen den 59jährigen Prokurator Sebastian Aigner der süddeutschen Redemptoristen-Provinz. Es ist das neunte Verfahren, das Devisenvergehen katholischer Ordensangehöriger zum Gegenstand hat.

Auf Grund der Jesuiten-Gesetzgebung hatte die Redemptoristen-Kongregation nach der Gründung des Kaiserreichs Deutschland verlassen müssen und durfte erst im Jahre 1894 zurückkehren. Nun entfaltete der Orden eine rege Tätigkeit, gründete elf Klöster in Süddeutschland, die in der „Süddeutschen Provinz" zusammengefaßt wurden, und schuf eine Missionsniederlassung mit sechs eigenen Häusern in Brasilien. — Die finanzielle Verwaltung der Süddeutschen Ordensprovinz, der brasilianischen Niederlassung und des Münchener Klosters, lag in den letzten Jahren in den Händen des Angeklagten Aigner. Die Anklage legt ihm umfangreiche Devisenverfehlungen in acht verschiedenen Punkten zur Last. Die Ermittlungen der Zollfahndungsstelle gestalteten sich in diesem Falle besonders schwierig, weil Abrechnungsbelege mit den einzelnen Klöstern nicht vorhanden waren und die überaus lückenhafte und ungenaue Buchführung auch keinen erschöpfenden Aufschluß über die Geldgeschäfte gab.

Im einzelnen gehen die strafrechtlichen Vorwürfe dahin, daß für ein vom Angeklagten im Jahre 1932 bei der Holländischen Nachbarprovinz des Ordens aufgenommenes Darlehen von 50 000 Gulden Rückzahlungen in Höhe von 7000 Gulden vorgenommen worden sind, die entgegen der der Devisenstelle angegebenen Bestimmung nicht zur Verzinsung bzw. Tilgung dieses Darlehens, sondern zum Teil zum Erwerb von Obligationen und anderen Wertpapieren verwandt wurden. Weiter sind nach der Anklage ohne die erforderliche Genehmigung Kapitalrückzahlungen in Höhe von rund 30 000 Gulden unter Verwendung von Meß-Stipendien erfolgt, die ausländische Mitbrüder für die Süddeutsche Provinz nach Holland gesandt hatten. Ferner soll die Genehmigung zu Zinszahlungen für die volle Schuldsumme erschlichen worden sein, obwohl inzwischen bereits erhebliche Rückzahlungen geleistet waren. Auch hier wurde der Unterschiedsbetrag zum Rückkauf eigener Obligationen oder zum Ankauf ausländischer Wertpapiere verwandt. Ein mit Hilfe der Universum-Bank, Münster, nach Holland verschobener Betrag von 30 000 RM. soll in Dollarbonds des Freistaates Bayern und IG-Farben-Aktien Anlage gefunden haben. Diese Papiere konnten für das deutsche Volksvermögen sichergestellt werden. Auch in den Geldgeschäften mit der Wiener Niederlassung erblickt die Anklage strafbare Verfehlungen. Die österreichische Ordensprovinz erhielt vom Angeklagten Aigner ein nicht genehmigtes Darlehen von 15 000 RM. und zahlte in Zinsscheinen österreichischer Werte zurück. Diese Werte wanderten wieder ins Ausland, und zwar nach Luxemburg, um hier im Interesse des Ordens Verwendung zu finden. Weiter sieht die Anklage

zu denen die Devisenstelle keinesfalls die Genehmigung erteilt habe. Auch in diesem Falle sei die Triebfeder zu den Taten die Ausnutzung des niedrigen Kursstandes der eigenen Schuldverschreibungen des Ordens gewesen. Der Angeklagte habe seine Stellung als Ordensgeistlicher mißbraucht.

Schließlich beantragte der Staatsanwalt, gegen den Angeklagten auf eine Gesamtstrafe von 7 Jahren Zuchthaus und 144 000 RM. Geldstrafe zu erkennen. Ferner beantragte er, die bürgerlichen Ehrenrechte auf die Dauer von 10 Jahren abzuerkennen und den Betrag einzuziehen, um den das Deutsche Reich geschädigt worden ist. Für diesen Werterſatz soll die Redemptoristen-Kongregation haften.

Die beiden Verteidiger

des Angeklagten baten um milde Beurteilung der Verfehlungen ihres Klienten. Im Falle der in Holland gekauften Wertpapiere im Werte von 105 000 RM. beantragte der Verteidiger Freisprechung des Angeklagten, da hier trotz der Verdachtsmomente nicht der Beweis geführt werden könne, daß der Angeklagte sich straffällig gemacht habe. Im übrigen wurde von der Verteidigung beantragt, den Angeklagten nur mit Gefängnis zu bestrafen.

In den späten Abendstunden sprach nach fünfstündiger Beratung das Berliner Schnellschöffengericht folgendes Urteil:

Der Angeklagte wird wegen Devisenverbrechens in drei Fällen und wegen Devisenvergehens in zehn Fällen zu vier Jahren Zuchthaus und 249 500 RM. Geldstrafe verurteilt, an deren Stelle im Nichtbeitreibungsfalle weitere 12 Monate Zuchthaus, 11 Monate und 13 Wochen Gefängnis treten sollen. Außerdem wird die Ersatzeinziehung von 134 200 RM. angeordnet. Dem Angeklagten werden fernerhin die bürgerlichen Ehrenrechte auf die Dauer von fünf Jahren aberkannt. Von der Untersuchungshaft werden fünf Monate und zwei Wochen auf die Strafe angerechnet. Für die Ersatzeinziehung haftet die Kongregation der Redemptoristen Bayerns.

Bericht der katholischen Zeitung „Germania" vom 6. August 1935 über einen „Devisenprozeß".

Der Führer ehrt Marschall Pilsudski

Teilnahme Adolf Hitlers an dem feierlichen Requiem in der St.-Hedwigs-Kathedrale

Gestern morgen um 11 Uhr, zur selben Stunde, da in Warschau und Krakau die Trauergottesdienste für Polens toten Führer abgehalten wurden, fand in der St.-Hedwigskathedrale ein feierliches Requiem statt, in Gegenwart des Führers und Reichskanzlers, des Apostolischen Nuntius, zahlreicher Minister und vieler Vertreter des Diplomatischen Korps, der deutschen Wehrmacht und der Bewegung. Nach dem Requiem, das von dem Dompfarrer, Domkapitular Msgr. Lichtenberg, zelebriert wurde, erteilte Nuntius Orsenigo die Absolutio ad tumbam.

Vor 10 Uhr schon sind die Zugänge zur Hedwigskirche in weitem Raum abgesperrt. Eine Ehrenabordnung der Schutzpolizei hat auf dem Platz vor dem Dom Aufstellung genommen. Eine Abteilung des Feldjägerkorps mit Stahlhelm und umflorter Armbinde steht vor den Eingängen Wache und bildet auch im Innern der Kirche Spalier. Draußen schwillt die Menge an, die das farbige Schauspiel der Anfahrt der hohen Gäste bewundern will. Die Leute raunen einander zu, daß der Führer komme, aber niemand weiß etwas Bestimmtes. Einlaß in die Kirche ist nur auf Einladung möglich.

Das Innere des Gotteshauses trägt würdigen Schmuck. Schwarz sind die Säulen umhangen, schwarz die Wände ausgeschlagen, schwarze Tücher hängen von der Balustrade, rechts und links fallen zwei riesengroße rotweiße Fahnen herunter. Der bischöfliche Thron, die Bänke des Altarraumes, die Sessel und Betstühle des Führers und des polnischen Botschafters sind in Schwarz gehüllt. Die Sakramentskapelle ist durch einen großen schwarzen Vorhang, auf dem ein weißes Kreuz leuchtet, vom Kirchenschiff getrennt. In der Mitte zieht die große Tumba aller Blicke auf sich; sie ist mit der prächtigen Nationalflagge Polens, das weißrote Tuch mit dem silbernen Adler, geschmückt.

Fot.: Weltbild

Adolf Hitler während des feierlichen Requiems in der St.-Hedwigs-Kathedrale

Alle Sitzplätze der Kirche sind dem Diplomatischen Korps und den Vertretern des Reiches, der Armee, der Behörden und der Bewegung vorbehalten. In den Seitenschiffen stehen die Besucher Kopf an Kopf; es sind in der Mehrzahl Mitglieder der polnischen Kolonie in Berlin. Die Herren der Polnischen Botschaft empfangen im Mittelschiff die hohen Gäste. Die Diplomaten der auswärtigen Mächte fahren einer nach dem andern an, man erkennt die Botschafter von Frankreich, England, Japan, Italien, Amerika mit ihren Militärattachés. Hohe Offiziere der Reichswehr, der Reichsmarine, der Luftflotte, der Schutzpolizei, Führer der Partei, der SA, SS füllen nach und nach die Bänke. Ein Ruck geht durch die Menge als Minister Goebbels erscheint; kurz darauf kommen die Reichsminister v. Neurath, v. Blomberg, Seldte, Darré, v. Eltz-Rübenach, Frank; als Vertreter des Ministerpräsidenten Göring erscheint Generalleutnant Milch; man sieht ferner die Gattin des Ministerpräsidenten Göring, den Chef der Heeresleitung General v. Fritsch, den Chef der Marineleitung Admiral Raeder, Generalleutnant v. Reichenau, Staatssekretär v. Bülow, Oberbürgermeister Sahm.

Punkt 11 Uhr geleitet der Zug des Domkapitels mit dem Kreuz an der Spitze den Päpstlichen Nuntius zu seinem Thron. [illegible] Polnische Botschafter Lipski empfängt den Führer, der ihm nochmals sein Beileid ausspricht, worauf der Führer unmittelbar vor dem Chor, vor den Sitzen der Reichsregierung Platz nimmt; der Polnische Botschafter nimmt zur Rechten vor dem Diplomatischen Korps Platz. Dann setzt die Orgel ein; Frau Adelina Korzylko-Czapska von der Warschauer Oper singt in polnischer Sprache mit wundervoller Stimme das Lied „Verlaß mich nicht". Darauf beginnt das Amt, zelebriert von Domkapitular Lichtenberg unter Assistenz der Domgeistlichkeit. Weihe und Andacht herrschen im Raum. Bei der Wandlung steht alles in prachtvoller, fast militärischer Haltung, bei der Kommunion des Priesters ebenso. Am Ende erteilt der Nuntius in Chormantel und Mitra die Absolutio ad tumbam.

Kurz darauf verläßt der Führer als erster mit seiner Umgebung in Begleitung des Polnischen Botschafters die Kirche, es folgen der Nuntius, die Minister, die Botschafter, die Generale und Offiziere. Lange noch zieht sich die Abfahrt der hohen Gäste hin. Ein Schauspiel, bewundert von der Menge, die auch

Bericht über die Teilnahme Hitlers an einem Requiem für Marschall Pilsudski am 18. Mai 1935 in der St. Hedwigs-Kathedrale.

Norddeutsche Ausgabe

„Freiheit und Brot!"

Norddeutsche Ausgabe

Berlin, Sonntag, 13. November 1938

VÖLKISCHER BEOBACHTER

Kampfblatt der national-sozialistischen Bewegung Großdeutschlands

Deutsche im Ausland sind nicht vogelfrei!

Abrechnung des Reiches mit den jüdischen Verbrechern

Göring scheidet die Juden aus dem Wirtschaftsleben aus – Eine Milliarde Reichsmark Judenbuße für die Pariser Bluttat – Juden tragen die Kosten der gerechten Vergeltungskundgebung des deutschen Volkes

Falsches Mitleid in England

20 Jahre Umbruch Europas

1918 – 1938

Von Dr. Theodor Seibert

II. Das Europa von heute

Titelseite der NS-Zeitung „Völkischer Beobachter" vom 13. November 1938.

Karikaturen (1938 und 1939) aus der NS-Zeitung „Der Stürmer": Kirche und Judentum als „Verbündete", Kirche als „Reichsfeind".

Titelseite einer Massenbroschüre antisemitischer NS-Propaganda (1938).

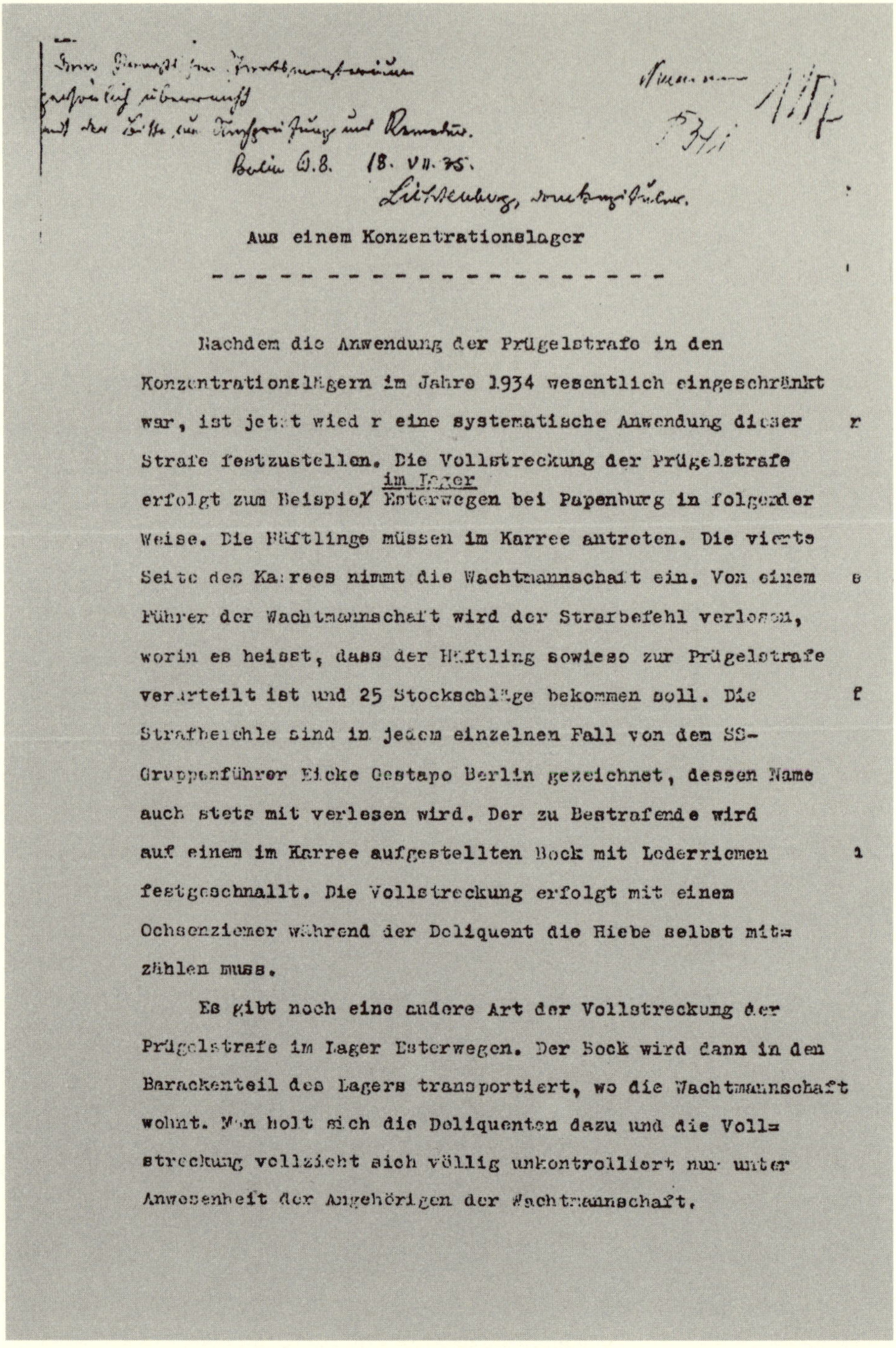

Berlin W.8. 18. VII. 35.

Lichtenberg, Domkapitular.

Aus einem Konzentrationslager

Nachdem die Anwendung der Prügelstrafe in den Konzentrationslägern im Jahre 1934 wesentlich eingeschränkt war, ist jetzt wieder eine systematische Anwendung dieser Strafe festzustellen. Die Vollstreckung der Prügelstrafe erfolgt zum Beispiel im Lager Esterwegen bei Papenburg in folgender Weise. Die Häftlinge müssen im Karree antreten. Die vierte Seite des Karrees nimmt die Wachtmannschaft ein. Von einem Führer der Wachtmannschaft wird der Strafbefehl verlesen, worin es heisst, dass der Häftling sowieso zur Prügelstrafe verurteilt ist und 25 Stockschläge bekommen soll. Die Strafbefehle sind in jedem einzelnen Fall von dem SS-Gruppenführer Eicke Gestapo Berlin gezeichnet, dessen Name auch stets mit verlesen wird. Der zu Bestrafende wird auf einem im Karree aufgestellten Bock mit Lederriemen festgeschnallt. Die Vollstreckung erfolgt mit einem Ochsenziemer während der Deliquent die Hiebe selbst mitzählen muss.

Es gibt noch eine andere Art der Vollstreckung der Prügelstrafe im Lager Esterwegen. Der Bock wird dann in den Barackenteil des Lagers transportiert, wo die Wachtmannschaft wohnt. Man holt sich die Deliquenten dazu und die Vollstreckung vollzieht sich völlig unkontrolliert nur unter Anwesenheit der Angehörigen der Wachtmannschaft.

Erste Seite des Situationsberichts aus dem KZ Esterwegen, den Lichtenberg am 18. Juli 1935 dem Preußischen Staatsministerium überreichte.

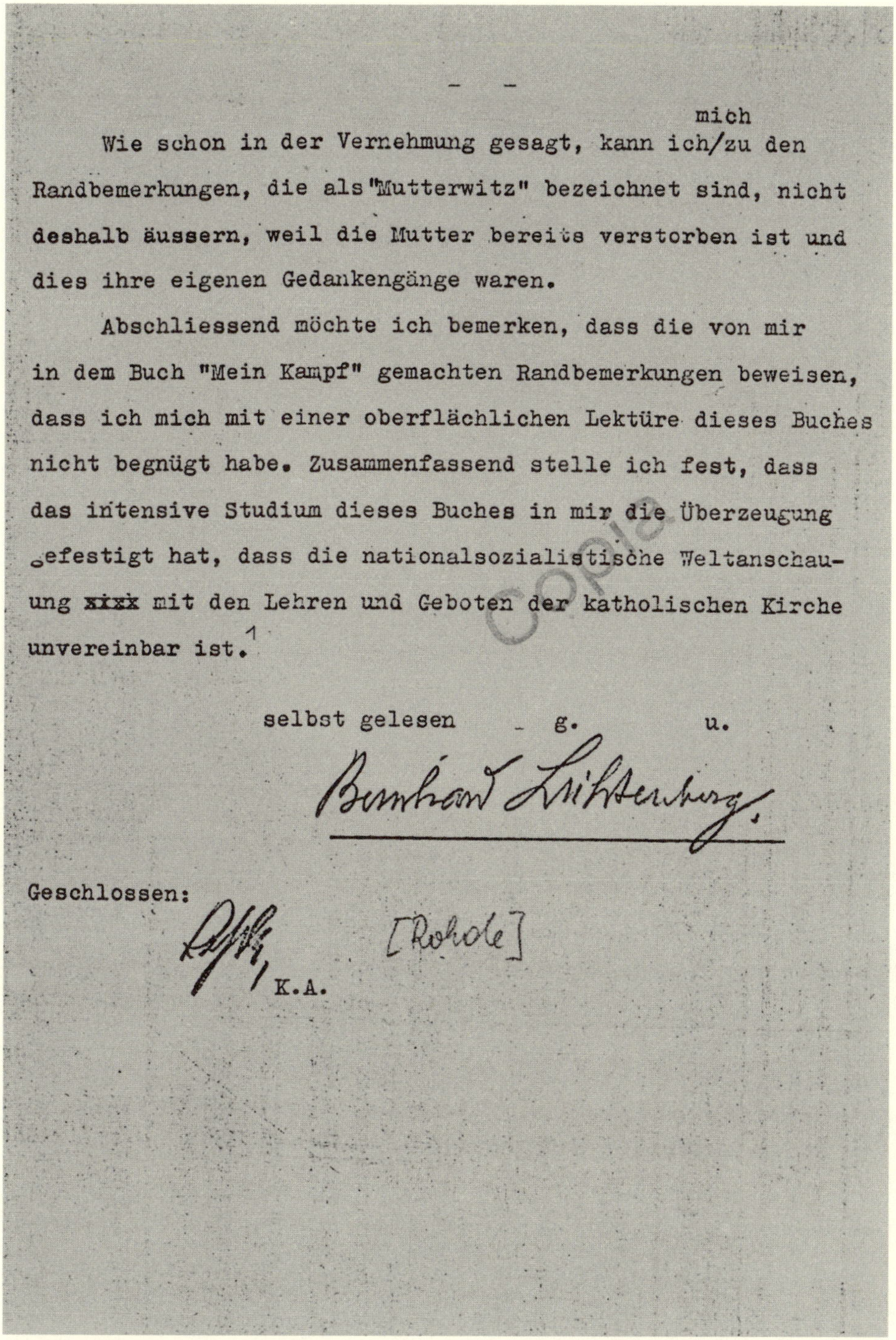

\- -

mich

Wie schon in der Vernehmung gesagt, kann ich/zu den Randbemerkungen, die als "Mutterwitz" bezeichnet sind, nicht deshalb äussern, weil die Mutter bereits verstorben ist und dies ihre eigenen Gedankengänge waren.

Abschliessend möchte ich bemerken, dass die von mir in dem Buch "Mein Kampf" gemachten Randbemerkungen beweisen, dass ich mich mit einer oberflächlichen Lektüre dieses Buches nicht begnügt habe. Zusammenfassend stelle ich fest, dass das intensive Studium dieses Buches in mir die Überzeugung gefestigt hat, dass die nationalsozialistische Weltanschauung xixx mit den Lehren und Geboten der katholischen Kirche unvereinbar ist.[1]

selbst gelesen g. u.

Bernhard Lichtenberg.

Geschlossen:

[Rohde]

K.A.

Copia

Letzte von Bernhard Lichtenberg unterschriebene Seite des Verhörprotokolls vom 27. Oktober 1941.

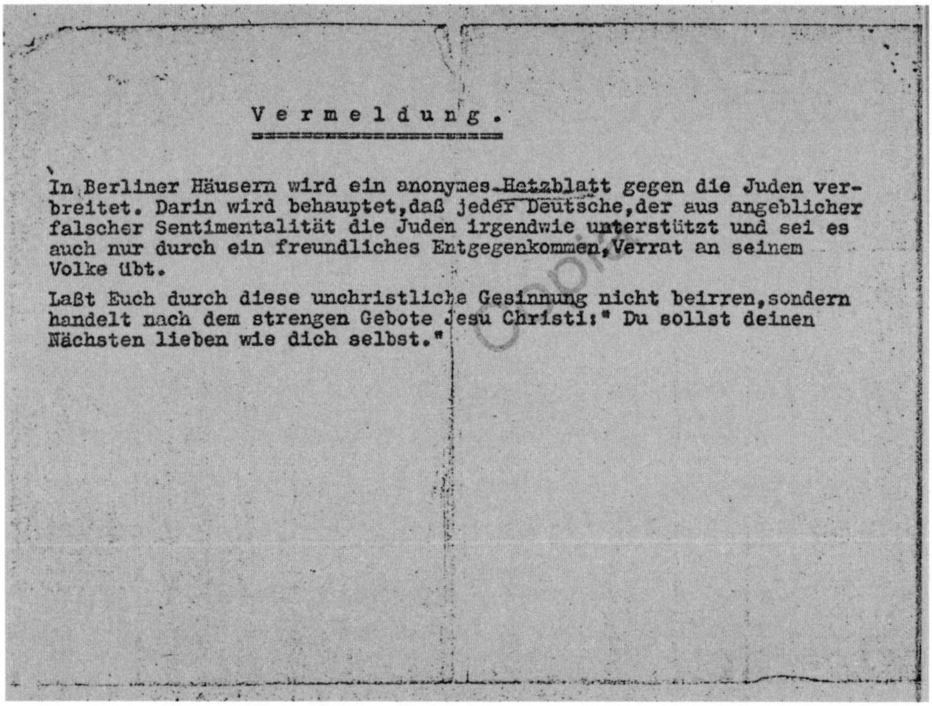

Vermeldung.

In Berliner Häusern wird ein anonymes Hetzblatt gegen die Juden verbreitet. Darin wird behauptet, daß jeder Deutsche, der aus angeblicher falscher Sentimentalität die Juden irgendwie unterstützt und sei es auch nur durch ein freundliches Entgegenkommen, Verrat an seinem Volke übt.

Laßt Euch durch diese unchristliche Gesinnung nicht beirren, sondern handelt nach dem strengen Gebote Jesu Christi: " Du sollst deinen Nächsten lieben wie dich selbst."

Entwurf der Kanzelvermeldung gegen das antisemitische Hetzblatt „Wenn du dieses Zeichen siehst ...“ (Oktober 1941).

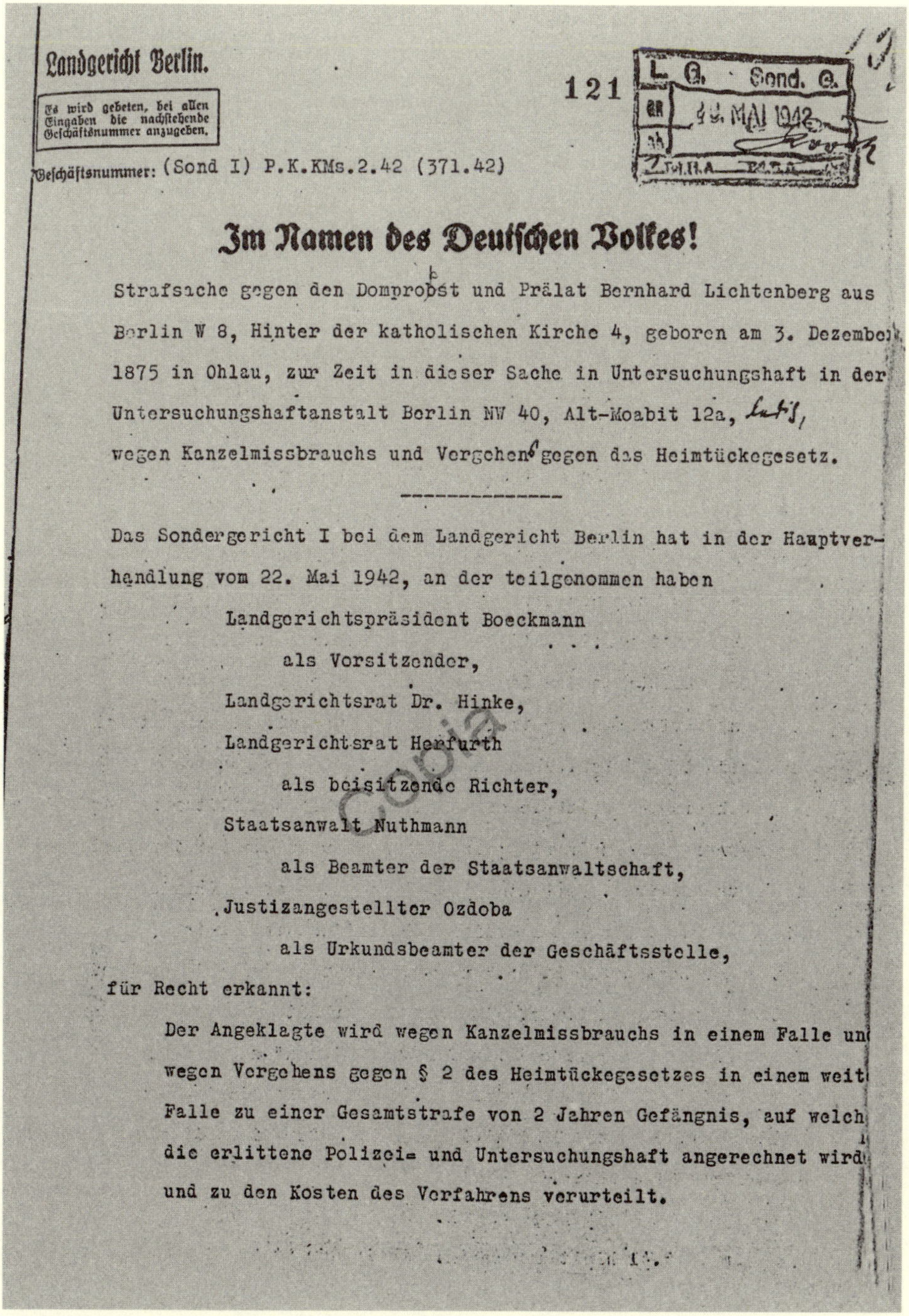

Landgericht Berlin.

Es wird gebeten, bei allen Eingaben die nachstehende Geschäftsnummer anzugeben.

121

L. G. Sond. G.
19. MAI 1942

Geschäftsnummer: (Sond I) P.K.KMs.2.42 (371.42)

Im Namen des Deutschen Volkes!

Strafsache gegen den Dompropst und Prälat Bernhard Lichtenberg aus Berlin W 8, Hinter der katholischen Kirche 4, geboren am 3. Dezember 1875 in Ohlau, zur Zeit in dieser Sache in Untersuchungshaft in der Untersuchungshaftanstalt Berlin NW 40, Alt-Moabit 12a,

wegen Kanzelmissbrauchs und Vergehens gegen das Heimtückegesetz.

Das Sondergericht I bei dem Landgericht Berlin hat in der Hauptverhandlung vom 22. Mai 1942, an der teilgenommen haben

Landgerichtspräsident Boeckmann
als Vorsitzender,
Landgerichtsrat Dr. Hinke,
Landgerichtsrat Herfurth
als beisitzende Richter,
Staatsanwalt Nuthmann
als Beamter der Staatsanwaltschaft,
Justizangestellter Ozdoba
als Urkundsbeamter der Geschäftsstelle,

für Recht erkannt:

Der Angeklagte wird wegen Kanzelmissbrauchs in einem Falle und wegen Vergehens gegen § 2 des Heimtückegesetzes in einem weiteren Falle zu einer Gesamtstrafe von 2 Jahren Gefängnis, auf welche die erlittene Polizei- und Untersuchungshaft angerechnet wird, und zu den Kosten des Verfahrens verurteilt.

Erste Seite des Urteils gegen Bernhard Lichtenberg vom 22. Mai 1942.

207

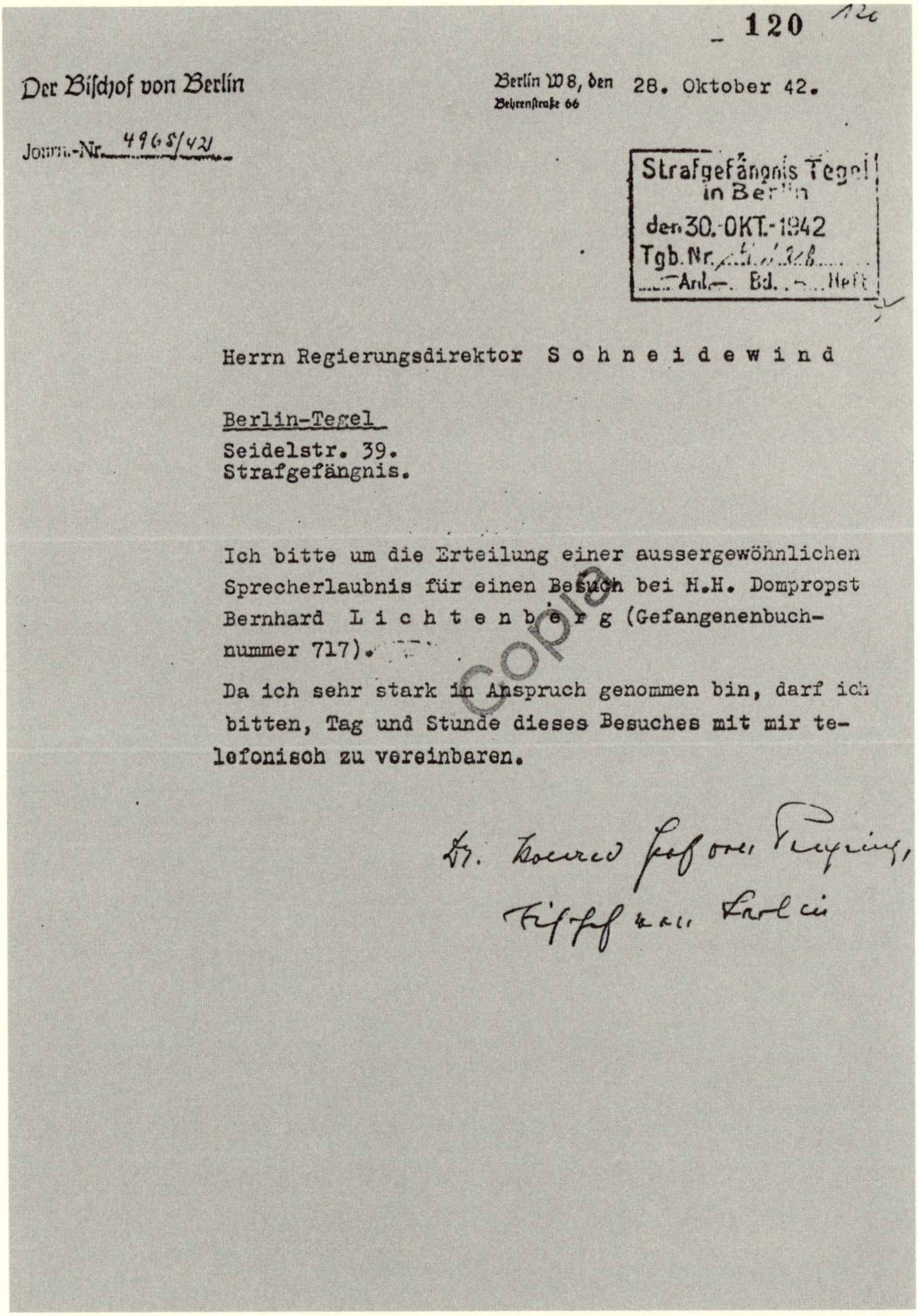

120

Der Bischof von Berlin

Journ.-Nr. 4965/42

Berlin W 8, den 28. Oktober 42.
Behrenstraße 66

Strafgefängnis Tegel
in Berlin
den 30. OKT. 1942
Tgb. Nr.
Anl. Bd. Heft

Herrn Regierungsdirektor S c h n e i d e w i n d

Berlin-Tegel

Seidelstr. 39.
Strafgefängnis.

Ich bitte um die Erteilung einer aussergewöhnlichen Sprecherlaubnis für einen Besuch bei H.H. Dompropst Bernhard L i c h t e n b e r g (Gefangenenbuchnummer 717).

Da ich sehr stark in Anspruch genommen bin, darf ich bitten, Tag und Stunde dieses Besuches mit mir telefonisch zu vereinbaren.

Dr. Konrad Graf von Preysing,
Bischof von Berlin

Copia

Bischof Konrad Graf von Preysing bittet die Gefängnisleitung um Sprecherlaubnis. Fünfmal während der Haft Lichtenbergs besuchte ihn der Bischof.

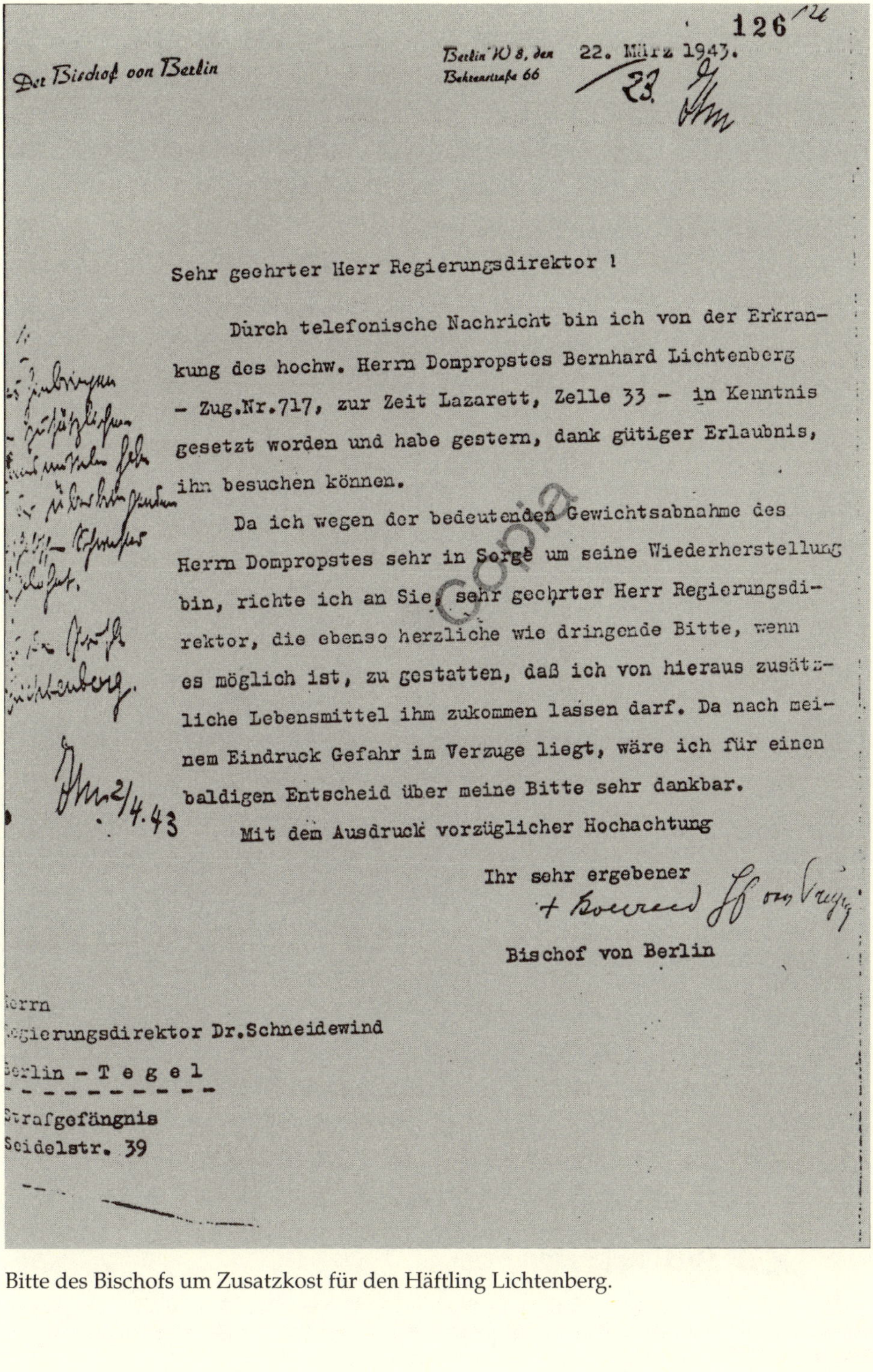

126

Der Bischof von Berlin

Berlin W 8, den 22. März 1943.
Behrenstraße 66

Sehr geehrter Herr Regierungsdirektor !

Durch telefonische Nachricht bin ich von der Erkrankung des hochw. Herrn Dompropstes Bernhard Lichtenberg – Zug.Nr.717, zur Zeit Lazarett, Zelle 33 – in Kenntnis gesetzt worden und habe gestern, dank gütiger Erlaubnis, ihn besuchen können.

Da ich wegen der bedeutenden Gewichtsabnahme des Herrn Dompropstes sehr in Sorge um seine Wiederherstellung bin, richte ich an Sie, sehr geehrter Herr Regierungsdirektor, die ebenso herzliche wie dringende Bitte, wenn es möglich ist, zu gestatten, daß ich von hieraus zusätzliche Lebensmittel ihm zukommen lassen darf. Da nach meinem Eindruck Gefahr im Verzuge liegt, wäre ich für einen baldigen Entscheid über meine Bitte sehr dankbar.

Mit dem Ausdruck vorzüglicher Hochachtung

Ihr sehr ergebener

Bischof von Berlin

Herrn
Regierungsdirektor Dr.Schneidewind
Berlin – T e g e l
Strafgefängnis
Seidelstr. 39

Bitte des Bischofs um Zusatzkost für den Häftling Lichtenberg.

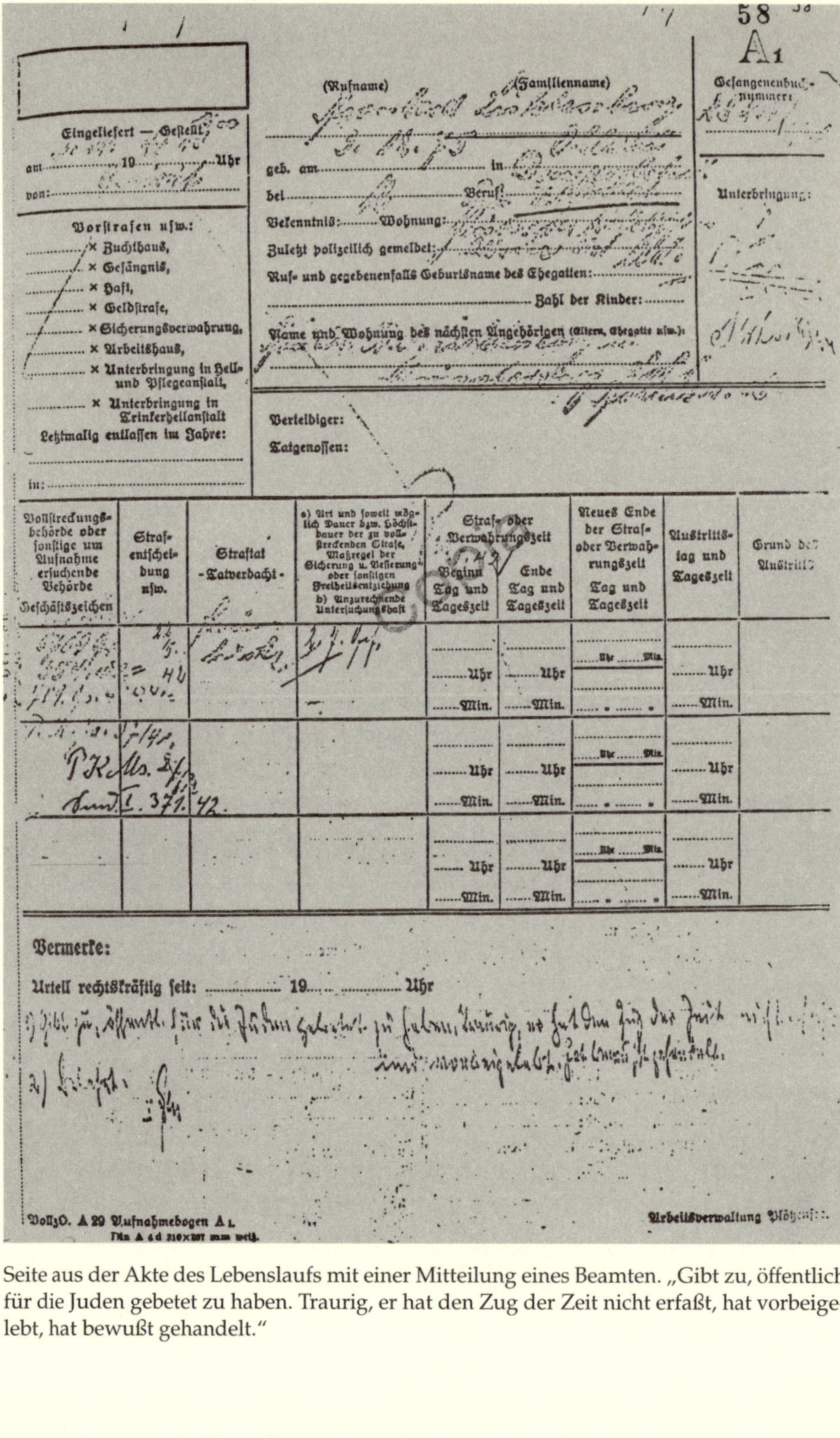

58

A1

(Rufname) (Familienname)

Gefangenenbuchnummer:

Eingeliefert — Gestellt

am .... 19 .... Uhr

von: ....

geb. am .... in ....

bei .... Beruf: ....

Bekenntnis: .... Wohnung: ....

Zuletzt polizeilich gemeldet: ....

Ruf- und gegebenenfalls Geburtsname des Ehegatten: ....

.... Zahl der Kinder: ....

Name und Wohnung des nächsten Angehörigen (Eltern, Ehegatte usw.):

Unterbringung:

Vorstrafen usw.:

× Zuchthaus,
× Gefängnis,
× Haft,
× Geldstrafe,
× Sicherungsverwahrung,
× Arbeitshaus,
× Unterbringung in Heil- und Pflegeanstalt,
× Unterbringung in Trinkerheilanstalt

Letztmalig entlassen im Jahre:

in:

Verteidiger:

Tatgenossen:

Vollstreckungsbehörde oder sonstige um Aufnahme ersuchende Behörde Geschäftszeichen	Strafentscheidung usw.	Straftat - Tatverdacht -	a) Art und soweit möglich Dauer bzw. Höchstdauer der zu vollstreckenden Strafe, Maßregel der Sicherung u. Besserung oder sonstigen Freiheitsentziehung b) Unzurechnende Untersuchungshaft	Straf- oder Verwahrungszeit Beginn Tag und Tageszeit	Ende Tag und Tageszeit	Neues Ende der Straf- oder Verwahrungszeit Tag und Tageszeit	Austrittstag und Tageszeit	Grund des Austritts
[illegible]	[illegible]	[illegible]	[illegible]	.... Uhr .... Min.	.... Uhr .... Min.	.... Uhr .... Min.	.... Uhr .... Min.	
PK Ms. [illegible] I. 371. 42				.... Uhr .... Min.	.... Uhr .... Min.	.... Uhr .... Min.	.... Uhr .... Min.	
				.... Uhr .... Min.	.... Uhr .... Min.	.... Uhr .... Min.	.... Uhr .... Min.	

Vermerke:

Urteil rechtskräftig seit: .... 19 .... Uhr

VollzO. A 29 Aufnahmebogen A 1 — Arbeitsverwaltung Plötzensee

Seite aus der Akte des Lebenslaufs mit einer Mitteilung eines Beamten. „Gibt zu, öffentlich für die Juden gebetet zu haben. Traurig, er hat den Zug der Zeit nicht erfaßt, hat vorbeigelebt, hat bewußt gehandelt."

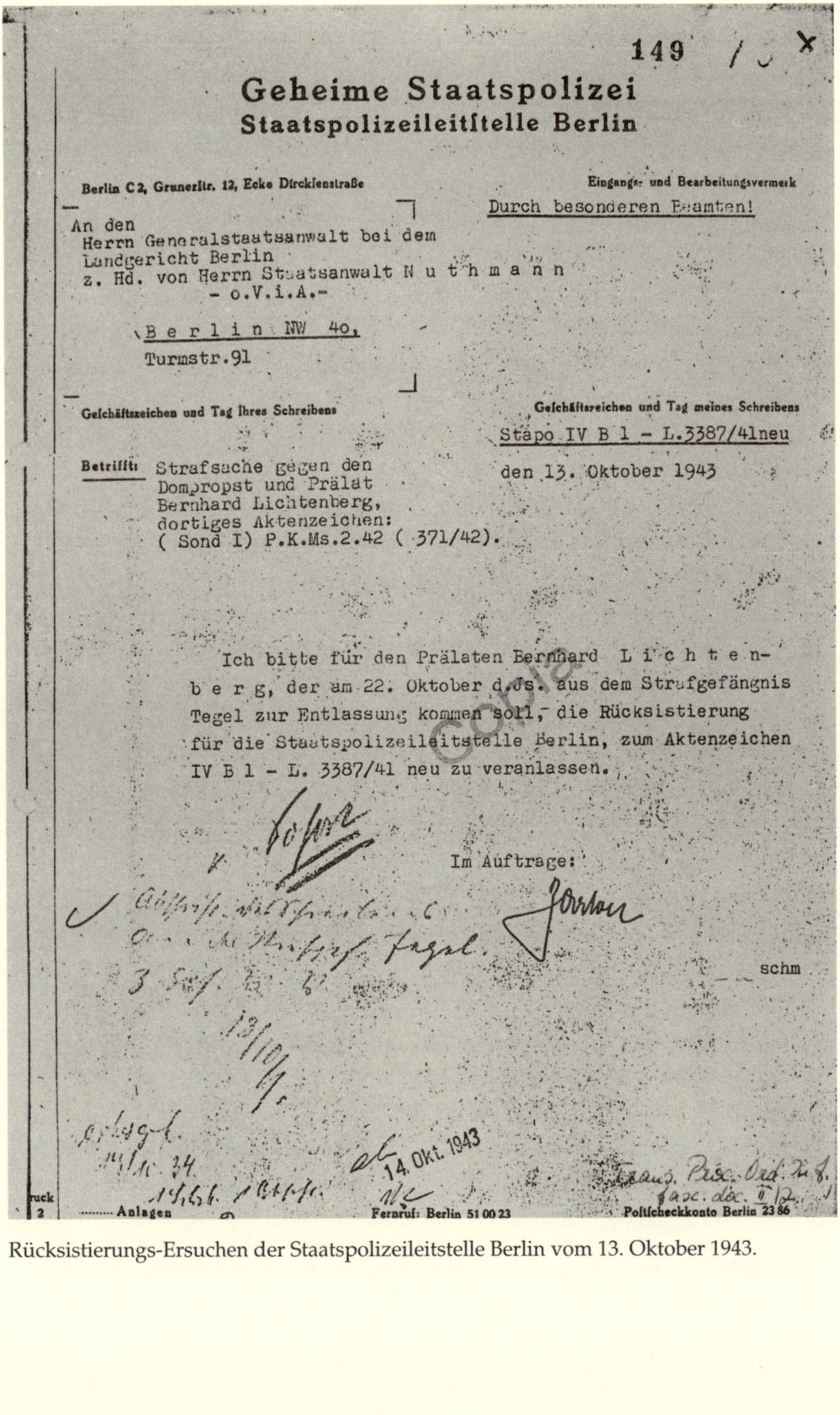

149

Geheime Staatspolizei
Staatspolizeileitstelle Berlin

Berlin C 2, Grunerstr. 12, Ecke Dircksenstraße

Eingangs- und Bearbeitungsvermerk

Durch besonderen Beamten!

An den
Herrn Generalstaatsanwalt bei dem
Landgericht Berlin
z. Hd. von Herrn Staatsanwalt N u t h m a n n
- o.V.i.A.-

B e r l i n NW 40,
Turmstr.91

Geschäftszeichen und Tag Ihres Schreibens

Geschäftszeichen und Tag meines Schreibens
Stapo IV B 1 - L.3387/41neu
den 13. Oktober 1943

Betrifft: Strafsache gegen den Dompropst und Prälat Bernhard Lichtenberg, dortiges Aktenzeichen: (Sond I) P.K.Ms.2.42 (371/42).

Ich bitte für den Prälaten Bernhard L i c h t e n b e r g, der am 22. Oktober d.Js. aus dem Strafgefängnis Tegel zur Entlassung kommen soll, die Rücksistierung für die Staatspolizeileitstelle Berlin, zum Aktenzeichen IV B 1 - L. 3387/41 neu zu veranlassen.

Copia

Im Auftrage:

schm

14. Okt. 1943

Anlagen

Fernruf: Berlin 51 00 23

Postscheckkonto Berlin 23 86

Rücksistierungs-Ersuchen der Staatspolizeileitstelle Berlin vom 13. Oktober 1943.

211

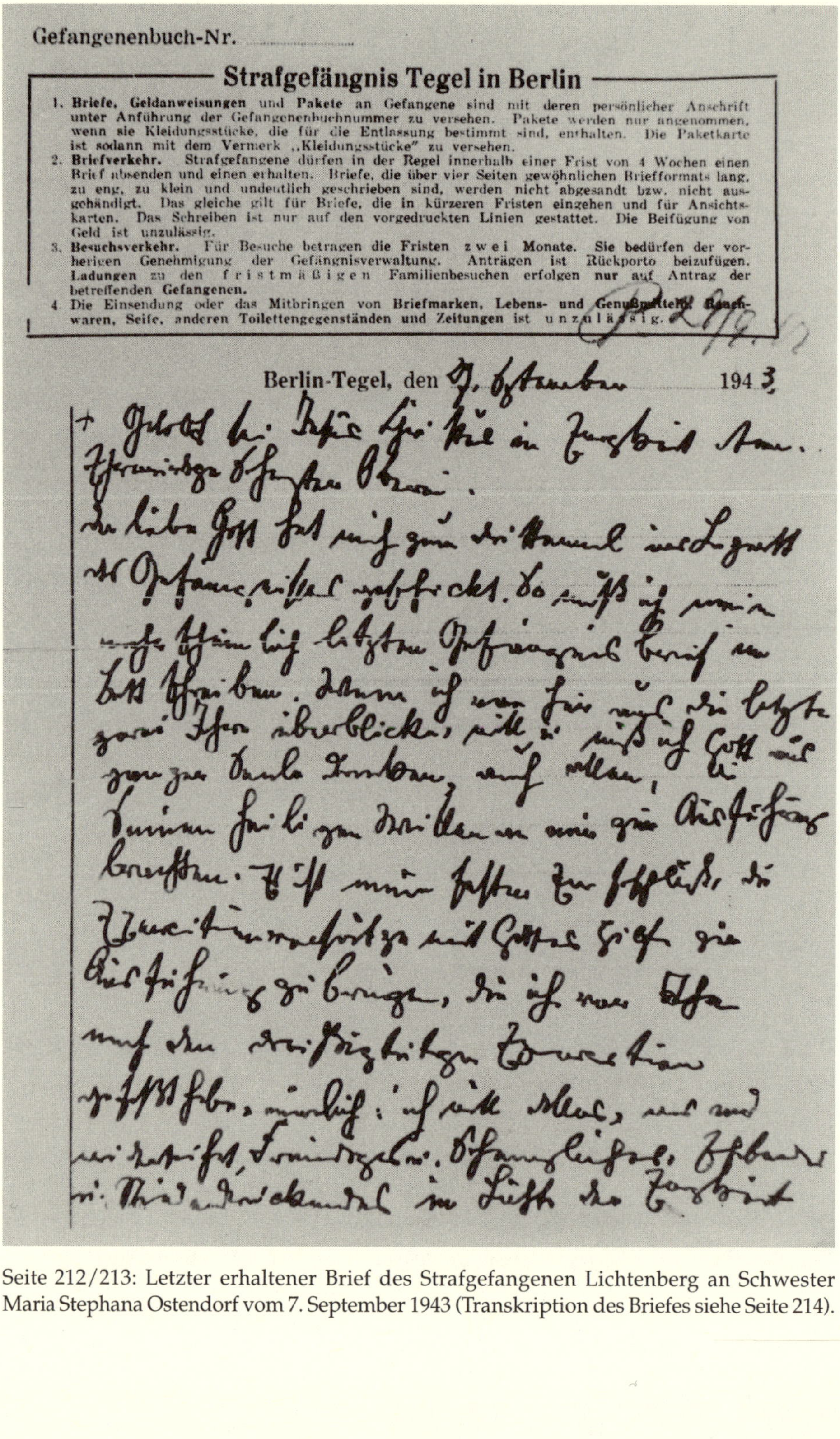

Gefangenenbuch-Nr. ....

Strafgefängnis Tegel in Berlin

1. **Briefe, Geldanweisungen** und **Pakete** an Gefangene sind mit deren persönlicher Anschrift unter Anführung der Gefangenenbuchnummer zu versehen. Pakete werden nur angenommen, wenn sie Kleidungsstücke, die für die Entlassung bestimmt sind, enthalten. Die Paketkarte ist sodann mit dem Vermerk „Kleidungsstücke" zu versehen.
2. **Briefverkehr.** Strafgefangene dürfen in der Regel innerhalb einer Frist von 4 Wochen einen Brief absenden und einen erhalten. Briefe, die über vier Seiten gewöhnlichen Briefformats lang, zu eng, zu klein und undeutlich geschrieben sind, werden nicht abgesandt bzw. nicht ausgehändigt. Das gleiche gilt für Briefe, die in kürzeren Fristen eingehen und für Ansichtskarten. Das Schreiben ist nur auf den vorgedruckten Linien gestattet. Die Beifügung von Geld ist unzulässig.
3. **Besuchsverkehr.** Für Besuche betragen die Fristen zwei Monate. Sie bedürfen der vorherigen Genehmigung der Gefängnisverwaltung. Anträgen ist Rückporto beizufügen. Ladungen zu den fristmäßigen Familienbesuchen erfolgen nur auf Antrag der betreffenden Gefangenen.
4. Die Einsendung oder das Mitbringen von Briefmarken, Lebens- und Genußmitteln, Rauchwaren, Seife, anderen Toilettengegenständen und Zeitungen ist unzulässig.

Berlin-Tegel, den 7. September 1943

Seite 212/213: Letzter erhaltener Brief des Strafgefangenen Lichtenberg an Schwester Maria Stephana Ostendorf vom 7. September 1943 (Transkription des Briefes siehe Seite 214).

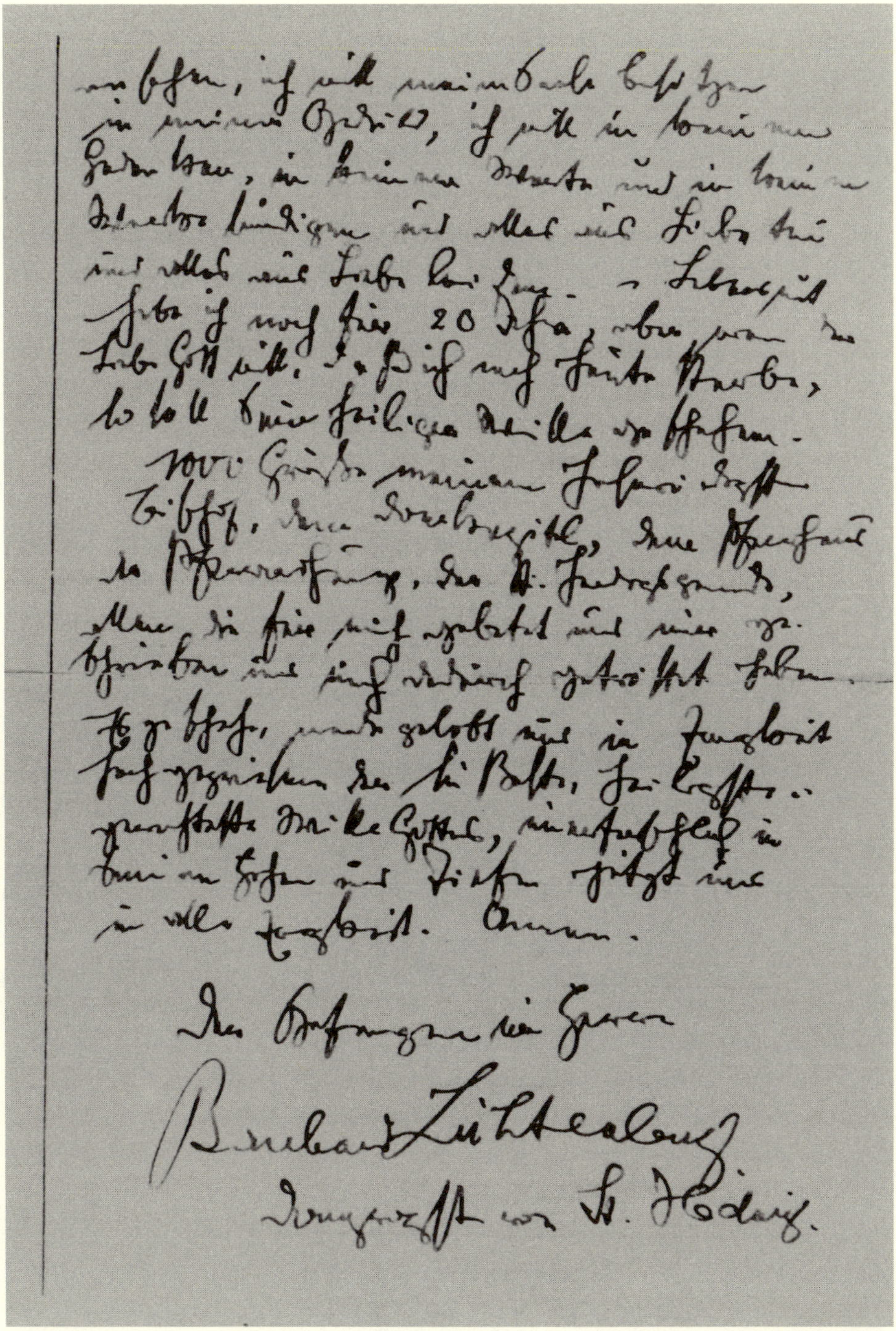

erflehen, ich will meine Seele besitzen in meiner Geduld, ich will in keinem meiner Gedanken, in keinem meiner Worte und in keinem meiner Werke sündigen und alles aus Liebe tun und alles aus Liebe leiden. – Lebenszeit habe ich noch für 20 Jahre, aber wenn der liebe Gott will, daß ich noch heute sterbe, so soll sein heiliger Wille geschehen.

Viele Grüße meinem Hochwürdigsten Bischof, dem Domkapitel, dem Pfarrhaus der Pfarrgemeinde, der St. Hedwigsgemeinde, allen, die für mich gebetet und mir geschrieben und sich dadurch getröstet haben. Es geschehe, werde gelobt und in Ewigkeit hochgepriesen der [illegible] Wille Gottes, unerforschlich in seinen Höhen und Tiefen jetzt und in alle Ewigkeit. Amen.

Der Gefangene im Herrn

Bernhard Lichtenberg

Dompropst von St. Hedwig.

Berlin-Tegel, den 27. September 1943

† Gelobt sei Jesus Christus in Ewigkeit. Amen. Ehrwürdige Schwester Oberin.

Der liebe Gott hat mich zum drittenmal ins Lazarett des Gefängnisses geschickt. So muß ich meinen wahrscheinlich letzten Gefängnisbrief im Bett schreiben. Wenn ich von hier aus die letzten zwei Jahre überblicke, will u. muß ich Gott aus ganzer Seele danken, auch allen, die Seinen heiligen Willen an mir zur Ausführung brachten. Es ist mein fester Entschluß, die Exercitienvorsätze mit Gottes Hilfe zur Ausführung zu bringen, die ich vor Jahren nach dem dreißigtägigen Exercitien gefaßt habe, nämlich: ich will alles, was mir widerfährt, Freudiges u. Schmerzliches, Erhebendes u. Niederdrückendes im Lichte der Ewigkeit ansehen, ich will meine Seele besitzen in meiner Geduld, ich will in keinem Gedanken, in keinem Worte und in keinem Werke sündigen und alles aus Liebe tun und alles aus Liebe leiden. – Lebensmut habe ich noch für 20 Jahre, aber wenn der liebe Gott will, daß ich noch heute sterbe, so soll Sein heiliger Wille geschehen.

1000 Grüße meinem hochwürdigen Bischof, dem Domkapitel, dem Pfarrhaus, der Pfarrwohnung, der St. Hedwigsgemeinde, allen, die für mich gebetet und mir geschrieben und mich dadurch getröstet haben.

Es geschehe, werde gelobt und in Ewigkeit hochgepriesen der süßeste, heiligstes u. gerechteste Wille Gottes, unerforschlich in Seinen Höhen und Tiefen, jetzt und in alle Ewigkeit. Amen.

Der Gefangene im Herrn
Bernhard Lichtenberg,
Dompropst von St. Hedwig.

Transkription des letzten erhaltenen Briefes des Strafgefangenen Lichtenberg an Schwester Maria Stephana Ostendorf vom 7. September 1943 (Original des Briefes siehe Seite 212/213).

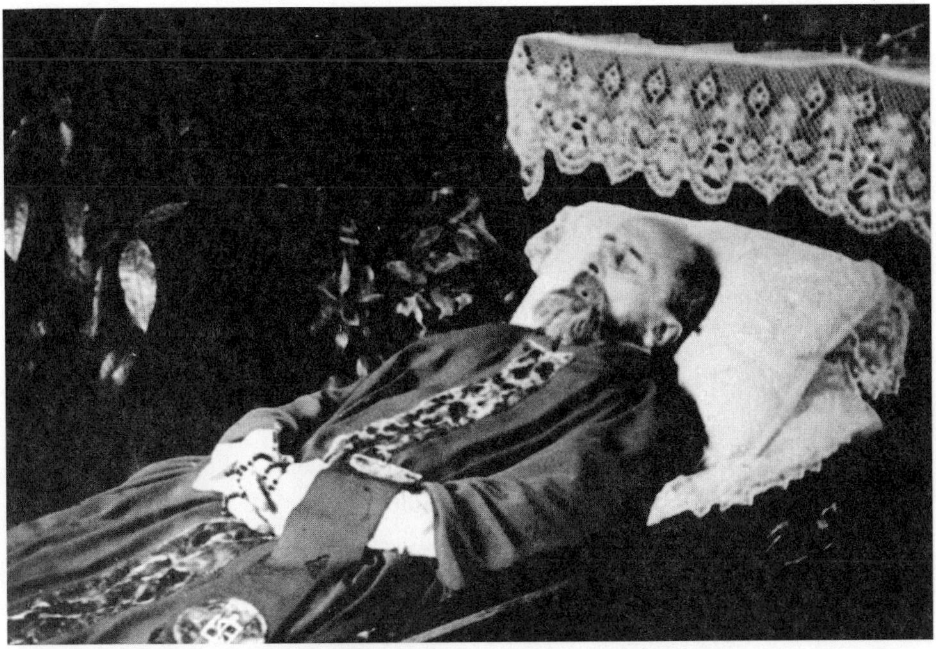

Der Verstorbene wurde zuletzt in der St. Sebastians-Kirche Berlin-Wedding aufgebahrt. (In der Gefangenschaft hatte er sich einen Bart wachsen lassen).

Lichtenbergs Beerdigung auf dem Domfriedhof St. Hedwig in der Liesenstraße wurde zu einer Bekenntnisfeier (16. November 1943).

Foto-Nachweis:

Privat-Archiv des Autors; P. Otto Ogiermann SJ; Erzbischöfliches Ordinariat: Arbeitsstelle für Zeitgeschichte; Erzbischöfliches Ordinariat Berlin: Diözesanarchiv; Ohlauer Heimatstuben; Letmathe; Pressestelle des Erzbistums Berlin; Katholisches Pfarramt St. Mauritius; P. Gerhard Kroll SJ; Linus Hallweg; Joachim Fisahn; Dompropst Otto Riedel.

ZEITTAFEL

3. Dezember 1875	Bernhard Richard Leopold Lichtenberg als zweiter Sohn von fünf Kindern des August Lichtenberg und seiner Frau Emilie, geb. Hubrich in Ohlau/Niederschlesien geboren
27. Dezember 1875	Taufe in der Pfarrkirche St. Peter und Paul in Ohlau
12. März 1895	Reifeprüfung am Königlichen Gymnasium in Ohlau
April - Juli 1895	Studium an der Theologischen Fakultät der Leopold-Franzens-Universität Innsbruck
Oktober 1895 bis Oktober 1898	Studium an der Katholisch-Theologischen Fakultät der Königlichen Universität Breslau
25. März 1899	Weihe zum Diakon
21. Juni 1899	Weihe zum Priester im Hohen Dom zu Breslau
22. Juni 1899	Primiz in der Pfarrkirche St. Peter und Paul in Ohlau
28. Juli 1899	Ernennung zum Kaplan an St. Jakob in Neiße
13. August 1900	Ernennung zum Kaplan an St. Mauritius in Friedrichsberg-Lichtenberg bei Berlin
Oktober 1901 bis Juli 1902	Gasthörer an der Friedrich-Wilhelm-Universität Berlin im Fach Nationalökonomie
5. November 1902	Ernennung zum Kaplan an Herz Jesu in Berlin-Charlottenburg
17. Oktober 1903	Ernennung zum Kaplan an St. Michael in Berlin
30. September 1905	Ernennung zum Kuratus in Friedrichsfelde-Karlshorst

9. bis 13. September 1908	Teilnahme am Internationalen Eucharistischen Kongreß in London
10. November 1910	Ernennung zum Kuratus in Berlin-Pankow
1913 bis 1931	Pfarrer in Herz Jesu in Berlin-Charlottenburg
Februar 1919 bis September 1931	Mitglied der Stadtverordnetenversammlung bzw. Bezirksversammlung von Charlottenburg
Oktober 1920 bis November 1921 / August - November 1925	Mitglied der Stadtverordnetenversammlung der Stadtgemeinde Berlin
20. - 24. Juni 1926	Teilnahme am 28. Internationalen Eucharistischen Kongreß in Chicago
1. Januar 1931	Ernennung zum residierenden Domkapitular des Kathedralskapitels zur heiligen Hedwig in Berlin
27. Dezember 1932	Ernennung zum Dompfarrer der Dompfarrei St. Hedwig in Berlin
Sommer 1933	Hausdurchsuchung, Verhör und Verwarnung durch die Geheime Staatspolizei
April 1934	Errichtung des „Caritasnotwerks" in Berlin zur Betreuung der vom nationalsozialistischen Regime verfolgten Katholiken
30. Juni 1934	Ermordung des Vorsitzenden der Katholischen Aktion im Bistum Berlin, Dr. Erich Klausener
8. September 1934	Feier des ersten Priestersamstags in der St. Hedwigs-Kathedrale in Berlin durch Lichtenberg

12. März 1934	Amtliches Protestschreiben an den Reichsinnenminister Dr. Wilhelm Frick gegen die Verbotsandrohung für die katholische Wochenzeitung „Die Junge Front"
18. Juli 1935	Protest beim Preußischen Staatsministerium gegen Menschenrechtsverletzungen im Konzentrationslager Esterwegen
24. Juli 1935	Antrag der Preußischen Geheimen Staatspolizei beim Reichsministerium für die kirchlichen Angelegenheiten, Strafanzeige gegen Lichtenberg wegen Landesverrats, Kanzelmißbrauchs und Verstoßes gegen das „Heimtükke"-Gesetz zu stellen
27. September 1935	Mitteilung der Geheimen Staatspolizei an das Preußische Staatsministerium über den Antrag des Inspekteurs der Konzentrationslager Eicke, Lichtenberg in „Schutzhaft" zu nehmen
22. November 1935	Verhaftung des Leiters der „Katholischen Informationsstelle der Bischöflichen Behörden Deutschlands in Berlin", Domkapitular Dr. Banasch
10. Dezember 1935	Protestschreiben an den Reichskanzler Hitler gegen die Verbreitung des „Pfaffenspiegels"
16. August 1936	Lichtenbergs Kollekte in der St. Hedwigs-Kathedrale in Berlin für „schwer notleidende nichtarische Katholiken"
21. März 1937	Kanzelverlesung der Enzyklika Pius' XI. „Mit brennender Sorge" gegen die „mehr oder minder öffentliche Vertragsverletzung" durch den nationalsozialistischen Konkordatspartner
16. November 1937	Wahl zum Dompropst

August 1938	Errichtung des „Hilfswerks beim Bischöflichen Ordinariat Berlin" zur Fortsetzung der bisherigen Arbeit des Caritasnotwerks für katholische Nichtarier
10. September 1938	Endgültiges Verbot des „Katholischen Kirchenblatts für das Bistum Berlin"
9. - 11. November 1938	Judenpogrome, Beginn des Abendgebets in der Berliner St. Hedwigs-Kathedrale für die „schwer bedrängten ‚nichtarischen' Christen und Juden"
20. Juni 1941	Protestschreiben an den Reichsführer-SS und Chef der Deutschen Polizei, Heinrich Himmler, gegen die Beschlagnahme kircheneigener Grundstücke der Dompfarrei St. Hedwig
26. August 1941	Protestschreiben an den Reichsärzteführer Dr. Leonardo Conti gegen die Euthanasiemorde
4. September 1941	Anzeige wegen „bolschewistischer Propaganda" in der von Lichtenberg gehaltenen Abendandacht vom 29. August 1941 in der St. Hedwigs-Kathedrale
25. Oktober 1941	Vernehmung Lichtenbergs durch die Geheime Staatspolizei. Lichtenberg erklärt sich zur Lagerseelsorge im Ghetto Litzmannstadt (Lodz) bereit.
22. Mai 1942	Verurteilung Lichtenbergs durch das Sondergericht I bei dem Landgericht Berlin wegen „Kanzelmißbrauchs" und Verstoßes gegen das „Heimtücke"-Gesetz zu einer Gesamtstrafe von zwei Jahren Gefängnis
29. Mai 1942	Einlieferung Lichtenbergs in das Strafgefängnis Tegel in Berlin (Zelle VI 232)

13. Oktober 1943	Ersuchen der Staatspolizeileitstelle Berlin an den Generalstaatsanwalt, die „Rücksistierung" Lichtenbergs zu veranlassen
23. Oktober 1943	Entlassung aus dem Strafgefängnis Tegel, „Rücksistierung" an die Staatspolizeistelle Berlin, Einlieferung in das „Arbeitserziehungslager" Wuhlheide
4. November 1943	Gefängnisärztliche Überweisung in das Stadtkrankenhaus Hof/Saale, Empfang der Sterbesakramente
5. November 1943	Tod im Stadtkrankenhaus Hof um 18 Uhr
16. November 1943	Pontifikalrequiem in der Kirche St. Sebastian in Berlin-Wedding. Beisetzung auf dem St. Hedwigs-Friedhof in der Liesenstraße
4. November 1950	Einweihung der Grabstätte auf dem St. Hedwigs-Friedhof
27. März 1960	Konsekration der St. Bernhard-Kirche in Berlin-Tegel durch Julius Kardinal Döpfner. Die Kirche, die dem heiligen Bernhard von Clairvaux geweiht ist, soll das Andenken Lichtenbergs besonders wachhalten.
1962	Verweigerung der Erlaubnis durch die Ostberliner Behörden, die „sterblichen Überreste Lichtenbergs in die Gedenkkirche der deutschen Katholiken Maria Regina Martyrum zu Ehren der Blutzeugen für Glaubens- und Gewissensfreiheit in den Jahren 1933 bis 1945" zu überführen
18. April 1965	Eröffnung des Vorverfahrens zum Seligsprechungsprozeß Lichtenbergs durch Erzbischof Dr. Alfred Bengsch
26. August 1965	Exhumierung der Gebeine Lichtenbergs und Überfüh-

	rung vom St. Hedwigs-Friedhof in die Krypta der St. Hedwigs-Kathedrale in Berlin
26. November 1967	Eröffnung des Informativprozesses in Berlin (West)
13. September 1968	Eröffnung des Informativprozesses in Berlin (Ost)
2. Juli 1994	Johannes Paul II. erklärt, daß über das Martyrium Lichtenbergs Gewißheit besteht
September 1995	Johannes Paul II. kündigt an, daß die Seligsprechung Lichtenbergs am 23. Juni 1996 in Berlin stattfinden werde

NACHWORT

Es ist dem Autor dieser Biographie ein Bedürfnis, dem Leiter des Diözesan-Archivs des Erzbistums Berlin, Dr. Gotthard Klein, herzlich zu danken. Ohne das Studium und die umfängliche Berücksichtigung der von ihm in zehnjähriger Arbeit erschlossenen Quellen und Originaldokumente hätte dieses Buch nicht geschrieben werden können. Dazu zählt auch die Möglichkeit, das Archiv für andere mit dem Buch zusammenhängende Recherchen zu benutzen. Die dreibändige, umfangreiche Positio Super Martyrio zur Kanonisation Lichtenbergs durfte ich eingehend studieren sowie zitieren. Es war leider nicht möglich, alle der Positio Super Martyrio ... wörtlich oder inhaltlich entnommenen Stellen in diesem Buch entsprechend kenntlich zu machen. Deshalb sei grundsätzlich auf diese Positio verwiesen, die 1997 in überarbeiteter Form unter dem Titel „Bernhard Lichtenberg (1875-1943). Dokumente und Zeugenaussagen. Hrsg. von Gotthard Klein" erscheinen wird. Sie liegt dem Seligsprechungsverfahren der „Congregazione per le Cause dei Santi" zugrunde, das von P. Peter Gumpel SJ als Relator und P. Paolo Molinari als Generalpostulator verantwortlich betrieben wurde.

Sodann gilt mein Dank dem bischöflichen Archivar, Kanonikus Heribert Rosal, der mir mit Ratschlägen und der Beschaffung wichtiger Unterlagen zur Seite stand. Ursula Pruß und Prälat Gerhard Lange von der Arbeitsstelle für Zeitgeschichte des Erzbischöflichen Ordinariats Berlin haben die Arbeit am vorangegangenen Film und am Buch mit Ratschlägen und Hilfen unterstützt. Zu danken habe ich auch Dr. Winfried Löschberg und seinem Mitarbeiter Alexander Fiebig vom Zeitungssaal der Staatsbibliothek zu Berlin/Preußischer Kulturbesitz Unter den Linden für Beistand und Rat sowie die Erschließung und Benutzung wichtiger Zeitungs-Jahrgänge aus der Weimarer Zeit und des Dritten Reiches. Ähnliches gilt für Gerhard Mesli und seine Mitarbeiterinnen vom Landesarchiv Berlin sowie für Monika Lübcke von der Verwaltungsbibliothek des Bezirksamts Charlottenburg. Dr. J.A. Cervello-Margalef, dem Leiter der Diözesan- und Dombibliothek Köln sowie seinem Mitarbeiter Konrad Groß habe ich für die großzügige Bereitstellung und Beschaffung wichtiger Bücher zu danken. Friedrich Hagemann von der Amerika-Gedenk-Bibliothek Berlin hat als Lichtenberg-Kenner und Verfasser einschlägiger Publikationen zu diesem Thema die Entstehung von Film und Buch begleitet. Dr. Albrecht Tyrell und Beate Sass M.A. von der Bibliothek des „Hauses Schlesien" in Königswinter verdanke ich die umfangreiche Benutzung der Schlesien-Literatur und etliche Hinweise.

Das gleiche gilt für die Mitarbeiter der „Ohlauer Heimatstuben" in Letmathe/ Westfalen.

Drei wichtige Veröffentlichungen über Bernhard Lichtenberg stammen von Alfons Erb, Kurt-Martin Magiera und P. Otto Ogiermann SJ. Herzlich danke ich P. Ogiermann für die Mitarbeit an meinem Film und das Zustandekommen dieses Buches. Er hat die Entstehung mit Rat und der Überlassung wichtiger, von ihm gesammelter Fotos und Dokumente begleitet. Natürlich liegen auch eine Reihe anderer Veröffentlichungen über Bernhard Lichtenberg vor; ich nenne nur eine: Dieter Hankys Schrift „Priester, Bekenner, Martyrer – Bernhard Lichtenberg" – abgesehen von nicht wenigen Aufsätzen in Zeitschriften und Zeitungen.

Domkapitular Wolfgang Knauft war stets bereit, dem Autor mit seinem Rat und seinen Kenntnissen der Bistums- und Berliner Zeitgeschichte zu helfen. Das gilt auch für den Seelsorger der Justizvollzugsanstalt Berlin-Tegel, P. Vinzens Hoffmann SDS. Ohne die ständige Zusammenarbeit mit Dompropst Otto Riedel vom Berliner Ordinariat wäre dieses Buch nicht zustande gekommen. Die Gastfreundschaft von Regens Matthias Heinrich im Erzbischöflichen Priesterseminar Berlin-Zehlendorf hat nicht wenige Berlin-Aufenthalte ermöglicht.

Zahlreiche Zeitzeugen haben sich für Auskünfte und längere Interviews zur Verfügung gestellt. Vor allen anderen danke ich dem früheren Dompropst Dr. Wolfgang Haendly für seine detaillierten Auskünfte und seine Mitarbeit an Film und Buch. Über die im Buch zitierten, zum größten Teil bereits verstorbenen Lebenszeugen Bernhard Lichtenbergs hinaus danke ich für Auskünfte: Lucie Schneider, Angela Lehmann, Regina Karbe sowie Hildegard Bermel, Margret Stiebler und den Mitgliedern des Berliner Karmel „Maria Regina Martyrum". Nicht unerwähnt darf ich die freundliche Mitarbeit lassen, die ich von Albinus Hass, Willi Richter, Artur Buchholz, Gisela Lux, Elisabeth Buschmann und P. Franz Prentke SDS erfuhr. Maria und Johannes Breuer standen dem Autor mit wichtigen Auskünften bei. Für die nicht leichte Lektoratsarbeit danke ich Frau Juliane Bittner sowie Frau Ursula Buchner für die sorgsame Begleitung des Verlages.

Erzbischof Georg Kardinal Sterzinsky und Weihbischof Wolfgang Weider zusammen mit dem Geistlichen Rat des Berliner Erzbistums und Generalvikar Roland Steinke haben dem Autor die Veröffentlichung eines neuen, auf bisher unveröffentlichten Quellen beruhenden Buches über den Berliner Dompropst anvertraut. Für dies Vertrauen und die mit ihm verbundenen Hilfen sei herzlich gedankt.

Erich Kock

QUELLENVERZEICHNIS

Hauptsächlich benutzte Quellen:

Berolinen. Canonizationis Servi Dei Bernardi Lichtenberg in odium fidei, uti fertur, interfecti (1875 - 1943) KLEIN, Dr. Gotthard: Positio, Vol. I Informatio, Vol. II Summarium: Documenta, Vol. III Summarium: Depositiones Testium
Romae 1992 - Congregatio de Causis Sanctorum Prot. Nr. 12 02

Trans. Proc. Ord. Inf. Fac doc II/2 +. II/4

Vernehmungs-, Prozeß- und Gefängnisakten

Zeitungen

Berliner Morgenpost Jg. 1898 u. 1900
Der Angriff Jg. 1931, 1932
Der Tag Jg. 1901, 1928
Die Weltbühne Jg. 1923, 1929, 1930
Die Woche Jg. 1899, 1900, 1912, 1913
Germania Jg. 1921, 1924, 1932, 1933, 1935
Katholisches Kirchenblatt Berlin Jg. 1925, 1929 Bd. 1 u. 2
Märkische Volkszeitung Jg. 1929, 1932, 1933
Völkischer Beobachter Jg. 1931, 1932, 1933, 1937, 1938

Quellen über politische Tätigkeit des Abgeordneten Lichtenberg

„Verwaltungsbezirk Charlottenburg - Mitteilungen über Bezirksgebiet, Bevölkerung und Verwaltung 1924 - 1927", Berlin 1927
„Erster Verwaltungsbericht der neuen Stadtgemeinde Berlin" (1. Oktober 1920 - 31. März 1924, Heft 15)
„Verzeichnis der Mitglieder der Bezirksversammlung Charlottenburg September 1930 u. Januar 1931"

„Vorlagen zur Stadtverordnetenversammlung zu Charlottenburg" 1919

„Amtliche Berichte über die Verhandlungen der Charlottenburger Stadtverordnetenversammlung in den öffentlichen Sitzungen" (Januar - November 1920 nach stenographischer Aufnahme)

„Bezirks-Versammlung Charlottenburg" Sitzungen 1926, 1929

„Verzeichnis der Deputationen und Ausschüsse in der Stadtverordnetenversammlung Charlottenburg" (o.J.)

„Stadtverordneten-Versammlung der Stadtgemeinde Berlin" Nov. 1920, Dez. 1920, Jan. 1921, März 1921, April 1921, Oktober u. November 1918, März 1919, Dezember 1920, Mai 1921

Quellen zur Kirchengeschichte Deutschlands im Dritten Reich

„Gemeinsamer Hirtenbrief der am Grabe des hl. Bonifatius versammelten Oberhirten der Diözesen Deutschlands" (7. Juni 1934), Münster 1934

„Rundschreiben Seiner Heiligkeit Pius' XI. durch Gottes Vorsehung Papst über die Lage der katholischen Kirche im Deutschen Reich" (14. März 1937), Münster 1937

Literaturverzeichnis

ADOLPH, Walter : Kardinal Preysing und zwei Diktaturen. Berlin 1971

ders.: Geheime Aufzeichnungen aus dem nationalsozialistischen Kirchenkampf 1935 - 1945, bearb. von Ulrich von Hehl. Mainz 1979

ders.: Verfälschte Geschichte – Antwort an Rolf Hochhuth. Berlin 1963

ALLENDORF, Johann: „Schlesier im Berliner Domkapitel" in: Archiv für schlesische Kirchengeschichte 27/1969

ASCHOFF, Hans-Georg: Kirchenfürst im Kaiserreich – Georg Kardinal Kopp. Hildesheim 1987

BARTOSZEWSKI, Wladyslaw: Erfahrungen meines Lebens. Freiburg i.Br.-Basel-Wien 1986

BAUER, Clemens: Deutscher Katholizismus. Frankfurt/Main 1964

BENGSCH, Hubert: Bistum Berlin. Berlin 1985

Abteilung Öffentlichkeitsarbeit und Pressestelle Berlin (Hrg.): Bistum Berlin 1930 - 1994. Berlin 1994

Informationszentrum Berlin (Hrg.): Im Überblick – Berlin. Berlin 1989

Presse- und Informationsamt des Landes Berlin (Hrg.): Kurzgefaßt – Berlin. Berlin 1984

Festschrift zur 50-Jahr-Feier der St. Marienkirche Berlin-Karlshorst. Leipzig 1986

Pfarrgemeinderat Herz Jesu (Hrg.): Festschrift aus Anlaß des 100jährigen Bestehens der Herz-Jesu-Kirche Berlin-Charlottenburg. Berlin 1977

Amtsblatt des Bischöflichen Ordinariats Berlin – Amtliche Beilage: Studien zum Mythus des XX. Jahrhunderts. 3. Neudruck, Berlin 1935

„Christi Liebe ist stärker" – 86. Deutscher Katholikentag in Berlin 1980. Paderborn 1980

Festschrift 1882 - 1992 St. Mauritius Berlin-Lichtenberg. Berlin 1992

BIRKE, Ernst (Hrg.): Niederschlesien in 144 Bildern. Leer 1971

BÖCKLING, Ulrich: Katholische Intellektuelle in der Weimarer Republik. München 1993

BREITENBORN, Konrad: Der Friedensbund Deutscher Katholiken 1918/19 - 1951. Berlin 1981

Schematismus des Bistums Breslau und seiner Delegatur-Bezirke für die Jahre 1869, 1895 - 1906, 1898 - 1899, 1903 - 1904.

Unterwegs – Gebet- und Gesangbuch der Vertriebenen aus der Erzdiözese Breslau. Dülmen 1969

BROMBACHER, Kuno/RITTER, Emil (Hrg.): Sendschreiben katholischer Deutscher an ihre Volks- und Glaubensgenossen. Münster 1936

BROSZAT, Martin: Der Staat Hitlers – Grundlegung und Entwicklung seiner inneren Verfassung. München 1969

BRZOSKA, Emil (Hrg.): Neunhundertfünfzig Jahre Bistum Breslau. Königstein 1951

BUSCHBECK, Karl (Hrg.): Ohlauer Heimatbuch. Goslar 1950

CZERWINSKI, Janus: Breslau – Schlesische Metropole an der Oder. Berlin 1993

DIAMANT, Adolf: Zerstörte Synagogen vom November 1938. Frankfurt/Main 1978

DIEBOW, Hans: Der ewige Jude – 265 Bilddokumente. München-Berlin 1938

DIETRICH, Richard (Hrg.): Berlin – Neun Kapitel seiner Geschichte. Berlin 1960

DIRKS, Walter: Erbe und Aufgabe. Frankfurt/Main 1931

DRWIEGA, Adam: Der Breslauer Dom. Dülmen 1994

ELM, Kaspar/LOOCK, H.-D. (Hrg.): Seelsorge und Diakonie in Berlin. Berlin-New York 1990

ENDLICH, Stefanie/LUTZ, Thomas (Hrg.): Gedenken und Lernen an historischen Orten. Berlin 1995

ENDRES, Heinz/HOEFS, Karl-Heinz: Die St. Hedwigs-Kathedrale in Berlin. Berlin o.J.

ERB, Alfons: Bernhard Lichtenberg – Dompropst von St. Hedwig zu Berlin. Berlin 1947

ders.: Bernhard Lichtenberg – Dompropst von St. Hedwig zu Berlin. Berlin 1968

ERRELL, Richard: Bilderbuch für Vergeßliche. Frankfurt/Main 1961

FEST, Joachim C.: Das Gesicht des Dritten Reiches. 6. Aufl. München 1986.

FRIEDMANN, Philipp: Das andere Deutschland – Die Kirchen. Berlin 1960

FRANZ VON SALES: Philothea oder Anleitung zum gottseligen Leben. Freiburg i.Br. 1925

FRIES, H./SCHWAIGER, Georg (Hrg.): Katholische Theologie in Deutschland im 19. Jahrhundert. 3 Bände, München 1975

GEISLER, Paul (Hrg.): Heimat Ohlau. Iserlohn 1984

GEISEL, Erika: Im Scheunenviertel. 2. Aufl. Berlin 1981

GOEBBELS, Joseph: Tagebücher aus den Jahren 1942/43. Zürich 1948

ders.: Tagebücher 1945. Hamburg 1977

GOLLWITZER, Helmut/KUHN, Käthe/SCHNEIDER, Reinhold (Hrg.): Du hast mich heimgesucht bei Nacht. München-Hamburg 1954

GOTTO, Klaus/REPGEN, Konrad (Hrg.): Kirche, Katholiken und Nationalsozialismus. Mainz 1980

GOTTSCHALK, Wolfgang: Die Friedhöfe der Hedwigs-Gemeinde zu Berlin. Berlin 1991

GROSCHE, Robert: „Über die Geschichte, die Kirche und das Reich" in: „Die Schildgenossen", Jg. 1933/34

GRZYWATZ, Berthold: Das Rathaus Charlottenburg. Berlin 1989

HAUSHOFER, Albrecht: Moabiter Sonette. München 1982

VON HEHL, Ulrich: Priester unter Hitlers Terror – eine biographische und statistische Erhebung. Mainz 1984

HEIBER, Helmut (Hrg.): Lagebesprechungen im Führerhauptquartier. München 1968

HITLER, Adolf: Mein Kampf. München 1942

HERZ, Rudolf: Hoffmann & Hitler – Fotografie als Medium des Führer-Mythos. München 1994

HOFER, Walther: Der Nationalsozialismus – Dokumente 1933 - 1945. Frankfurt/Main 1957

HOFFMANN, Heinrich: Die Geschichte des Breslauer Alumnats. Breslau 1935

HOLMSTEN, Georg: Die Berliner Chronik – Daten, Personen, Dokumente. Düsseldorf 1984

HORST, Max/HEBING, Richard: Volk im Glauben. Berlin 1933
HUPKA, Herbert (Hrg.): Schlesien – Städte und Landschaften. 3. Aufl. München-Wien 1979
HÜRTEN, Heinz: Kurze Geschichte des deutschen Katholizismus. Mainz 1986
„Hundert Jahre Theologische Fakultät Innsbruck 1857 - 1957“ in: Zeitschrift für Katholische Theologie 80, Wien 1958
JABLONSKI, Leo: Geschichte des fürstbischöflichen Delegaturbezirkes Brandenburg und Pommern. Bd. 1: Die äußere Entwicklung. Bd. 2: Die innere Entwicklung. Breslau 1929
KARDORFF, Ursula von: Berliner Aufzeichnungen 1942 - 1945. München 1981
WENNER, Reinhard (Red.): Katholische Kirche und Nationalsozialismus – Bensberger Protokolle Nr. 30. Bensberg 1980
Die Katholische Kirche und der Nationalsozialismus – Martyrer und Zeugen aus Mitteldeutschland. Ausstellungskatalog Dresden 1994
KIAULEHN, Walter: Berlin – Schicksal einer Weltstadt. 3. Aufl. München-Berlin 1958
KIERKEGAARD, Sören: Werke in Auswahl – Erster Teil: Die Werke. Berlin 1925.
KLEINEIDAM, Erich: Die katholisch-theologische Fakultät der Universität Breslau 1811 - 1945. Köln 1961

KLEINBERG, Matthias: Aus der Jugendzeit in Ohlau. Budenheim 1994
ders.: Ohlau, ich gedenke dein. Lahr 1992
KLEPPER, Jochen: Unter dem Schatten deiner Flügel – Aus den Tagebüchern der Jahre 1932 - 1942. Stuttgart 1976
KLOIDT, Franz: Verräter oder Martyrer? Düsseldorf 1962
KNAUFT, Wolfgang: Bistum Berlin. Aschaffenburg 1987
ders.: Unter Einsatz des Lebens. Berlin 1988
ders.: Christen im Widerstand – der 20. Juli im Bistum Berlin. Berlin 1994
KNEBEL, Hajo (Hrg.): Niederschlesien in alten Ansichtskarten. Würzburg 1988
KOCK, Erich: „Bernhard Letterhaus“ in: Arbeit und Opfer, S. 17 - 90, Köln 1980
ders.: „Die Reichskristallnacht“ (Vortrag aus Anlaß der 40jährigen Wiederkehr am 18. November 1978 im Sauerlandtheater der Stadt Arnsberg)
ders.: „Er widerstand – Bernhard Lichtenberg“, Film, Erstsendung SFB 19. November 1994
KOGON, Eugen: Der SS-Staat. Frankfurt/Main 1958
Kommission für Zeitgeschichte, Veröffentlichungen: Der Notenwechsel zwischen dem Heiligen Stuhl und der deutschen Reichsregierung, Bd. 1, bearb. v. Dieter Albrecht. Mainz 1974
Kommission für Zeitgeschichte, Veröffentlichungen: Die Briefe Pius' XII. an

die deutschen Bischöfe 1939 - 1944, bearb. v. Burkhart Schneider. Mainz 1966

Kommission für Zeitgeschichte, Veröffentlichungen: Akten deutscher Bischöfe über die Lage der Kirche 1933 -1945, bearb. v. Bernhard Stasiewski. Mainz 1976

Kommission für Zeitgeschichte, Veröffentlichungen: Der Notenwechsel zwischen dem Heiligen Stuhl und der deutschen Reichsregierung, Bd. 2, bearb. v. Dieter Albrecht. Mainz 1969

Kommission für Zeitgeschichte, Veröffentlichungen: Berichte des SD und der Gestapo über Kirchen und Kirchenvolk in Deutschland 1934 - 1944, bearb. v. Heinz Boberach. Mainz 1971

Kommission für Zeitgeschichte, Veröffentlichungen: Akten deutscher Bischöfe über die Lage der Kirche 1933 - 1945, Bd. 2, bearb. v. Bernhard Stasiewski. Mainz 1976

Kommission für Zeitgeschichte, Veröffentlichungen: Akten deutscher Bischöfe über die Lage der Kirche 1933 - 1945, Bd. 4, bearb. v. Ludwig Volk. Mainz 1981

Kommission für Zeitgeschichte, Veröffentlichungen: Hans Günther Hockerts „Die Sittlichkeitsprozesse gegen katholische Ordensangehörige und Priester 1936/1937". Mainz 1971

Kommission für Zeitgeschichte, Veröffentlichungen: Raimund Baumgärtner „Weltanschauungskampf im Dritten Reich", Mainz 1977

Kommission für Zeitgeschichte, Veröffentlichungen: Martin Höllen „Heinrich Wienken, der ‚unpolitische' Kirchenpolitiker", Mainz 1981

KREIDLER, Hans: „Karl Adam und der Nationalsozialismus" in: Rottenburger Jahrbuch für Kirchengeschichte 2 (1983), S. 129 - 140

KRINGELS-KEMEN/LEMHÖFER, Ludwig (Hrg.): Katholische Kirche und NS-Staat. Frankfurt/Main 1981

KÜHN, Heinz: Blutzeugen des Bistums Berlin. Berlin 1950

KUROPKA, Joachim (Hrg.): Clemens August Graf von Galen – Neue Forschungen zum Leben und Wirken des Bischofs von Münster. Münster 1992

LANGE, Gerhard: Katholische Kirche im sozialistischen Staat DDR. Berlin 1993

LEHNDORFF, Hans Graf von: Die Insterburger Jahre. München 1969

LORTZ, Josef: Katholischer Zugang zum Nationalsozialismus. Münster 1934

LORENZ, Georg (Hrg.): Ohlau und Umgebung. Ohlau o.J.

LOWENTHAL-HENSEL, Cécile: 50 Jahre Bistum Berlin. Berlin 1980

MAGIERA, Kurt-Martin: Bernhard Lichtenberg – Der Gefangene im Herrn. Berlin 1963

MANN, H.G.: Prozeß Bernhard Lichtenberg. Berlin 1977

MANN, Golo (Hrg.): Propyläen-Weltgeschichte Bd. 9: Das zwanzigste Jahrhundert. Berlin-Frankfurt-Wien 1960

ders. (Hrg.): Unser Jahrhundert im Bild. Gütersloh 1964

ders.: Deutsche Geschichte des neunzehnten und zwanzigsten Jahrhunderts. Frankfurt/Main 1958

MARX, J.: Lehrbuch der Kirchengeschichte. 8. Aufl. Trier 1922

MENDELSSOHN, Peter de: Zeitungsstadt Berlin. Berlin 1959

MICHEL, Ernst (Hrg.): Kirche und Wirklichkeit – ein katholisches Zeitbuch. Jena 1923

MIRGELER, Albert: „Die deutschen Katholiken und das Reich" in: „Die Schildgenossen" Jg. 1933/34

MORSEY, Rudolf (Hrg.): Zeitgeschichte in Lebensbildern – Aus dem deutschen Katholizismus des 20. Jahrhunderts. Bd. 1, 2 u. 4, Mainz 1973, 1975, 1980

Märkischer Kalender 1931. Berlin 1931

MAU, Hermann/KRAUSNICK, Helmut (Hrg.): Deutsche Geschichte der jüngsten Vergangenheit 1933 - 1945. Tübingen-Stuttgart 1953

MOHR, Wolfgang: Schlesien – Vorort des Katholizismus. Arbeiten zur schlesischen Kirchengeschichte Bd. 2. Sigmaringen 1989

MÜLLER, Hans: Katholische Kirche und Nationalsozialismus. München 1963

Neiße - das Schlesische Rom im Wandel der Jahrhunderte. Ausstellungskatalog Sigmaringen 1988

NEWMAN, John-Henry: Die Kirche und die Welt (Predigten). Leipzig 1940

Magistrat der Stadt Ohlau (Hrg.): Die Stadt Ohlau und ihre Umgebung. Ohlau 1929

OGIERMANN, Otto SJ: Bis zum letzten Atemzug. Leipzig 1983

PANKALLA, Gerhard/SPEER, Gerhard (Hrg.): Der schlesische Mensch. Dülmen 1969

PAPEN, Franz von: „Der zwölfte November (1933) und die deutschen Katholiken" in: Reich und Kirche – Eine Schriftenreihe. Münster 1934

PETERSON, Erik: Theologische Traktate. München 1951

PICKER, Henry: Hitlers Tischgespräche im Führerhauptquartier. Stuttgart 1977

PIEPER, Josef: „Das Arbeitsrecht des Neuen Reiches und die Enzyklika Quadragesimo Anno" in: Reich und Kirche – Eine Schriftenreihe. Münster 1934

PLOETZ, Karl: Auszug aus der Geschichte. Würzburg 1956

POLIAKOW, Leon/WULF, Josef: Das Dritte Reich und die Juden. Berlin 1955

PRIBILLA, Max SJ: Deutschland nach dem Zusammenbruch. Frankfurt/Main 1947

PROSS, Harry (Hrg.): Die Zerstörung der deutschen Politik – Dokumente 1871 - 1933. Frankfurt/Main 1959

RAHNER, Hugo (Hrg.): Die Märtyrerakten des 2. Jahrhunderts. Freiburg i. Br. 1953

RAHNER, Karl: „Zur Theologie des Todes" in: Quaestiones disputatae 2. Freiburg i.Br. 1958

REICHMANN, Eva Gabriele: Die Flucht in den Haß – die Ursachen der deutschen Judenkatastrophe. Frankfurt/Main o.J.

RIBBE, Wolfgang (Hrg.): Geschichte Berlins – Von der Märzrevolution bis zur Gegenwart. München 1987

ROSAL, H.: Beiträge zur Vorgeschichte und Geschichte des Bistums Berlin. Berlin 1992

ROSENBERG, Alfred: Der Mythus des 20. Jahrhunderts. München 1943

Handbuch für die Provinz Schlesien I. Abtlg. Breslau 1805

Kirchliche Hilfsstelle München (Hrg.): Vom Sterben schlesischer Priester 1945/46. München 1950

SCHEURIG, Bodo (Hrg.): Deutscher Widerstand 1933 - 1944. München 1969

SCHMAUS, Michael: Begegnungen zwischen katholischem Christentum und nationalsozialistischer Weltanschauung. Münster 1933

SCHMITT, Carl: „Donoso Cortez in Berlin" in: Wiederbegegnung von Kirche und Kultur in Deutschland. München 1927

ders.: „Der Führer schützt das Recht – zur Reichstagsrede Adolf Hitlers vom 13. Juli 1934" in: „Deutsche Juristenzeitung", 39. Jg., Heft 15 (1934)

SCHNEIDER, Reinhold: An Alle – ein Aufruf. Freiburg 1947

ders.: Verhüllter Tag. Köln 1962

SCHULTZ, Edmund: Die veränderte Welt – eine Bilderfibel unserer Zeit. Breslau 1933

SCHWARZ, Wolfgang: Bilder aus Schlesien. Augsburg 1990

SCHWERDTFEGER, Bernhard: Konrad Kardinal von Preysing. Berlin 1950

SEPPELT, Franz Xaver: Geschichte des Erzbistums Breslau. Berlin 1929

SHIRER, William L.: Aufstieg und Fall des Dritten Reiches, Bd. 1 u. 2. München-Zürich 1964

SIEDLER, Wolf Jobst: Weder Maas noch Memel. Stuttgart 1982

SONNENSCHEIN, Carl: Weltstadtbetrachtungen. Berlin 1927/1928

SPAEL, Wilhelm: Das katholische Deutschland im 20. Jahrhundert. Würzburg 1964

SPITTMANN, Ilse/HELWIG, Gisela (Hrg.): Reise nach drüben. Köln 1967

STIELER, Rudolf (Hrg.): Der Nationalsozialismus und der Zweite Weltkrieg. Frankfurt/Main-Berlin-Bonn 1960.

TAESCHNER, Franz: Der Totalitätsanspruch des Nationalsozialismus und der deutsche Katholizismus. Münster 1934

Institut für Raumforschung (Hrg.): Unzerstörbare Welt – die raumpolitische Lage und Bedeutung Berlins. Köln-Berlin 1953

VILLINGER, Ingeborg (Hrg.): „Verortung des Politischen – Carl Schmitt in Plettenberg", Hagen 1990

WIENAND, Adam: „Die deutschen Katholikentage in Schlesien" in: Heimatbrief der Katholiken des Erzb. Breslau 1. Jg. Nr. 3/1974

WEISS, Konrad: Der christliche Epimetheus. Berlin 1933

ders.: „Die politische Spannung von Inbegriff und Geschichte" in: „Die Schildgenossen", 13. Jg. 1933/34

ZOBELTITZ, Fedor von: Berlin und die Mark Brandenburg. Bielefeld und Leipzig 1902

Register der im Text erwähnten Personen

In alphabetischer Reihenfolge

Karl Adam (1876-1966), 1900 Priesterweihe, 1919 Berufung zum Professor für Dogmatik in Tübingen

Walter Adolph (1902-1976), 1930 Geistlicher Sekretär der Katholischen Aktion im Bistum Berlin, 1932 Chefredakteur des Berliner Kirchenblattes, 1945 Domkapitular, 1961 Generalvikar von Berlin

Martin Albertz, geb. 1883 in Halle, 1935-1941 Dozent der (illegalen) Hochschule der Bekennenden Kirche, 1945 Professor für NT in Berlin-Spandau, Superintendent

Dr. Wilhelm Albs (1907-1993), 1940-65 Caritasdirektor des Bistums Berlin, 1969-75 Generalvikar in Berlin

Heinz Amelung (1909-1994), 1929 Mitarbeiter des Bischöflichen Ordinariats Berlin

Franz Graf Ballestrem (1843-1910), führender Zentrumspolitiker, seit 1872 Abgeordneter und 1898-1906 Präsident des Deutschen Reichstages

Dr. Georg Banasch (1888-1960), 1919 Delegatursekretär, 1931 Domkapitular und Ordinariatsrat, 1935 Leiter der Informationsstelle der Bischöflichen Behörden in Berlin

Dr. Nikolaus Bares (1871-1935), 1929 Bischof von Hildesheim, 1934 Bischof von Berlin

Robert Bastini geb. 1913, 1945 Gerichtsassessor bei der Staatsanwaltschaft, dann Oberstaatsanwalt

Dr. Alfred Bengsch (1921-1979), Priesterweihe 1950, bis 1954 Kaplan in Berlin, 1956 Dozent in Neuzelle und Regens im Priesterseminar in Erfurt, 1959 Weihbischof in Berlin, 1961 Bischof von Berlin, 1962 Erzbischof, 1967 Kardinal

Dr. Wilhelm Berning (1877-1955), 1914 Bischof von Osnabrück, 1933 Preußischer Staatsrat, 1950 Titel Erzbischof

Adolf Bertram (1859-1945), 1906 Bischof von Hildesheim, 1914 Fürstbischof von Breslau, 1916/19 Kardinal, 1920 Vorsitzender der Fuldaer Bischofskonferenz

Franz (Ritter von) Bettinger (1850-1917), 1873 Priester, 1909 Erzbischof von München und Freising, 1914 Kardinalpriester, Feldpropst der bayerischen Armee

August Biermann geb 1897, 1924 Küster an der Kuratie Mariä Himmelfahrt in Berlin-Charlottenburg

Dr. Rudolf Buttmann (1885-1947), 1933 Ministerialdirektor und Leiter der kultur-

politischen Abteilung im Reichsinnenministerium, 1935 Rücktritt wegen Unzufriedenheit mit NS-Kirchenpolitik, 1935-1945 Generaldirektor der Bayrischen Staatsbibliothek

DR. LEONARDO CONTI (1900-1945), 1939 Reichsärzteführer und Staatssekretär für das Gesundheitswesen, erhängte sich im Nürnberger Kriegsverbrechergefängnis

JOSEPH DEITMER (1865-1929), 1895 Pfarrer der Rosenkranzgemeinde in Steglitz, 1920 Propst von St. Hedwig und Fürstbischöflicher Delegat in Berlin, 1923 Weihbischof

EMIL DOVIFAT (1890-1969), Zeitungswissenschaftler, 1929 Direktor des Instituts für Zeitungswissenschaft und allgemeine Publizistitik an der Universität Berlin, Professor

ALLFONS ERB (1907-1983), Mitarbeiter des Berliner Kirchenblattes, 1973 Geschäftsführer des Maximilian-Kolbe-Werkes

MICHAEL KARDINAL FAULHABER (1869-1952), 1903 Professor für Altes Testament in Straßburg, 1911 Bischof von Speyer, 1917 Erzbischof von München, 1921 Kardinal

HEINRICH FÖRSTER (1799-1881), 1837 Domprediger in Breslau, 1853 Fürstbischof von Breslau

DR. WILHELM FRICK, (1877-1945), 1933 Reichsinnenminister, 1943 Reichsprotektor von Böhmen und Mähren, 1946 als Kriegsverbrecher hingerichtet

CLEMENS AUGUST GRAF VON GALEN (1878-1946), 1906-1929 Seelsorger in Berlin, zuletzt Pfarrer an St. Matthias in Schöneberg, 1933 Bischof von Münster, 1946 Kardinal

DR. JOACHIM GIERS, geb. 1911, 1935 Priesterweihe, 1940 Kaplan in St. Hedwig, 1963 Professor f. christl. Soziallehre in München

DR. WOLFGANG HAENDLY, geb. 1911, 1935 Priesterweihe, 1938 Kaplan an St. Hedwig, 1953 Ordinariatsrat, 1963 Dompropst an St. Hedwig, 1987 emeritiert

MARIANNE HAPIG (1894-1973), 1929-1961 Krankenhausfürsorgerin am St.-Hedwigs-Krankenhaus in Berlin

P. JOHANNES HAW, wirkte als Gründer der „Johannes-Missionare" seit 1924 in Berlin

HEINRICH HEUFERS (1880-1945), 1931 Domkapitular und Ordinariatsrat, 1933 zum Bischof von Münster gewählt, Verzicht aus Gesundheitsgründen, 1937 Verzicht auf Ernennung zum Generalvikar

DR. JOSEF JAHNEL (1834-1897), Pfarrer von St. Mauritius in Breslau, 1888 Delegat des Breslauer Fürstbischöfs in Berlin, gilt als „Kirchenbauer" in der Geschichte der Delegatur

JÜRGEN JÜRGENSEN (1883-1950), 1922-1933 parlamentarischer Geschäftsführer der preußischen SPD-Landtagsfraktion, Oktober 1935 bis 193[7] im KZ Esterwegen

DR. LUDWIG KAAS (1881-1952), Kirchenrechtler und Zentrumspolitiker, 1928-1933 Vorsitzender der Zentrumspartei, 1933 Übersiedlung nach Rom, 1936 Leiter der Bauhütte von St. Peter

ELISABETH KELLERMANN geb. 1914, 1939-1979 Fürsorgerin beim Caritasverband in Berlin

HANNS KERRL (1877-1947), 1935 Reichskirchenminister

WILHELM EMMANUEL VON KETTELER (1811-1877), 1849 Propst an St. Hedwig in Berlin, 1850 Bischof von Mainz, Erwecker des sozialen Gewissens

DR. ERICH KLAUSENER (1885-1934), katholischer Beamter und Zentrumspolitiker, 1926 Ministerialdirektor und Leiter der Polizeiabteilung im Preußischen Innenministerium, 1926 Vorsitzender der Katholischen Aktion in Berlin, beim „Röhmputsch" 1934 auf Befehl Görings ermordet

JOCHEN KLEPPER (1903-1942), Erzähler und Lyriker, Verfasser von Kirchenliedern, schied zusammen mit jüdischer Frau und Tochter freiwillig aus dem Leben

WOLFGANG KNAUFT geb. 1928, 1959 Redakteur der Bistumszeitung „Petrusblatt", 1968 Rundfunk- und Fernseharbeit im Bistum Berlin, 1988 Domkapitular

SR. MARIA LIBORIA KOBUSCH geb. 1908, Schwester der Kongregation der Johannesschwestern von Maria Königin, 1939-1945 Seelsorgshelferin an St. Hedwig in Berlin

GEORG KÖHLER (1892-1958), 1930 Ordinariatsrat in Berlin, 1938 Offizial

GEORG KOPP (1837-1914), 1872 Generalvikar in Hildesheim, 1881 Bischof in Fulda, 1887 Fürstbischof von Breslau

NIKOLAUS KUBORN (1854-1922), Luxemburger, seit 1891 Pfarrer in Berlin, baute die Pfarrei St. Mauritius auf

PETRUS LEGGE, Dr. theol. h. c., (1882-1951), 1907 Priester, 1932 Bischof von Meißen, Oktober/November 1935 in Untersuchungshaft in Berlin

BERNHARD LETTERHAUS (1894-1944), 1927 Verbandssekretär der Westdeutschen katholischen Arbeitervereine, 1940 Hauptmann in der Militärischen Abwehr, im Zusammenhang mit dem „20. Juli" am 14. 11. 1944 in Plötzensee hingerichtet.

DR. ERHARD LUX (1909-1981), 1937-1949 Arzt bzw. Oberarzt im St. Hedwigs-Krankenhaus, 1949-1976 Chefarzt im Krankenhaus Maria Trost in Berlin-Marienfelde

LUIGI MAGLIONE (1877-1944), 1920 Titular-Erzbischof von Cäsarea, Apostolischer Nuntius in Bern, 1926 in Paris, 1939 Kardinalstaatssekretär

DR. JOACHIM MEISNER geb.1933, 1962 Priesterweihe, 1975 Bischofsweihe, 1980 Bischof von Berlin, Kardinal, 1989 Erzbischof von Köln

HELMUTH JAMES GRAF VON MOLTKE (1907-1945), Rechtsanwalt, 1939 Sachverständiger für Kriegs- und Völkerrecht im Oberkommando der Wehrmacht, führender Kopf des „Kreisauer Kreises", in Plötzensee hingerichtet

P. OTTO OGIERMANN SJ geb. 1912, 1932 Ordenseintritt, 1942 Priester, 1953 Gradus, Schriftsteller

CESARE ORSENIGO (1873-1946), 1922 Titular-Erzbischof von Ptolemais, 1930 Apostolischer Nuntius in Berlin, 1945 in Eichstätt

SR. MARIA STEPHANA OSTENDORF (1906-1990), von 1931-1950 Gemeindeschwester an der Dompfarrei St. Hedwig und persönliche Mitarbeiterin von Dompropst Lichtenberg

DR. EUGENIO PACELLI (1876-1958), der spätere Papst Pius XII.; 1917-1925 Nuntius in München, 1925-1929 Nuntius in Berlin

LUDWIG VON PASTOR (1854-1928), 1886 Professor der Geschichte in Innsbruck, 1901 Direktor des Österreichischen Historischen Instituts in Rom, Verfasser einer Papstgeschichte

JOZEF PILSUDSKI (1867-1935), erfolgreicher Heerführer und Marschall, 1918-1922 und 1926-1935 polnischer Staatschef

HERIBERT PODOLSKI geb. 1906, 1931 Priesterweihe, Kaplan in Pfarrei Herz Jesu in Berlin-Charlottenburg, 1937 Pfarrer in Falkenberg, 1951 geistlicher Rat, 1993 i.R.

DR. MAXIMILIAN PRANGE (1893-1965), 1929 Domvikar, 1938 Domkapitular, 1938-1950 und 1957-1961 Generalvikar von Berlin

KONRAD GRAF VON PREYSING-LICHTENEGG-MOOS (1880-1950), 1912 Priesterweihe, 1932 Bischof von Eichstätt, 1935 Bischof von Berlin, 1946 Kardinal

DR. MARIANNE PÜNDER (1898-1980), (1898-1980), 1927 Dozentin an der Wohlfahrtsschule des KDF, 1957-1965 Direktorin der Helene-Weber-Schule für Sozialarbeiter in Berlin

WILLI-STEPHAN RICHTER, Rechtsanwalt i.R. in Berlin

HORST ROTHKEGEL geb. 1921, 1944 Priesterweihe, Pfarrer in Berlin, Caritasdirektor im Ostteil des Bistums, Monsignore, seit 1986 i.R.

GERHARD SCHAFFRAN (1912-1996), 1937 Priesterweihe, 1962 Weihbischof in Bautzen, 1963 Bischof, 1970 Dresden-Meißen

REINHOLD SCHNEIDER (1903-1958), 1938 Rückkehr zur kath. Kirche, Lyriker, Dramatiker, Essayist und Kulturphilosoph, trotz zeitweiligen Schreibverbots bedeutender Vertreter des geistig-ethischen Widerstands gegen den Nationalsozialismus

DR. CHRISTIAN SCHREIBER (1872-1933), 1921 erster Bischof des wiedergegründeten Bistums Meißen, 1930 erster Bischof des neugegründeten Bistums Berlin

BERNHARD SCHWERDTFEGER (1914-1981), 1942 Domvikar, 1944 bischöflicher Sekretär von Preysing, 1951 Pfarrer in St. Ansgar in Berlin-Tiergarten

DR. MARGARETE SOMMER (1893-1965), 1939 Diözesanleiterin für Frauenseelsorge, 1939 Geschäftsführerin des Hilfswerkes beim Bischöflichen Ordinariat Berlin für verfolgte Juden

DR. CARL SONNENSCHEIN (1876-1929), 1906 im Volksverein für das Katholische Deutschland, 1918 Übersiedlung nach Berlin und Initiator vieler apostolischer Aktivitäten, Großstadtseelsorger und Autor der „Notizen"

DR. MARTIN SPAHN (1875-1945), Reichsgerichtsrat, Präsident der Generalversammlung der Katholiken Deutschlands

SR. KYRILLA SPIECKER OSB geb. 1916, in Berlin, Tochter des Zentrumspolitikers Carl Spiecker, 1940 Dr. med., 1946 Eintritt in die Abtei vom Hl. Kreuz, Herstelle

EDITH STEIN (1891-1942), Philosophin und Pädagogin, geboren in einer tiefgläubigen judischen Familie, 1922 Übertritt zur katholischen Kirche, 1934 Eintritt in den Kölner Karmel, im KZ Auschwitz vergast, 1987 seliggesprochen

DR. PAUL STEINMANN (1871-1937), 1922 Propst in Stettin, 1926 Päpstlicher Hausprälat, 1930 Dompropst von St. Hedwig, 1931-1937 Generalvikar von Berlin

ALOIS STELLMACHER geb 1884, 1921 Küster an Herz Jesu in Berlin-Charlottenburg

LEONHARD STERN (1899-1985), 1925 Mitarbeiter des Fürstbischöflichen Delegaturamtes, dann des Bischöflichen Ordinariats Berlin

P. FRANZISKUS STRATMANN OP, geb. 1883 in Solingen, 1923 Studentenseelsorger in Berlin, Vorsitz im Friedensbund Dt. Katholiken, 1933 in Haft, Emigration n. Rom, 1947 Rückkehr nach Deutschland

JOHANNES STREHL (1887-1951), 1914 Priester, 1931 Kuratus an St. Annen in Berlin-Lichterfelde, 1933 Pfarrer in Potsdam, Mitglied der NSDAP, 1935 resigniert

P. MARIANUS VETTER OP (1892-1968), 1932 Domprediger an St. Hedwig, 1936 Prior in Köln, 1939 Provinzial der Oberdeutschen Provinz des Ordens in Wien, 1958-1968 im Konvent in Augsburg

PAUL WEBER (1881-1963), 1931 Domkapitular und Ordinariatsrat, 1953 Dompropst bei St. Hedwig in Berlin

LUDWIG WINDTHORST (1812-1871), 1867 Abgeordneter des Preußischen Landtages und 1871 des Reichstages, Mitbegründer des Zentrums und Gegner Bismarks

ERNST FREIHERR VON WEIZSÄCKER (1882-1951), 1937 Staatssekretär im Auswärtigen Amt, in Nürnberg als Kriegsverbrecher zu sieben Jahren Haft verurteilt

Heinrich Wienken (1883-1961), 1921 Direktor des Deutschen Caritasverbandes in Berlin, 1937 Koadjutorbischof und Gerneralvikar von Meißen, Leiter des Kommisariates der Fuldaer Bischofskonferenz, 1951-1957 Bischof von Meißen